DEUTSCHE
BIBEL
GESELLSCHAFT

Auch erhältlich:

Biblisches Griechisch – Der Zwei-Minuten-Sprachtrainer
ISBN 978-3-438-05490-6

Die Deutsche Bibelgesellschaft ist eine kirchliche Stiftung des öffentlichen Rechts.
Sie übersetzt die biblischen Schriften, entwickelt und verbreitet innovative Bibelausgaben und eröffnet für alle Menschen Zugänge zur Botschaft der Bibel. International verantwortet sie die wissenschaftlichen Bibelausgaben in den Ursprachen. Durch die Weltbibelhilfe unterstützt sie in Zusammenarbeit mit dem Weltverband der Bibelgesellschaften (United Bible Societies) weltweit die Übersetzung und Verbreitung der Bibel, damit alle Menschen die Bibel in ihrer Sprache lesen können.

Weitere Informationen finden Sie unter www.die-bibel.de

Titel der englischen Originalausgabe:
Keep up your Biblical Hebrew in two minutes a day, volume I,
compiled and edited by Jonathan G. Kline

Deutsche Bearbeitung: Rolf Schäfer

Bibeltext – sofern nicht als »Arbeitsübersetzung« (AÜ) gekennzeichnet – entnommen aus:
Die Bibel nach Martin Luthers Übersetzung, revidiert 2017,

ISBN: 978-3-438-05488-3
Gesamtherstellung: Beltz Grafische Betriebe GmbH, Bad Langensalza

Printed in Germany

www.die-bibel.de

Biblisches Hebräisch – Der Zwei-Minuten-Sprachtrainer

365 praktische Übungen

zusammengestellt und herausgegeben von
Jonathan G. Kline

DEUTSCHE BIBELGESELLSCHAFT

Inhalt

Vorwort

Biblisches Hebräisch, Der Zwei-Minuten-Sprachtrainer wurde entwickelt, um Ihnen dabei zu helfen, Ihre Hebräischkenntnisse aufzufrischen, indem Sie täglich einen kurzen Text aus dem Alten Testament in seiner Originalsprache lesen, und zwar in einer einfachen und überschaubaren Weise, die Sie auch geistlich bereichern wird. Das ersetzt nicht die Nutzung traditioneller Lehrbücher sowie das Erlernen der Grundlagen der hebräischen Grammatik. Diese bleiben wesentliche Voraussetzungen, um Hebräisch wirklich flüssig lesen und verstehen zu können. Vielmehr ergänzt dieses Buch ein solches systematisches Studium. Es ermöglicht Ihnen, einen soliden Wortschatz aufzubauen, und ermutigt Sie, mit dem biblischen Text zu arbeiten und sich mit der Formenlehre und dem Satzbau auf induktive Weise vertraut zu machen.

Um Ihnen zu helfen, sich dem Hebräischen möglichst effizient (wieder) anzunähern, enthält dieses Buch keine grammatikalischen Fachbegriffe und ausschließlich Verse aus dem Alten Testament auf Hebräisch und Deutsch. Diese sind sorgfältig ausgewählt und werden (zusammen mit einigen Vokabeln) auf eine Weise präsentiert, die ein schnelles und angenehmes Lernen ermöglicht. Das Buch ist so konzipiert, dass es (im Idealfall) täglich oder jedenfalls mit einem gewissen Maß an Regelmäßigkeit verwendet werden kann. Jede Seite für einen Tag umfasst folgende Bestandteile:

- eine neue Vokabel mit Umschrift und ihrer Bedeutung sowie zwei Vokabeln aus früheren Teilen des Buches,
- den deutschen Text eines alttestamentlichen Verses, in den diese drei hebräischen Wörter so eingebettet sind, wie sie in dem Vers vorkommen,
- den hebräischen Text des Verses, vollständig und sodann in Sinneinheiten unterteilt, mit den entsprechenden deutschen Sinneinheiten daneben.

Um Sie zu ermutigen, regelmäßig etwas Zeit mit dem Hebräischen zu verbringen, ist jede Seite mit einer Tagesnummer (von 1 bis 365), einem Datum (vom 1. Januar bis 31. Dezember) und einer Wochennummer (von Woche 1 bis Woche 52) versehen. Das Buch ist also so gestaltet, dass Sie es in einem Jahr durcharbeiten können (unabhängig davon, ob Sie am 1. Januar oder an einem anderen Datum beginnen), obwohl Sie natürlich nicht nach diesem Schema vorgehen müssen. Wichtig ist nicht das Streben nach Perfektion oder das Befolgen eines starren Zeitplans, sondern die regelmäßige Übung. Sie können ruhig einmal z.B. ein oder zwei Tage versäumen. Wenn Sie dann das nächste Mal wieder dazu kommen, können Sie einfach dort weitermachen, wo Sie aufgehört haben, oder zur Seite für das aktuelle Datum springen.

Wie der Untertitel *Der Zwei-Minuten-Sprachtrainer* andeutet, wird empfohlen, mindestens zwei Minuten mit jeder Einheit zu verbringen. Doch selbst ein Blick auf die Seite eines bestimmten Tages für nur zehn oder fünfzehn Sekunden kann immer noch nützlich sein und ist in jedem Fall besser, als das Buch gar nicht erst zu öffnen. Hier sind einige Vorschläge zur Verwendung des Buches – je nachdem, wie viel Zeit Ihnen an einem bestimmten Tag zur Verfügung steht:

10 Sekunden bis 1 Minute. *Aktivität:* Lesen Sie den täglichen Bibelvers auf Deutsch und achten Sie dabei auf die hebräischen Wörter in Klammern. *Nutzen:* Sie haben einen Bibelvers auf Deutsch gelesen und wurden dabei an die Bedeutung einiger hebräischer Wörter erinnert und vielleicht auch an den einen oder anderen Aspekt der hebräischen Grammatik. *Alternative Aktivität:* Sehen Sie sich das hebräische Wort für den Tag an und lesen Sie seine Bedeutung(en). *Nutzen:* Sie wurden an den grundlegenden Bedeutungsumfang eines hebräischen Wortes erinnert, das im Alten Testament relativ häufig vorkommt.

2 bis 5 Minuten. *Aktivität:* Lesen Sie den täglichen Bibelvers auf Deutsch und achten Sie dabei auf die hebräischen Wörter in Klammern. Schauen Sie sich als nächstes das hebräische Wort für den Tag und seine Bedeutungen an. Zum Schluss lesen Sie den hebräischen Text, so gut Sie können, vielleicht auch nur auf der unteren Hälfte der Seite. Ignorieren Sie dabei einfach alles, was Sie nicht verstehen (selbst wenn dies auf alle oder die meisten Wörter zutrifft). *Nutzen:* Sie haben einen Bibelvers auf Deutsch und (so weit Sie können) auf Hebräisch gelesen. Sie wurden dabei an den Bedeutungsumfang einiger, vielleicht sogar vieler hebräischer Wörter erinnert und vielleicht auch an verschiedene Regeln der Formenlehre und des Satzbaus des Hebräischen.

10 bis 20 Minuten. *Aktivität:* Schauen Sie sich an jedem Tag einer Woche alle sieben Bibelverse der aktuellen Woche an und beschäftigen Sie sich mit jedem, so lange Sie möchten (vielleicht überfliegen Sie einige Seiten und verbringen mehr Zeit mit anderen). *Nutzen:* Wenn die Woche vorbei ist, sind Sie wahrscheinlich mit den biblischen Texten der Woche bestens vertraut und haben sich die Vokabeln der Woche dauerhaft eingeprägt. Auch Ihre Vertrautheit mit verschiedenen Regeln der Formenlehre und des Satzbaus im Hebräischen werden Sie verbessert haben.

An diesen Vorschlägen zeigt sich, dass Ihnen dieses Buch zwar bereits nützt, wenn Sie nur zwei Minuten am Tag mit ihm verbringen, dass es Ihnen aber auf dem Weg zu einer dauerhaften Beherrschung der hebräischen Sprache noch sehr viel hilfreicher sein wird, wenn Sie etwas mehr Zeit über seinen Inhalt nachdenken (und gegebenenfalls rätseln).

Eine weitere interessante und hilfreiche Art, das Buch zu nutzen – besonders für fortgeschrittene Benutzer*innen – ist die Überprüfung des Vokabulars mit Hilfe einer »Kettenmethode«. Wählen Sie zum Beispiel einen Tag im Buch aus, vielleicht nach dem Zufallsprinzip und vorzugsweise gegen Ende (sagen wir, Tag 363), und lesen Sie die Seite. Wählen Sie dann eines der beiden Wiederholungswörter für den Tag aus (z.B. כִּסֵּא). Gehen Sie nun zu der Seite, auf der dieses Wort das neue Wort für den Tag ist (Tag 332), und lesen Sie diese Seite. Wählen Sie dann eines der Wörter auf dieser neuen Seite (z.B. יָמִין), und gehen Sie zu der Seite, auf der dieses Wort das neue Wort für den Tag ist (Tag 315). Sie können diesen Vorgang so oft wiederholen, wie Sie möchten, bis Sie den Anfang des Buches erreicht haben (oder ihm so nahe wie möglich kommen).

Wenn sie den Vers eines bestimmten Tages verinnerlichen oder gar auf Hebräisch auswendig lernen möchten, können Sie Ihr regelmäßiges Studium einer neuen Seite vorübergehend aussetzen und stattdessen mehrere Tage oder vielleicht sogar eine Woche damit verbringen, jeden Tag dieselbe Seite zu lesen. Auf diese Weise werden Ihnen vielleicht neue Aspekte der Grammatik oder des Satzbaus des Verses auffallen, und zumindest ein Teil, wenn nicht sogar der gesamte Vers wird wahrscheinlich noch lange Zeit in Ihrem Kopf und Ihrem Herzen bleiben. Wenn Sie sich die Zeit nehmen, auf diese Weise über einen Vers zu meditieren, möchten Sie den Vers vielleicht auch in einem Bibelkommentar nachschlagen, um zu sehen, was Gelehrte darüber gesagt haben; oder Sie können den Vers im Index einer hebräischen Grammatik nachschlagen, um etwas über die Formlehre der Wörter, die der Vers enthält, oder über dessen Satzbau zu erfahren. Wenn Sie im Laufe eines Jahres sogar zwei oder drei hebräische Verse auf diese Weise meditieren oder auswendig lernen, ist das ein guter Weg, die Sprache zu verinnerlichen und sie zu beherrschen.

Demnach hängt der Nutzen, den Sie aus der Verwendung dieses Buches ziehen, natürlich davon ab, wie viel Zeit Sie damit verbringen und wie regelmäßig Sie es verwenden, von der Art und Weise, wie Sie es nutzen, von Ihrem derzeitigen Kenntnisstand der hebräischen Sprache und von Ihrer Fähigkeit, induktiv zu lernen. Gleichwohl habe ich mein Bestes getan, um das Buch so zu gestalten, dass es Ihnen helfen kann, substanzielle und dauerhafte Lernfortschritte zu erzielen, auch wenn Sie es oft nur kurz verwenden und selbst wenn Sie zu Beginn nur über rudimentäre Hebräischkenntnisse verfügen sollten.

Der Wortschatz

Biblisches Hebräisch, Der Zwei-Minuten-Sprachtrainer stellt Ihnen die 365 am häufigsten im Alten Testament vorkommenden hebräischen Wörter vor (in absteigender Reihenfolge der Häufigkeit). Damit werden alle hebräischen Wörter abgedeckt, die 120 Mal oder öfter vorkommen. Das sind etwa zwei Drittel der Vokabeln, die man normalerweise in einem hebräischen Grundkurs lernt. Wenn Sie diese 365 Wörter beherrschen, werden Sie zwei Drittel der lexikalischen Grundformen kennen, deren Kenntnis in der *Biblia Hebraica Stuttgartensia: A Reader's Edition* vorausgesetzt wird (insofern diese Formen im Apparat der Reader's Edition nicht eigens angegeben und übersetzt sind).

Die Liste der 365 Lernvokabeln für dieses Buch habe ich erstellt, indem ich zunächst die Liste der häufigsten Vokabeln in *The Vocabulary Guide to Biblical Hebrew* von Miles V. Van Pelt and Gary D. Pratico (Zondervan) mit einer entsprechenden Liste verglich, die mit dem Computerprogramm BibleWorks erzeugt wurde; dann habe ich nach eigenem Ermessen entschieden, welche Vokabeln aufgrund der beiden Gesichtspunkte Wichtigkeit und Häufigkeit in die Liste für dieses Buch aufgenommen werden. Wie oft eine bestimmte Vokabel im hebräischen Alten Testament vorkommt, ist jeweils rechts im grau hinterlegten Feld mit der Wortbedeutung angegeben, gefolgt von einem »x«.

Für diejenigen Leser*innen, die sich dem Hebräischen mit Hilfe der Konkordanz von James Strong nähern und es gewohnt sind, sich das hebräische Vokabular mit Hilfe der Strong-Nummern zu erschließen, habe ich direkt unter der Angabe zur Häufigkeit einer Vokabel auch jeweils (mit einem vorangestellem »S«) die betreffende Strong-Nummer angegeben.

Die Wortbedeutungen

Im grau hinterlegten Feld auf jeder Seite ist beim hebräischen Wort für den Tag jeweils dessen deutsche Bedeutung angegeben. Zur Orientierung diente dabei das *Hebräische und Aramäische Handwörterbuch über das Alte Testament* von Wilhelm Gesenius (18. Auflage). Die Angaben zur deutschen Bedeutung der 365 Lernvokabeln sind mit Absicht möglichst einfach und knapp gehalten, sodass man mit einem Blick die Grundbedeutung oder die häufigste(n) Bedeutung(en) erfassen kann. Wer sich darüber hinaus über die Wortbedeutungen in ganzer Breite oder über besondere Bedeutungsnuancen umfassender informieren möchte, kann entweder das genannte umfangreiche Wörterbuch von Gesenius oder ein anderes Standardlexikon des biblischen Hebräisch zu Rate ziehen.

Um einen einfachen und schnellen Durchgang durch die täglichen Übungen zu ermöglichen, sind auch grammatikalische Angaben zu den Wortbedeutungen auf ein absolutes Minimum beschränkt. Zum Beispiel habe ich bei den Verbalwurzeln weder angegeben, in welchen

Stammesmodifikationen das betreffende Verb vorkommt, noch habe ich unterschieden, welche Bedeutungen eines bestimmten Verbs in welchen Stammesmodifikationen belegt sind. (Als Anhaltspunkt für die Leser*innen habe ich jedoch normalerweise ein Semikolon anstelle eines Kommas verwendet, um die in verschiedenen Stämmen bezeugten Bedeutungen zu trennen.) Alle diese grammatikalischen Informationen sind leicht in den Standardlexika und Sprachführern zu finden, und ich empfehle Ihnen, solche weiterführenden Hilfsmittel so weit wie möglich mit heranzuziehen. Ich möchte nochmals festhalten, dass beim *Zwei-Minuten-Sprachtrainer* mein Hauptziel einfach darin besteht, die gebräuchlichsten Bedeutungen der neuen Vokabel für jeden Tag in einer einfach und schnell fasslichen Form bereitzustellen.

Die Bibelverse

Ich habe versucht, in dieses Buch eine möglichst vielfältige und anregende Auswahl von Versen aus der hebräischen Bibel aufzunehmen, sowohl was den Inhalt als auch was die Grammatik betrifft. Bei der Auswahl der Bibelverse bin ich organisch und kreativ vorgegangen und wurde dabei von grammatikalischen, theologischen, ästhetischen und – vor allem – pädagogischen Überlegungen geleitet. Ich habe Verse von unterschiedlicher Länge und verschiedenem Schwierigkeitsgrad aus fast allen Büchern der hebräischen Bibel ausgewählt. Sie enthalten teils anregende und teils tröstliche Gedanken, teils aber auch Aussagen, die einen herausfordern und zum Nachdenken bringen. Sie können deshalb, wenn Sie mögen, das Buch als eine Art tägliches Andachtsbuch verwenden. Doch unabhängig davon, ob Sie es auf solche Weise gebrauchen oder nicht, hatte ich bei der Zusammenstellung jedenfalls nicht nur im Sinn, Sie beim Auffrischen und Verbessern Ihrer Hebräischkenntnisse zu unterstützen, sondern auch – und das ist mir fast noch wichtiger – Ihnen Worte und Gedanken der Bibel nahezubringen, damit Sie sich mit ihnen auseinandersetzen, sie meditieren, mit ihnen ringen, sich von ihnen herausfordern lassen und darin nicht zuletzt auch Trost und Hoffnung finden.

Satzglieder und Sinneinheiten

Die täglichen Bibelverse habe ich in einzelne Sinneinheiten und Satzglieder zerlegt. Dadurch können Sie leichter erkennen, welche Bestandteile des hebräischen Textes und der deutschen Übersetzung einander jeweils entsprechen. Wörter, die in der deutschen Übersetzung aus stilistischen Gründen oder zur Verdeutlichung hinzugefügt sind, für die es jedoch im hebräischen Text keine direkte Entsprechung gibt, habe ich hier in Klammern gesetzt. Natürlich entspricht ein hebräischer Ausdruck nicht immer Eins zu Eins seiner deutschen Übersetzung (und in einem technischen Sinne bleibt die Entsprechung sogar stets unvollständig oder ungenau). Deshalb wird Ihnen wahrscheinlich die Art und Weise, wie Teile des hebräischen und deutschen Textes einander zugeordnet sind, manchmal ein wenig erzwungen vorkommen. Es versteht sich von selbst, dass die gezeigten Entsprechungen nicht in jedem Fall wissenschaftlich völlig präzise sein können; sie sind vielmehr ein pädagogisches Hilfsmittel, das Ihnen ermöglicht, jeden Tagesvers mit geringem Zeitaufwand Schritt für Schritt durchzugehen und dabei ein Grundverständnis für die Grammatik und Syntax des hebräischen Textes zu entwickeln.

In dem Bemühen, den jeweils besonderen Inhalt und Stil der täglichen Verse zur Geltung zu bringen und Ihnen beides möglichst klar zu vermitteln, habe ich manchmal syntaktisch oder grammatikalisch identische Strukturen in verschiedenen Versen auf unterschiedliche Weise gegliedert. Solche scheinbaren Unstimmigkeiten sind durchaus beabsichtigt und wiederum das Ergebnis meines Versuchs, die einzelnen Bestandteile eines bestimmten Tagesverses stets so darzustellen, wie es im Hinblick auf die deutsche Übersetzung am sinnvollsten erschien. Indem ich die Verse auf unterschiedliche Art und Weise gliedere, soll zugleich deutlich werden, dass der hebräische Satzbau keinem einheitlichen starren Schema folgt, das man bei der Analyse in der immer gleichen Weise anwenden könnte, um den Sinn des hebräischen Textes zu verstehen.

Graue Hervorhebungen und Fettdruck

Auf jeder Seite für einen bestimmten Tag (ausgenommen die beiden ersten Tage, an denen es noch keine zwei Vokabeln zum Wiederholen gibt) sind in den deutschen Text am Seitenanfang drei hebräische Wörter eingebettet und die ihnen entsprechenden deutschen Wörter fett gedruckt. Im Einklang mit dem minimalistischen Verfahren der Beschränkung auf das Wesentliche, das bei den Wortbedeutungen angewendet wird, habe ich auch die Anzahl der fettgedruckten Wörter auf ein Minimum beschränkt. Der Fettdruck soll in erster Linie die Grundbedeutung eines Wortes in Erinnerung rufen, jedoch (in der Regel) keine syntaktischen oder morphologischen Einzelheiten vermitteln.

Aufgrund der je unterschiedlichen Morphologie und Syntax des Deutschen (einer indogermanischen Sprache) und des Hebräischen (einer semitischen Sprache, die bestimmte lexikalische und syntaktische Informationen durch das Hinzufügen von Präfixen und Suffixen vermittelt), gibt es manchmal keine völlig befriedigende Lösung, um die einander in beiden Sprachen jeweils entsprechenden Wörter, Wendungen oder Satzteile durch Fettdruck sichtbar zu machen. Diese Problematik führt unvermeidlich hin und wieder zu Schwierigkeiten und scheinbaren Ungereimtheiten bei der Formatierung. Letzten Endes spiegelt sich auch darin wieder die Tatsache, dass es eben keine Eins-zu-Eins-Entsprechung zwischen den einzelten Textbausteinen im Hebräischen und im Deutschen (und genausowenig zwischen zwei beliebigen anderen Sprachen) gibt. Ich habe mein Bestes getan, um den Text so einheitlich wie möglich zu formatieren, und ich habe mich immer an dem orientiert, was mir für Sie als Leser*innen am hilfreichsten erschien. Genau wie die Einteilung des Textes in Satzglieder und Sinnabschnitte, sind auch die grauen Hervorhebungen und der Fettdruck nicht im Sinne einer »wissenschaftlichen« Analyse des hebräischen Textes zu verstehen, sondern sie sollen Ihnen einfach dabei helfen, schnell zu erfassen, was die Worte bedeuten.

Die verwendeten Texte

Der hebräische Text in diesem Buch ist entnommen aus der Michigan-Claremont-Westminster Electronic Hebrew Bible, einer weitverbreiteten elektronischen Ausgabe, die ursprünglich auf der BHS beruht, dann aber von ihren Urhebern durch einen Vergleich mit dem Kodex Leningradensis nochmals überarbeitet wurde. Dieser elektronische Text ist gemeinfrei und wurde freundlicherweise vom J. Alan Groves Center for Advanced Biblical Research bereitgestellt. Um der leichteren Lesbarkeit willen habe ich die masoretischen Akzente entfernt sowie in Fällen von Ketiv/Qere jeweils die Ketiv-Form weggelassen und nur das Qere abgedruckt.

Die deutsche Übersetzung der Bibelverse in diesem Buch basiert auf der Lutherübersetzung in der revidierten Fassung von 2017. Um eines besseren deutschen Sprachstils oder einer prägnanteren deutschen Formulierung willen löst sich allerdings die Lutherübersetzung zuweilen vom hebräischen Wortlaut, sodass die Entsprechungen zwischen dem hebräischen und dem deutschen Text nur noch schwer oder überhaupt nicht mehr im Einzelnen sichtbar gemacht werden können. Deshalb wurde in solchen Fällen für die betreffenden Teile des Verses oder auch für den ganzen Vers eine wörtlichere Arbeitsübersetzung anstelle des Luthertextes verwendet. Alle Bibelverse, in denen am Wortlaut der Lutherübersetzung kleinere oder größere Veränderungen dieser Art vorgenommen wurden, sind am Ende mit »AÜ« (Arbeitsübersetzung) gekennzeichnet.

In der Regel werden ganze Bibelverse zitiert. Gelegentlich jedoch musste ein Vers etwas gekürzt werden, damit das Ganze noch auf eine Seite passt. Auslassungen innerhalb des Verses sind durch drei Punkte angedeutet. Auslassungen am Anfang und am Ende des Verses sind hingegen meist nicht eigens markiert. Dasselbe gilt auch für kleine Anpassungen am Versanfang sowie bei der Interpunktion; dazu gehören Großschreibung und das gelegentliche Hinzufügen einer Konjunktion am Versanfang, das Weglassen von Anführungszeichen (sofern der gesamte Vers eine wörtliche Rede ist) sowie das Ersetzen von Komma oder Semikolon am Versende durch einen Punkt.

Von den drei jeweils in die deutsche Übersetzung eingefügten hebräischen Vokabeln einmal abgesehen, habe ich in einigen wenigen Fällen außerdem in eckigen Klammern Wörter hinzugefügt, um darauf hinzuweisen, dass das betreffende Element zwar im hebräischen Text vorkommt, aber in der Übersetzung nicht wiedergegeben wird. Etwas häufiger habe ich ebenfalls in eckigen Klammern und eingeleitet mit "wörtl.:" die wörtliche Wiedergabe eines hebräischen Satzglieds eingefügt, das in der deutschen Übersetzung freier wiedergeben wird oder überhaupt nur freier wiedergegeben werden kann.

Es liegt in der Natur der Sache, dass die deutschen und hebräischen Bibelverse in diesem Buch isoliert und ohne Kontext abgedruckt sind. Ich möchte Sie deshalb ermutigen, so oft wie möglich den jeweiligen Verse auch in seinem ursprünglichen Textzusammenhang nachzulesen. Erst dadurch erschließen sich seine volle Bedeutung und seine Funktion innerhalb des Abschnitts, zu dem er gehört.

* * * * * *

Ich widme dieses Buch in freundschaftlicher Verbundenheit all denen, die in zahllosen Stunden einmal Hebräisch gelernt haben, dann aber die Erfahrung machen mussten, wie schwierig es (meist aus Zeitmangel) ist, sich die angeeigneten Sprachkenntnisse zu erhalten. Ich wünsche Ihnen, dass Sie Ermutigung, Herausforderung, Hoffnung, Freude und Frieden erfahren, wann immer Sie sich mit den Bibeltexten auf den folgenden Seiten befassen.

Jonathan G. Kline, PhD

Am Anfang erschuf Gott den Himmel **und** (וְ) die Erde. (AÜ)

וְ	und, aber	50524x
vĕ		

בְּרֵאשִׁית בָּרָא אֱלֹהִים אֵת הַשָּׁמַיִם וְאֵת הָאָרֶץ׃

Am Anfang	בְּרֵאשִׁית
erschuf	בָּרָא
Gott	אֱלֹהִים
den Himmel	אֵת הַשָּׁמַיִם
und die Erde	וְאֵת הָאָרֶץ

Leite mich in deiner Wahrheit **und** (וְ) lehre mich, denn du bist der Gott meines Heils; auf dich harre ich **den** (הַ) ganzen Tag. (AÜ)

הַ	der, die, das	24058x
ha		

וְ ➤ TAG 1

הַדְרִיכֵנִי בַאֲמִתֶּךָ וְלַמְּדֵנִי כִּי־אַתָּה אֱלֹהֵי יִשְׁעִי אוֹתְךָ קִוִּיתִי כָּל־הַיּוֹם׃

Leite mich	הַדְרִיכֵנִי
in deiner Wahrheit	בַאֲמִתֶּךָ
und lehre mich	וְלַמְּדֵנִי
denn du	כִּי־אַתָּה
bist der Gott meines Heils	אֱלֹהֵי יִשְׁעִי
auf dich harre ich	אוֹתְךָ קִוִּיתִי
den ganzen Tag	כָּל־הַיּוֹם

Und (וְ) er hatte [wörtl.: **zu ihm** (לוֹ) gehörten] zwei Frauen: Der Name der einen war Hanna **und** (וְ) der Name **der** (הַ) anderen Peninna; **und** (וַ) Peninna hatte Kinder, **aber** (וּ) Hanna hatte keine Kinder. (AÜ)

לְ *lĕ*	zu, für, bis, von, damit, (so)dass; *(gibt die Richtung oder Zugehörigkeit an)*	20378x

וְ ▶ TAG 1 הַ ▶ TAG 2

וְלוֹ שְׁתֵּי נָשִׁים שֵׁם אַחַת חַנָּה וְשֵׁם הַשֵּׁנִית פְּנִנָּה וַיְהִי לִפְנִנָּה יְלָדִים
וּלְחַנָּה אֵין יְלָדִים׃

Und er hatte [wörtl.: **zu ihm** gehörten] zwei Frauen	וְלוֹ שְׁתֵּי נָשִׁים
Der Name der einen war Hanna	שֵׁם אַחַת חַנָּה
und der Name **der** anderen Peninna	וְשֵׁם הַשֵּׁנִית פְּנִנָּה
und Peninna hatte Kinder	וַיְהִי לִפְנִנָּה יְלָדִים
aber Hanna hatte keine Kinder	וּלְחַנָּה אֵין יְלָדִים

In (בֵּ) Gott rühmen wir uns **den** (הַ) ganzen Tag, und deinen Namen werden wir ewig [wörtl: **bis** (לְ) in Ewigkeit] preisen. SELA. (AÜ)

בְּ	in, an, mit, durch	15550x
bĕ		

הַ ➤ TAG 2 לְ ➤ TAG 3

בֵּאלֹהִים הִלַּלְנוּ כָל־הַיּוֹם וְשִׁמְךָ לְעוֹלָם נוֹדֶה סֶלָה׃

In Gott	בֵּאלֹהִים
rühmen wir uns	הִלַּלְנוּ
den ganzen Tag	כָל־הַיּוֹם
und deinen Namen werden wir … preisen	וְשִׁמְךָ … נוֹדֶה
ewig [wörtl.: **bis** in Ewigkeit]	לְעוֹלָם
SELA	סֶלָה

Und der HERR, Gott, nahm den Menschen (אֶת־הָאָדָם) und setzte ihn **in** (בְּ) den Garten Eden, **damit** (לְ) er ihn bebaute und [**damit** (לְ) er ihn] bewahrte. (AÜ)

אֵת	*(markiert im Satz das Akkusativ-Objekt)*	10978x
ʾēt		S853

לְ ▷ TAG 3 בְּ ▷ TAG 4

וַיִּקַּח יְהוָה אֱלֹהִים אֶת־הָאָדָם וַיַּנִּחֵהוּ בְגַן־עֵדֶן לְעָבְדָהּ וּלְשָׁמְרָהּ׃

der HERR, Gott,	יְהוָה אֱלֹהִים
Und … nahm	וַיִּקַּח
den Menschen	אֶת־הָאָדָם
und setzte ihn	וַיַּנִּחֵהוּ
in den Garten Eden	בְגַן־עֵדֶן
damit er ihn bebaute	לְעָבְדָהּ
und [**damit** er ihn] bewahrte	וּלְשָׁמְרָהּ

Und ich entferne die Namen (אֶת־שְׁמוֹת) der Baalim **aus** (מִ) ihrem Mund, und sie werden nicht mehr **mit** (בְּ) ihrem Namen erwähnt. (AÜ)

מִן	von (... weg), von ... an, aus (... heraus)	7586x
min		S4480

בְּ ▷ TAG 4 אֵת ▷ TAG 5

וַהֲסִרֹתִי אֶת־שְׁמוֹת הַבְּעָלִים מִפִּיהָ וְלֹא־יִזָּכְרוּ עוֹד בִּשְׁמָם׃

Und ich entferne	וַהֲסִרֹתִי
die Namen (Akkusativ)	אֶת־שְׁמוֹת
der Baalim	הַבְּעָלִים
aus ihrem (f. sg.) Mund,	מִפִּיהָ
und sie werden nicht mehr erwähnt	וְלֹא־יִזָּכְרוּ עוֹד
mit ihrem (m. pl.) Namen	בִּשְׁמָם

Ihr seid dem **Herrn** (יְהוָה) ungehorsam gewesen, solange [wörtl.: **vom** (מִ) Tag an, als] ich euch (אֶתְכֶם) gekannt habe.

יהוה	JHWH, Jahwe, Herr	6828x
*YHWH, ădō**nāy***		S3068

אֵת ➢ TAG 5 **מִן** ➢ TAG 6

מַמְרִים הֱיִיתֶם עִם־יְהוָה מִיּוֹם דַּעְתִּי אֶתְכֶם׃

Ihr seid … gewesen	הֱיִיתֶם
ungehorsam	מַמְרִים
[gegenüber] dem **Herrn**	עִם־יְהוָה
solange [wörtl.: **vom** Tag an, als …]	מִיּוֹם
ich … gekannt habe	דַּעְתִּי
euch (Akkusativ)	אֶתְכֶם

Und die Ägypter sollen innewerden, dass ich der **Herr** (יְהוָה) bin, wenn ich meine Hand **über** (עַל) Ägypten ausstrecken und die Israeliten **aus** (מִ) ihrer Mitte wegführen werde.

עַל	auf, über, gegen	5777x
ʿal		S5921

מִן ▶ TAG 6 **יהוה** ▶ TAG 7

וְיָדְעוּ מִצְרַיִם כִּי־אֲנִי יְהוָה בִּנְטֹתִי אֶת־יָדִי עַל־מִצְרָיִם וְהוֹצֵאתִי
אֶת־בְּנֵי־יִשְׂרָאֵל מִתּוֹכָם׃

Und die Ägypter sollen innewerden	וְיָדְעוּ מִצְרַיִם
dass ich der **Herr** bin	כִּי־אֲנִי יְהוָה
wenn ich ausstrecken werde	בִּנְטֹתִי
meine Hand	אֶת־יָדִי
über Ägypten	עַל־מִצְרָיִם
und wegführen werde	וְהוֹצֵאתִי
die Israeliten	אֶת־בְּנֵי־יִשְׂרָאֵל
aus ihrer Mitte	מִתּוֹכָם

Und der **HERR** (יְהוָה) sprach **zu** mir (אֵלַי): Du hast recht gesehen; denn ich will wachen **über** (עַל) meinem Wort, dass ich's tue.

אֶל	zu, nach	5518x
ʾel		S413

יהוה ▶ TAG 7 עַל ▶ TAG 8

וַיֹּאמֶר יְהוָה אֵלַי הֵיטַבְתָּ לִרְאוֹת כִּי־שֹׁקֵד אֲנִי עַל־דְּבָרִי לַעֲשֹׂתוֹ׃

Und der **HERR** sprach	וַיֹּאמֶר יְהוָה
zu mir	אֵלַי
Du hast recht gesehen	הֵיטַבְתָּ לִרְאוֹת
denn ich will wachen	כִּי־שֹׁקֵד אֲנִי
über meinem Wort	עַל־דְּבָרִי
dass ich's tue	לַעֲשֹׂתוֹ

Und Gott sagte **zu** (אֶל) Noah: Dies ist das Zeichen des Bundes, **den** (אֲשֶׁר) ich aufrichte zwischen mir und allem Fleisch, **das** (אֲשֶׁר) **auf** (עַל) Erden ist. (AÜ)

אֲשֶׁר *ʾăšer*	der, die, das, welche, welcher, welches, usw.; *(Relativ- oder Bezugspartikel)*	5503x S834

עַל ▷ TAG 8 אֶל ▷ TAG 9

וַיֹּאמֶר אֱלֹהִים אֶל־נֹחַ זֹאת אוֹת־הַבְּרִית אֲשֶׁר הֲקִמֹתִי בֵּינִי וּבֵין כָּל־
בָּשָׂר אֲשֶׁר עַל־הָאָרֶץ׃

Und Gott sagte	וַיֹּאמֶר אֱלֹהִים
zu Noah	אֶל־נֹחַ
Dies ist	זֹאת
das Zeichen des Bundes	אוֹת־הַבְּרִית
den ich aufrichte	אֲשֶׁר הֲקִמֹתִי
zwischen mir	בֵּינִי
und allem Fleisch	וּבֵין כָּל־בָּשָׂר
das auf Erden ist	אֲשֶׁר עַל־הָאָרֶץ

Und David sagte **zu (אֶל)** Joab und **zu (אֶל)** **all (כָּל־)** dem Volk, **das (אֲשֶׁר)** bei ihm war: Zerreißt eure Kleider und gürtet euch mit Sacktuch und haltet Totenklage vor Abner her! Und König David ging hinter der Bahre her. (AÜ)

כֹּל *kōl*	alle, alles, jede, jeder, jedes, die Gesamtheit von …	5415x S3605

אֶל ▷ TAG 9 אֲשֶׁר ▷ TAG 10

וַיֹּאמֶר דָּוִד אֶל־יוֹאָב וְאֶל־כָּל־הָעָם אֲשֶׁר־אִתּוֹ קִרְעוּ בִגְדֵיכֶם וְחִגְרוּ שַׂקִּים וְסִפְדוּ לִפְנֵי אַבְנֵר וְהַמֶּלֶךְ דָּוִד הֹלֵךְ אַחֲרֵי הַמִּטָּה׃

Und David sagte	וַיֹּאמֶר דָּוִד
zu Joab	אֶל־יוֹאָב
und **zu all** dem Volk	וְאֶל־כָּל־הָעָם
das bei ihm war:	אֲשֶׁר־אִתּוֹ
Zerreißt eure Kleider	קִרְעוּ בִגְדֵיכֶם
und gürtet euch mit Sacktuch	וְחִגְרוּ שַׂקִּים
und haltet Totenklage vor Abner her	וְסִפְדוּ לִפְנֵי אַבְנֵר
Und König David	וְהַמֶּלֶךְ דָּוִד
ging hinter der Bahre her	הֹלֵךְ אַחֲרֵי הַמִּטָּה

Redet zu den Kindern Israel und **sprecht** (לֵאמֹר): Dies sind die Tiere, **die** (אֲשֶׁר) ihr essen dürft von **allem** (כָּל־) Getier, **das** (אֲשֶׁר) auf der Erde ist. (AÜ)

אמר	sagen, sprechen	5316x
ʾāmar		S559

אֲשֶׁר ▸ TAG 10 כֹּל ▸ TAG 11

דַּבְּרוּ אֶל־בְּנֵי יִשְׂרָאֵל לֵאמֹר זֹאת הַחַיָּה אֲשֶׁר תֹּאכְלוּ מִכָּל־הַבְּהֵמָה אֲשֶׁר עַל־הָאָרֶץ׃

Redet	דַּבְּרוּ
zu den Israeliten	אֶל־בְּנֵי יִשְׂרָאֵל
und **sprecht** [לֵאמֹר hat etwa den Sinn von »folgendermaßen« und kann auch einfach als Doppelpunkt wiedergegeben werden]	לֵאמֹר
Dies sind die Tiere	זֹאת הַחַיָּה
die ihr essen dürft	אֲשֶׁר תֹּאכְלוּ
von **allem** Getier	מִכָּל־הַבְּהֵמָה
das auf der Erde ist	אֲשֶׁר עַל־הָאָרֶץ

Und Mose **sprach** (וַיֹּאמֶר) zu dem HERRN: Warum bekümmerst du deinen Knecht? Und warum finde ich keine [wörtl.: **nicht** (לֹא)] Gnade vor [wörtl.: in] deinen Augen, dass du die Last dieses **ganzen** (כָּל־) Volkes auf mich legst?

לֹא	nicht, nichts, kein	5188x
lōʾ		S3808

כֹּל ➤ TAG 11 אמר ➤ TAG 12

וַיֹּאמֶר מֹשֶׁה אֶל־יְהוָה לָמָה הֲרֵעֹתָ לְעַבְדֶּךָ וְלָמָּה לֹא־מָצָתִי חֵן
בְּעֵינֶיךָ לָשׂוּם אֶת־מַשָּׂא כָּל־הָעָם הַזֶּה עָלָי׃

Und Mose **sprach**	וַיֹּאמֶר מֹשֶׁה
zu dem HERRN	אֶל־יְהוָה
Warum bekümmerst du deinen Knecht?	לָמָה הֲרֵעֹתָ לְעַבְדֶּךָ
Warum finde ich keine [wörtl.: **nicht**] Gnade?	וְלָמָּה לֹא־מָצָתִי חֵן
vor [wörtl.: in] deinen Augen	בְּעֵינֶיךָ
dass du die Last … legst	לָשׂוּם אֶת־מַשָּׂא
dieses **ganzen** Volkes	כָּל־הָעָם הַזֶּה
auf mich	עָלָי

Aber Gideon **sprach** (וַיֹּאמֶר) zu ihnen: Ich will **nicht** (לֹא) Herrscher über euch sein, und mein **Sohn** (בְּנִי) soll auch **nicht** (לֹא) Herrscher über euch sein, sondern der HERR soll Herrscher über euch sein.

בֵּן	Sohn	4941x
bēn		S1121

אמר ▸ TAG 12 לא ▸ TAG 13

וַיֹּאמֶר אֲלֵהֶם גִּדְעוֹן לֹא־אֶמְשֹׁל אֲנִי בָּכֶם וְלֹא־יִמְשֹׁל בְּנִי בָּכֶם יְהוָה יִמְשֹׁל בָּכֶם׃

Aber Gideon **sprach** zu ihnen	וַיֹּאמֶר אֲלֵהֶם גִּדְעוֹן
Ich will **nicht** Herrscher über euch sein	לֹא־אֶמְשֹׁל אֲנִי בָּכֶם
und mein **Sohn** soll auch **nicht** Herrscher über euch sein	וְלֹא־יִמְשֹׁל בְּנִי בָּכֶם
sondern der HERR soll Herrscher über euch sein	יְהוָה יִמְשֹׁל בָּכֶם

Und als sie im Sterben lag, sprachen die Frauen, die um sie standen: Fürchte dich nicht, [**denn** (כִּי)] du hast einen **Sohn** (בֵּן) geboren! Aber sie antwortete **nicht** (לֹא) und nahm's auch **nicht** (לֹא) zu Herzen.

כִּי	denn, weil, dass, sogar	4487x
kî		S3588

לֹא ➢ TAG 13 בֵּן ➢ TAG 14

וּכְעֵת מוּתָהּ וַתְּדַבֵּרְנָה הַנִּצָּבוֹת עָלֶיהָ אַל־תִּירְאִי כִּי בֵן יָלָדְתְּ וְלֹא עָנְתָה וְלֹא־שָׁתָה לִבָּהּ׃

Und als sie im Sterben lag	וּכְעֵת מוּתָהּ
sprachen	וַתְּדַבֵּרְנָה
die Frauen, die um sie standen	הַנִּצָּבוֹת עָלֶיהָ
Fürchte dich nicht	אַל־תִּירְאִי
denn du hast einen **Sohn** geboren	כִּי בֵן יָלָדְתְּ
Aber sie antwortete **nicht**	וְלֹא עָנְתָה
und nahm's auch **nicht** zu Herzen	וְלֹא־שָׁתָה לִבָּהּ

So wahr ich lebe, spricht der HERR: **Sogar** (כִּי) wenn Konja, der **Sohn** (בֶּן) Jojakims, der König von Juda, ein Siegelring **wäre** (יִהְיֶה) an meiner rechten Hand, **sogar** (כִּי) von dort würde ich dich abreißen. (AÜ)

היה	sein, werden, geschehen	3576x
hāyâ		S1961

בֵּן ▸ TAG 14 כִּי ▸ TAG 15

חַי־אָנִי נְאֻם־יְהוָה כִּי אִם־יִהְיֶה כָּנְיָהוּ בֶן־יְהוֹיָקִים מֶלֶךְ יְהוּדָה חוֹתָם עַל־יַד יְמִינִי כִּי מִשָּׁם אֶתְּקֶנְךָּ׃

So wahr ich lebe	חַי־אָנִי
spricht der HERR	נְאֻם־יְהוָה
Sogar wenn	כִּי אִם־
Konja, der **Sohn** Jojakims, der König von Juda	כָּנְיָהוּ בֶן־יְהוֹיָקִים מֶלֶךְ יְהוּדָה
ein Siegelring **wäre**	יִהְיֶה ... חוֹתָם
an meiner rechten Hand	עַל־יַד יְמִינִי
sogar von dort	כִּי מִשָּׁם
würde ich dich abreißen	אֶתְּקֶנְךָּ

So starb Ahasja [wörtl.: er] **gemäß** (כְּ) dem Wort des HERRN, das Elia geredet hatte. Und Joram wurde König an seiner statt … **denn** (כִּי) Ahasja hatte keinen Sohn [wörtl.: nicht **war** (הָיָה) ihm ein Sohn].

כְּ *kĕ*	wie, gemäß, entsprechend	2902x

כִּי ▸ TAG 15 היה ▸ TAG 16

וַיָּמָת כִּדְבַר יְהוָה אֲשֶׁר־דִּבֶּר אֵלִיָּהוּ וַיִּמְלֹךְ יְהוֹרָם תַּחְתָּיו … כִּי לֹא־הָיָה לוֹ בֵּן׃

So starb Ahasja [wörtl.: er]	וַיָּמָת
gemäß dem Wort des HERRN	כִּדְבַר יְהוָה
das Elija geredet hatte	אֲשֶׁר־דִּבֶּר אֵלִיָּהוּ
Und Joram wurde König	וַיִּמְלֹךְ יְהוֹרָם
an seiner statt …	תַּחְתָּיו …
denn Ahasja hatte keinen Sohn [wörtl.: nicht **war** ihm ein Sohn]	כִּי לֹא־הָיָה לוֹ בֵּן

Und das wird unsere Gerechtigkeit **sein** (תִּהְיֶה), dass wir alle diese Gebote **tun** (עֲשׂוֹת) und halten vor dem HERRN, unserm Gott, **wie** (כַּ) wie er uns geboten hat.

עשׂה	tun, machen	2629x
ʿāśâ		S6213

היה ➤ TAG 16 כְּ ➤ TAG 17

וּצְדָקָה תִּהְיֶה־לָּנוּ כִּי־נִשְׁמֹר לַעֲשׂוֹת אֶת־כָּל־הַמִּצְוָה הַזֹּאת לִפְנֵי
יְהוָה אֱלֹהֵינוּ כַּאֲשֶׁר צִוָּנוּ׃

Und das wird unsere Gerechtigkeit **sein**	וּצְדָקָה תִּהְיֶה־לָּנוּ
dass wir … halten	כִּי־נִשְׁמֹר
um zu **tun**	לַעֲשׂוֹת
alle diese Gebote	אֶת־כָּל־הַמִּצְוָה הַזֹּאת
vor dem HERRN, unserm Gott	לִפְנֵי יְהוָה אֱלֹהֵינוּ
wie er uns geboten hat	כַּאֲשֶׁר צִוָּנוּ

Er hat deinen Knecht verleumdet vor meinem Herrn, dem König
Aber mein Herr, der König, ist **wie** (כְּ) der Engel **Gottes** (אֱלֹהִים);
also **tu** (עֲשֵׂה), was gut ist in deinen Augen. (AÜ)

אֱלֹהִים	Gott, Götter	2602x
ʾĕlōhîm		S430

כְּ ▷ TAG 17 עשׂה ▷ TAG 18

וַיְרַגֵּל בְּעַבְדְּךָ אֶל־אֲדֹנִי הַמֶּלֶךְ וַאדֹנִי הַמֶּלֶךְ כְּמַלְאַךְ הָאֱלֹהִים וַעֲשֵׂה
הַטּוֹב בְּעֵינֶיךָ׃

Er hat deinen Knecht verleumdet	וַיְרַגֵּל בְּעַבְדְּךָ
vor meinem Herrn, dem König	אֶל־אֲדֹנִי הַמֶּלֶךְ
Aber mein Herr, der König	וַאדֹנִי הַמֶּלֶךְ
ist **wie** der Engel **Gottes**	כְּמַלְאַךְ הָאֱלֹהִים
also **tu**	וַעֲשֵׂה
was gut ist	הַטּוֹב
in deinen Augen	בְּעֵינֶיךָ

Und der HERR erweckte den Geist Serubbabels … und den Geist Jeschuas … und den Geist aller Übrigen vom Volk, dass **sie kamen** (וַיָּבֹאוּ) und arbeiteten [wörtl.: und **taten** (וַיַּעֲשׂוּ) Arbeit] am Hause des HERRN Zebaoth, ihres **Gottes** (אֱלֹהֵיהֶם).

בוא	gehen, kommen; bringen	2558x
bôʾ		S935

עשׂה ▸ TAG 18 אֱלֹהִים ▸ TAG 19

וַיָּעַר יְהוָה אֶת־רוּחַ זְרֻבָּבֶל ... וְאֶת־רוּחַ יְהוֹשֻׁעַ ... וְאֶת־רוּחַ כֹּל
שְׁאֵרִית הָעָם וַיָּבֹאוּ וַיַּעֲשׂוּ מְלָאכָה בְּבֵית־יְהוָה צְבָאוֹת אֱלֹהֵיהֶם׃

Der HERR erweckte	וַיָּעַר יְהוָה
Den Geist Serubbabels …	אֶת־רוּחַ זְרֻבָּבֶל ...
und den Geist Jeschuas …	וְאֶת־רוּחַ יְהוֹשֻׁעַ ...
und den Geist aller Übrigen vom Volk	וְאֶת־רוּחַ כֹּל שְׁאֵרִית הָעָם
dass **sie kamen**	וַיָּבֹאוּ
und arbeiteten [wörtl.: und **taten** Arbeit]	וַיַּעֲשׂוּ מְלָאכָה
am Hause des HERRN Zebaoth,	בְּבֵית־יְהוָה צְבָאוֹת
ihres **Gottes.**	אֱלֹהֵיהֶם

Und ihr werdet fliehen in das Tal zwischen meinen Bergen … . Und ihr werdet fliehen, wie ihr vorzeiten geflohen seid vor dem Erdbeben zur Zeit Usijas, des **Königs** (מֶלֶךְ) von Juda. Da **wird** dann **kommen** (וּבָא) der HERR, mein **Gott** (אֱלֹהַי), und alle Heiligen mit ihm.

מֶלֶךְ	König	2528x
meleḵ		S4428

אֱלֹהִים ▸ TAG 19   בוא ▸ TAG 20

וְנַסְתֶּם גֵּיא־הָרַי … וְנַסְתֶּם כַּאֲשֶׁר נַסְתֶּם מִפְּנֵי הָרַעַשׁ בִּימֵי עֻזִּיָּה
מֶלֶךְ־יְהוּדָה וּבָא יְהוָה אֱלֹהַי כָּל־קְדֹשִׁים עִמָּךְ׃

Und ihr werdet fliehen in das Tal zwischen meinen Bergen …	וְנַסְתֶּם גֵּיא־הָרַי …
Und ihr werdet fliehen, wie ihr (vorzeiten) geflohen seid	וְנַסְתֶּם כַּאֲשֶׁר נַסְתֶּם
vor dem Erdbeben	מִפְּנֵי הָרַעַשׁ
zur Zeit Usijas, des **Königs** von Juda.	בִּימֵי עֻזִּיָּה מֶלֶךְ־יְהוּדָה
Da **wird** dann **kommen** der HERR, **mein Gott**,	וּבָא יְהוָה אֱלֹהַי
und alle Heiligen mit ihm.	כָּל־קְדֹשִׁים עִמָּךְ

Und sie suchten ein schönes Mädchen im ganzen Gebiet **Israels** (יִשְׂרָאֵל) und fanden Abischag von Schunem und **brachten** (וַיָּבִאוּ) sie dem **König** (מֶלֶךְ).

יִשְׂרָאֵל	Israel	2507x
yiśrāʾēl		S3478

בוא ▸ TAG 20 מֶלֶךְ ▸ TAG 21

וַיְבַקְשׁוּ נַעֲרָה יָפָה בְּכֹל גְּבוּל יִשְׂרָאֵל וַיִּמְצְאוּ אֶת־אֲבִישַׁג הַשּׁוּנַמִּית
וַיָּבִאוּ אֹתָהּ לַמֶּלֶךְ׃

Und sie suchten	וַיְבַקְשׁוּ
ein schönes Mädchen	נַעֲרָה יָפָה
im ganzen Gebiet **Israels**	בְּכֹל גְּבוּל יִשְׂרָאֵל
und fanden	וַיִּמְצְאוּ
Abischag von Schunem	אֶת־אֲבִישַׁג הַשּׁוּנַמִּית
und **brachten** sie	וַיָּבִאוּ אֹתָהּ
dem **König**	לַמֶּלֶךְ

Dies sind die **Könige** (מַלְכֵי) des **Landes** (אָרֶץ), die die Söhne **Israels** (יִשְׂרָאֵל) schlugen und deren **Land** (אֶרֶץ) sie einnahmen jenseits des Jordans gegen Sonnenaufgang von dem Arnonfluss an bis an den Berg Hermon und das ganze Jordantal im Osten: … (AÜ)

אֶרֶץ	Land, Erde	2505x
ʾereṣ		S776

מֶלֶךְ ➤ TAG 21 יִשְׂרָאֵל ➤ TAG 22

וְאֵלֶּה מַלְכֵי הָאָרֶץ אֲשֶׁר הִכּוּ בְנֵי־יִשְׂרָאֵל וַיִּרְשׁוּ אֶת־אַרְצָם בְּעֵבֶר הַיַּרְדֵּן מִזְרְחָה הַשָּׁמֶשׁ מִנַּחַל אַרְנוֹן עַד־הַר חֶרְמוֹן וְכָל־הָעֲרָבָה מִזְרָחָה׃

Dies sind die **Könige** des **Landes**	וְאֵלֶּה מַלְכֵי הָאָרֶץ
die die Söhne **Israels** schlugen	אֲשֶׁר הִכּוּ בְנֵי־יִשְׂרָאֵל
und deren **Land** sie einnahmen	וַיִּרְשׁוּ אֶת־אַרְצָם
jenseits des Jordans	בְּעֵבֶר הַיַּרְדֵּן
gegen Sonnenaufgang	מִזְרְחָה הַשָּׁמֶשׁ
von dem Arnonfluss an	מִנַּחַל אַרְנוֹן
bis an den Berg Hermon	עַד־הַר חֶרְמוֹן
und das ganze Jordantal im Osten	וְכָל־הָעֲרָבָה מִזְרָחָה

Und es wird eine Straße da sein für den Rest seines Volks, das übrig geblieben ist aus Assur, wie sie für **Israel** (יִשְׂרָאֵל) da war zur Zeit [wörtl.: am **Tag** (יוֹם)], als sie aus dem **Land** (אֶרֶץ) Ägypten zogen. (AÜ)

יוֹם	Tag	2298x
yôm		S3117

יִשְׂרָאֵל ▶ TAG 22 אֶרֶץ ▶ TAG 23

וְהָיְתָה מְסִלָּה לִשְׁאָר עַמּוֹ אֲשֶׁר יִשָּׁאֵר מֵאַשּׁוּר כַּאֲשֶׁר הָיְתָה
לְיִשְׂרָאֵל בְּיוֹם עֲלֹתוֹ מֵאֶרֶץ מִצְרָיִם׃

Und es wird eine Straße da sein	וְהָיְתָה מְסִלָּה
für den Rest seines Volks	לִשְׁאָר עַמּוֹ
das übrig geblieben ist	אֲשֶׁר יִשָּׁאֵר
aus Assur	מֵאַשּׁוּר
wie sie … da war	כַּאֲשֶׁר הָיְתָה
für **Israel**	לְיִשְׂרָאֵל
zur Zeit [wörtl.: am **Tag**], als sie … zogen	בְּיוֹם עֲלֹתוֹ
aus dem **Land** Ägypten	מֵאֶרֶץ מִצְרָיִם

Zu der Zeit [wörtl.: in den **Tagen** (בִּימֵי)], als die Richter richteten, entstand eine Hungersnot im **Lande** (אָרֶץ). Und ein **Mann** (אִישׁ) von Bethlehem in Juda zog aus, um im Gebiet der Moabiter als Fremdling zu wohnen, er und seine Frau und seine zwei Söhne. (AÜ)

אִישׁ	Mann, Ehemann, jemand	2187x
ʾîš		S376

אֶרֶץ ▷ TAG 23 יוֹם ▷ TAG 24

וַיְהִי בִּימֵי שְׁפֹט הַשֹּׁפְטִים וַיְהִי רָעָב בָּאָרֶץ וַיֵּלֶךְ אִישׁ מִבֵּית לֶחֶם
יְהוּדָה לָגוּר בִּשְׂדֵי מוֹאָב הוּא וְאִשְׁתּוֹ וּשְׁנֵי בָנָיו׃

Zu der Zeit [wörtl.: in den **Tagen**]	וַיְהִי בִּימֵי
als die Richter richteten	שְׁפֹט הַשֹּׁפְטִים
entstand eine Hungersnot	וַיְהִי רָעָב
im **Lande**	בָּאָרֶץ
Und ein **Mann** … zog aus	וַיֵּלֶךְ אִישׁ
von Bethlehem in Juda	מִבֵּית לֶחֶם יְהוּדָה
um … als Fremdling zu wohnen	לָגוּר
im Gebiet der Moabiter	בִּשְׂדֵי מוֹאָב
er und seine Frau	הוּא וְאִשְׁתּוֹ
und seine zwei Söhne	וּשְׁנֵי בָנָיו

Und der Kampf war sehr hart an jenem **Tag** (יוֹם).
Abner aber und die **Männer** (אֲנָשִׁי) Israels wurden geschlagen von den Knechten [wörtl.: im **Angesicht** (פְּנֵי) der Knechte] Davids.

פָּנֶה	Gesicht, Angesicht, Vorderseite	2127x
pānê		S6440

יוֹם ▶ TAG 24 אִישׁ ▶ TAG 25

וַתְּהִי הַמִּלְחָמָה קָשָׁה עַד־מְאֹד בַּיּוֹם הַהוּא וַיִּנָּגֶף אַבְנֵר וְאַנְשֵׁי יִשְׂרָאֵל לִפְנֵי עַבְדֵי דָוִד׃

Und der Kampf war	וַתְּהִי הַמִּלְחָמָה
sehr hart	קָשָׁה עַד־מְאֹד
an jenem **Tag**	בַּיּוֹם הַהוּא
aber … wurden geschlagen	וַיִּנָּגֶף
Abner	אַבְנֵר
und die **Männer** Israels	וְאַנְשֵׁי יִשְׂרָאֵל
von [wörtl.: im **Angesicht** von …]	לִפְנֵי
den Knechten Davids.	עַבְדֵי דָוִד

… gleich als wenn **jemand** (אִישׁ) vor dem [**Gesicht** (פְּנֵי) des] Löwen flieht und der Bär begegnet ihm, und er kommt ins **Haus** (בַּיִת) und lehnt sich mit der Hand an die Wand, da beißt ihn die Schlange!

בַּיִת	Haus, Palast, Tempel	2047x
***bay**it*		S1004

אִישׁ ▸ TAG 25   פָּנֶה ▸ TAG 26

כַּאֲשֶׁר יָנוּס אִישׁ מִפְּנֵי הָאֲרִי וּפְגָעוֹ הַדֹּב וּבָא הַבַּיִת וְסָמַךְ יָדוֹ עַל־
הַקִּיר וּנְשָׁכוֹ הַנָּחָשׁ׃

gleich als wenn **jemand …** flieht	כַּאֲשֶׁר יָנוּס אִישׁ
vor dem [**Gesicht** des] Löwen	מִפְּנֵי הָאֲרִי
und der Bär begegnet ihm	וּפְגָעוֹ הַדֹּב
und er kommt ins **Haus**	וּבָא הַבַּיִת
und lehnt sich mit der Hand	וְסָמַךְ יָדוֹ
an die Wand	עַל־הַקִּיר
da beißt ihn die Schlange!	וּנְשָׁכוֹ הַנָּחָשׁ

Und ich setzte [wörtl.: **ich gab/stellte (וָאֶתֵּן)**] den Männern [wörtl.: Söhnen] vom **Hause (בֵּית)** der Rechabiter Krüge voll Wein und Schalen vor [wörtl.: vors **Angesicht (פְּנֵי)**] und sprach zu ihnen: Trinkt Wein!

נתן	geben, (hin)stellen, legen	2014x
nātan		S5414

פָּנֶה ▸ TAG 26 בַּיִת ▸ TAG 27

וָאֶתֵּן לִפְנֵי בְּנֵי בֵית־הָרֵכָבִים גְּבִעִים מְלֵאִים יַיִן וְכֹסוֹת וָאֹמַר
אֲלֵיהֶם שְׁתוּ־יָיִן׃

Und ich setzte [wörtl.: **ich gab**]	וָאֶתֵּן
vor [wörtl.: vors **Angesicht**]	לִפְנֵי
den Männern [wörtl.: Söhnen] vom **Hause** der Rechabiter	בְּנֵי בֵית־הָרֵכָבִים
Krüge	גְּבִעִים
voll Wein	מְלֵאִים יַיִן
und Schalen	וְכֹסוֹת
und sprach zu ihnen	וָאֹמַר אֲלֵיהֶם
Trinkt Wein!	שְׁתוּ־יָיִן

Und Jeremia sprach zum König Zedekia: Was hab ich gegen dich, gegen deine Diener und gegen dies **Volk** (עָם) gesündigt, dass ihr mich in den Kerker [wörtl.: ins **Haus** (בַּיִת) der Gefangenschaft] geworfen habt [wörtl.: **gegeben habt** (נְתַתֶּם)]? (AÜ)

עַם	Volk, Bevölkerung, Leute	1866x
ʿam		S5971

בַּיִת ➤ TAG 27 **נתן** ➤ TAG 28

וַיֹּאמֶר יִרְמְיָהוּ אֶל־הַמֶּלֶךְ צִדְקִיָּהוּ מֶה חָטָאתִי לְךָ וְלַעֲבָדֶיךָ וְלָעָם
הַזֶּה כִּי־נְתַתֶּם אוֹתִי אֶל־בֵּית הַכֶּלֶא׃

Und Jeremia sprach	וַיֹּאמֶר יִרְמְיָהוּ
zum König Zedekia	אֶל־הַמֶּלֶךְ צִדְקִיָּהוּ
Was hab ich … gesündigt	מֶה חָטָאתִי
gegen dich, gegen deine Diener	לְךָ וְלַעֲבָדֶיךָ
und gegen dies **Volk**	וְלָעָם הַזֶּה
dass ihr mich … geworfen habt [wörtl.: **gegeben** habt]	כִּי־נְתַתֶּם אוֹתִי
in den Kerker [wörtl.: ins **Haus** der Gefangenschaft]	אֶל־בֵּית הַכֶּלֶא

Und ich will meine Rache an Edom in die **Hand** (יַד) meines **Volkes** (עַמִּי) Israel **legen** (וְנָתַתִּי), und sie sollen mit Edom umgehen nach meinem Zorn und [nach meinem] Grimm, dass sie meine Vergeltung erfahren sollen, spricht Gott der HERR. (AÜ)

יָד	Hand, Kraft, Macht	1627x
yād		S3027

נתן ➢ TAG 28 עַם ➢ TAG 29

וְנָתַתִּי אֶת־נִקְמָתִי בֶּאֱדוֹם בְּיַד עַמִּי יִשְׂרָאֵל וְעָשׂוּ בֶאֱדוֹם כְּאַפִּי
וְכַחֲמָתִי וְיָדְעוּ אֶת־נִקְמָתִי נְאֻם אֲדֹנָי יְהוִה׃

Und **ich will** … **legen**	וְנָתַתִּי
meine Rache an Edom	אֶת־נִקְמָתִי בֶּאֱדוֹם
in die **Hand** meines **Volkes** Israel	בְּיַד עַמִּי יִשְׂרָאֵל
und sie sollen mit Edom umgehen	וְעָשׂוּ בֶאֱדוֹם
nach meinem Zorn	כְּאַפִּי
und [nach meinem] Grimm	וְכַחֲמָתִי
dass sie meine Vergeltung erfahren sollen	וְיָדְעוּ אֶת־נִקְמָתִי
spricht Gott der HERR	נְאֻם אֲדֹנָי יְהוִה

Ich streckte meine **Hände** (יָדַי) aus den ganzen Tag
nach einem ungehorsamen **Volk** (עַם), das nach seinen eigenen
Gedanken **wandelt** (הֹלְכִים) auf einem Wege, der nicht gut ist.

הלך	gehen, wandeln	1554x
hālaḵ		S1980

עַם ➤ TAG 29 יָד ➤ TAG 30

פֵּרַשְׂתִּי יָדַי כָּל־הַיּוֹם אֶל־עַם סוֹרֵר הַהֹלְכִים הַדֶּרֶךְ לֹא־טוֹב אַחַר
מַחְשְׁבֹתֵיהֶם׃

Ich streckte meine **Hände** aus	פֵּרַשְׂתִּי יָדַי
den ganzen Tag	כָּל־הַיּוֹם
nach einem ungehorsamen **Volk**	אֶל־עַם סוֹרֵר
das … **wandelt** auf einem Wege	הַהֹלְכִים הַדֶּרֶךְ
der nicht gut ist	לֹא־טוֹב
nach seinen eigenen Gedanken	אַחַר מַחְשְׁבֹתֵיהֶם

Und die Ältesten von Moab und die Ältesten von Midian **gingen hin** (וַיֵּלְכוּ) und hatten Lose zum Wahrsagen in ihrer **Hand** (יָדָם) und kamen zu Bileam und sagten ihm die **Worte** (דִּבְרֵי) Balaks.
(AÜ)

דָּבָר	Wort, Sache, Begebenheit	1454x
dāvār		S1697

יָד ▸ TAG 30 הלך ▸ TAG 31

וַיֵּלְכוּ זִקְנֵי מוֹאָב וְזִקְנֵי מִדְיָן וּקְסָמִים בְּיָדָם וַיָּבֹאוּ אֶל־בִּלְעָם וַיְדַבְּרוּ אֵלָיו דִּבְרֵי בָלָק׃

Und … **gingen hin**	וַיֵּלְכוּ
die Ältesten von Moab	זִקְנֵי מוֹאָב
und die Ältesten von Midian	וְזִקְנֵי מִדְיָן
und (hatten) Lose zum Wahrsagen	וּקְסָמִים
in ihrer **Hand**	בְּיָדָם
und kamen	וַיָּבֹאוּ
zu Bileam	אֶל־בִּלְעָם
und sagten ihm	וַיְדַבְּרוּ אֵלָיו
die **Worte** Balaks	דִּבְרֵי בָלָק

[Und] sie sprach: **Es (הוּא)** sei, wie ihr sagt [wörtl.: gemäß euren **Worten (דִּבְרֵיכֶם)**]!, und [sie] ließ sie gehen. Und **sie gingen weg (וַיֵּלֵכוּ)**. Und sie knüpfte das rote Seil ins Fenster.

הוּא *hûʾ*	er, es; der, das; jener, jene, jenes	1398x S1931

הלך ▷ TAG 31   דָּבָר ▷ TAG 32

וַתֹּאמֶר כְּדִבְרֵיכֶם כֶּן־הוּא וַתְּשַׁלְּחֵם וַיֵּלֵכוּ וַתִּקְשֹׁר אֶת־תִּקְוַת הַשָּׁנִי בַּחַלּוֹן׃

[Und] sie sprach	וַתֹּאמֶר
wie ihr sagt [wörtl.: gemäß euren **Worten**]	כְּדִבְרֵיכֶם
Es sei	כֶּן־הוּא
und [sie] ließ sie gehen	וַתְּשַׁלְּחֵם
Und **sie gingen weg**	וַיֵּלֵכוּ
Und sie knüpfte	וַתִּקְשֹׁר
das rote Seil	אֶת־תִּקְוַת הַשָּׁנִי
ins Fenster	בַּחַלּוֹן

Geschieht **etwas** (דָּבָר), von dem man sagen könnte: »**Sieh** (רְאֵה) [dies], **das** (הוּא) ist neu!« – Es ist längst zuvor auch geschehen in den Zeiten, die vor uns gewesen sind.

ראה	sehen	1301x
rāʾâ		S7200

דָּבָר ▷ TAG 32 **הוּא** ▷ TAG 33

יֵשׁ דָּבָר שֶׁיֹּאמַר רְאֵה־זֶה חָדָשׁ הוּא כְּבָר הָיָה לְעֹלָמִים אֲשֶׁר הָיָה מִלְּפָנֵנוּ׃

Geschieht **etwas**	יֵשׁ דָּבָר
von dem man sagen könnte	שֶׁיֹּאמַר
Sieh [dies]	רְאֵה־זֶה
das ist neu	חָדָשׁ הוּא
längst zuvor	כְּבָר
Es ist … auch geschehen	הָיָה
in den Zeiten	לְעֹלָמִים
die … gewesen sind	אֲשֶׁר הָיָה
vor uns	מִלְּפָנֵנוּ

Dann brachen wir auf vom Horeb und zogen durch die [wörtl.: **jene** (הוּא)] ganze Wüste, die groß und furchtbar ist, wie **ihr gesehen habt** (רְאִיתֶם) … , und [wir] kamen **bis nach** (עַד) Kadesch-Barnea.

עַד	bis, bis zu, bis nach	1263x
ʿad		S5704

הוא ▸ TAG 33 **ראה** ▸ TAG 34

וַנִּסַּע מֵחֹרֵב וַנֵּלֶךְ אֵת כָּל־הַמִּדְבָּר הַגָּדוֹל וְהַנּוֹרָא הַהוּא אֲשֶׁר
רְאִיתֶם … וַנָּבֹא עַד קָדֵשׁ בַּרְנֵעַ׃

Dann brachen wir auf vom Horeb	וַנִּסַּע מֵחֹרֵב
und zogen durch	וַנֵּלֶךְ
die [wörtl.: **jene**] ganze Wüste	אֵת כָּל־הַמִּדְבָּר … הַהוּא
die groß und furchtbar ist	הַגָּדוֹל וְהַנּוֹרָא
wie **ihr gesehen habt** … ,	אֲשֶׁר רְאִיתֶם …
und [wir] kamen	וַנָּבֹא
bis nach Kadesch-Barnea	עַד קָדֵשׁ בַּרְנֵעַ

Und sie sollen füllen deine Häuser und die Häuser [all] deiner Großen und [die Häuser] aller Ägypter, wie es nicht **gesehen haben** (רָאוּ) deine **Väter** (אֲבֹתֶיךָ) und die **Väter** (אֲבוֹת) deiner **Väter** (אֲבֹתֶיךָ), seit sie auf Erden waren **bis** (עַד) auf diesen Tag. (AÜ)

אָב	Vater, Vorfahre	1210x
ʾāv		S1

ראה ▸ TAG 34 **עַד** ▸ TAG 35

וּמָלְאוּ בָתֶּיךָ וּבָתֵּי כָל־עֲבָדֶיךָ וּבָתֵּי כָל־מִצְרַיִם אֲשֶׁר לֹא־רָאוּ אֲבֹתֶיךָ וַאֲבוֹת אֲבֹתֶיךָ מִיּוֹם הֱיוֹתָם עַל־הָאֲדָמָה עַד הַיּוֹם הַזֶּה

Und sie sollen füllen deine Häuser	וּמָלְאוּ בָתֶּיךָ
und die Häuser [all] deiner Großen	וּבָתֵּי כָל־עֲבָדֶיךָ
und [die Häuser] aller Ägypter,	וּבָתֵּי כָל־מִצְרַיִם
wie es … deine **Väter**	אֲשֶׁר … אֲבֹתֶיךָ
und die **Väter** deiner **Väter**	וַאֲבוֹת אֲבֹתֶיךָ
nicht **gesehen haben**	לֹא־רָאוּ
seit	מִיּוֹם
sie auf Erden waren	הֱיוֹתָם עַל־הָאֲדָמָה
bis auf diesen Tag	עַד הַיּוֹם הַזֶּה

So fürchteten diese Völker den HERRN und dienten zugleich ihren Götzen. Auch ihre Kinder und [ihre] Kindeskinder[, sie] tun, wie ihre **Väter** (אֲבֹתָם) getan haben, **bis** (עַד) auf **diesen** (זֶה) Tag.

זֶה	dieser, dieses	1178x
zê		S2088

עַד ▹ TAG 35 **אָב** ▹ TAG 36

וַיִּהְיוּ הַגּוֹיִם הָאֵלֶּה יְרֵאִים אֶת־יְהוָה וְאֶת־פְּסִילֵיהֶם הָיוּ עֹבְדִים גַּם־
בְּנֵיהֶם וּבְנֵי בְנֵיהֶם כַּאֲשֶׁר עָשׂוּ אֲבֹתָם הֵם עֹשִׂים עַד הַיּוֹם הַזֶּה׃

So … diese Völker	וַיִּהְיוּ הַגּוֹיִם הָאֵלֶּה
fürchteten … den HERRN	יְרֵאִים אֶת־יְהוָה
und dienten (zugleich) ihren Götzen	וְאֶת־פְּסִילֵיהֶם הָיוּ עֹבְדִים
Auch ihre Kinder	גַּם־בְּנֵיהֶם
und [ihre] Kindeskinder	וּבְנֵי בְנֵיהֶם
… wie ihre **Väter** getan haben	כַּאֲשֶׁר עָשׂוּ אֲבֹתָם
[sie] tun,	הֵם עֹשִׂים
bis auf **diesen** Tag	עַד הַיּוֹם הַזֶּה

Denn ich habe eure **Väter** (אֲבוֹתֵיכֶם) ermahnt von dem Tage an, da ich sie aus Ägyptenland führte, bis auf den heutigen [wörtl.: **diesen** (זֶה)] Tag, und ich ermahnte sie immer wieder und sprach: **Gehorcht** (שִׁמְעוּ) meiner Stimme!

שׁמע	hören, gerhochen	1165x
šāmaᶜ		S8085

אָב ▸ TAG 36 זֶה ▸ TAG 37

כִּי הָעֵד הַעִדֹתִי בַּאֲבוֹתֵיכֶם בְּיוֹם הַעֲלוֹתִי אוֹתָם מֵאֶרֶץ מִצְרַיִם
וְעַד־הַיּוֹם הַזֶּה הַשְׁכֵּם וְהָעֵד לֵאמֹר שִׁמְעוּ בְּקוֹלִי׃

Denn ich habe … ermahnt	כִּי הָעֵד הַעִדֹתִי
eure **Väter**	בַּאֲבוֹתֵיכֶם
von dem Tage an, da ich sie … führte	בְּיוֹם הַעֲלוֹתִי אוֹתָם
aus Ägyptenland	מֵאֶרֶץ מִצְרַיִם
bis auf den heutigen [wörtl.: **diesen**] Tag	וְעַד־הַיּוֹם הַזֶּה
und ich ermahnte sie immer wieder	הַשְׁכֵּם וְהָעֵד
und sprach:	לֵאמֹר
Gehorcht meiner Stimme	שִׁמְעוּ בְּקוֹלִי

Hört (שִׁמְעוּ) **dieses** (זֶה) Wort, das der HERR wider euch **redet** (דִּבֶּר), ihr Israeliten, wider das ganze Geschlecht, das ich aus Ägyptenland geführt habe: …

דבר	sprechen, reden, sagen	1136x
dāvar		S1696

זֶה ▷ TAG 37 שׁמע ▷ TAG 38

שִׁמְעוּ אֶת־הַדָּבָר הַזֶּה אֲשֶׁר דִּבֶּר יְהוָה עֲלֵיכֶם בְּנֵי יִשְׂרָאֵל עַל כָּל־
הַמִּשְׁפָּחָה אֲשֶׁר הֶעֱלֵיתִי מֵאֶרֶץ מִצְרַיִם

Hört	שִׁמְעוּ
dieses Wort	אֶת־הַדָּבָר הַזֶּה
das der HERR … **redet**	אֲשֶׁר דִּבֶּר יְהוָה
wider euch	עֲלֵיכֶם
ihr Israeliten	בְּנֵי יִשְׂרָאֵל
wider das ganze Geschlecht	עַל כָּל־הַמִּשְׁפָּחָה
das ich … geführt habe	אֲשֶׁר הֶעֱלֵיתִי
aus Ägyptenland	מֵאֶרֶץ מִצְרָיִם

Da rief eine kluge Frau aus der **Stadt** (עִיר): **Hört her** (שִׁמְעוּ)! **Hört her** (שִׁמְעוּ)! Sprecht zu Joab: Komm hierher, **ich will** mit dir **reden** (אֲדַבְּרָה).

עִיר	Stadt	1093x
ʿîr		S5892

שמע ▸ TAG 38 **דבר** ▸ TAG 39

וַתִּקְרָא אִשָּׁה חֲכָמָה מִן־הָעִיר שִׁמְעוּ שִׁמְעוּ אִמְרוּ־נָא אֶל־יוֹאָב
קְרַב עַד־הֵנָּה וַאֲדַבְּרָה אֵלֶיךָ׃

Da rief eine kluge Frau	וַתִּקְרָא אִשָּׁה חֲכָמָה
aus der **Stadt**	מִן־הָעִיר
Hört her! **Hört her**!	שִׁמְעוּ שִׁמְעוּ
Sprecht zu Joab	אִמְרוּ־נָא אֶל־יוֹאָב
Komm hierher	קְרַב עַד־הֵנָּה
ich will mit dir **reden**	וַאֲדַבְּרָה אֵלֶיךָ

Und als Leute vorübergingen, sahen sie den Leichnam am Wege liegen und den Löwen bei dem Leichnam stehen und kamen und **sagten** (וַיְדַבְּרוּ) es in der **Stadt** (עִיר), in der der alte Prophet **wohnte** (יֹשֵׁב).

ישב	sitzen, wohnen	1087x
yāšav		S3427

דבר ➢ TAG 39 **עִיר** ➢ TAG 40

וְהִנֵּה אֲנָשִׁים עֹבְרִים וַיִּרְאוּ אֶת־הַנְּבֵלָה מֻשְׁלֶכֶת בַּדֶּרֶךְ וְאֶת־הָאַרְיֵה
עֹמֵד אֵצֶל הַנְּבֵלָה וַיָּבֹאוּ וַיְדַבְּרוּ בָעִיר אֲשֶׁר הַנָּבִיא הַזָּקֵן יֹשֵׁב בָּהּ׃

Und als Leute vorübergingen	וְהִנֵּה אֲנָשִׁים עֹבְרִים
sahen sie den Leichnam	וַיִּרְאוּ אֶת־הַנְּבֵלָה
am Wege liegen	מֻשְׁלֶכֶת בַּדֶּרֶךְ
und den Löwen	וְאֶת־הָאַרְיֵה
bei dem Leichnam stehen	עֹמֵד אֵצֶל הַנְּבֵלָה
und kamen und **sagten** es	וַיָּבֹאוּ וַיְדַבְּרוּ
in der **Stadt**, in der	בָעִיר אֲשֶׁר ... בָּהּ
der alte Prophet **wohnte**	הַנָּבִיא הַזָּקֵן יֹשֵׁב

David (דָּוִיד) aber **wohnte** (וַיֵּשֶׁב) auf der Burg, daher nennt man sie »**Stadt** (עִיר) **Davids** (דָּוִיד)«.

דָּוִיד	David	1075x
dāvīd		S1732

עִיר ▶ TAG 40 יֹשׁב ▶ TAG 41

וַיֵּשֶׁב דָּוִיד בַּמְצָד עַל־כֵּן קָרְאוּ־לוֹ עִיר דָּוִיד׃

David aber **wohnte**	וַיֵּשֶׁב דָּוִיד
auf der Burg	בַּמְצָד
daher	עַל־כֵּן
nennt man sie	קָרְאוּ־לוֹ
Stadt Davids	עִיר דָּוִיד

Fürwahr, so spricht der HERR über den König, der auf **Davids** (דָּוִד) Thron **sitzt** (יוֹשֵׁב), und über das ganze Volk, das in dieser Stadt **wohnt** (יוֹשֵׁב), über eure Brüder, die nicht mit euch in die Gefangenschaft **gezogen** (יָצְאוּ) sind, …

יצא	hinausgehen, weggehen, fortziehen	1075x
yāṣāʾ		S3318

ישׁב ▸ TAG 41 **דָּוִד** ▸ TAG 42

כִּי־כֹה אָמַר יְהוָה אֶל־הַמֶּלֶךְ הַיּוֹשֵׁב אֶל־כִּסֵּא דָוִד וְאֶל־כָּל־הָעָם
הַיּוֹשֵׁב בָּעִיר הַזֹּאת אֲחֵיכֶם אֲשֶׁר לֹא־יָצְאוּ אִתְּכֶם בַּגּוֹלָה׃

Fürwahr, so spricht der HERR	כִּי־כֹה אָמַר יְהוָה
über den König	אֶל־הַמֶּלֶךְ
der auf **Davids** Thron **sitzt**	הַיּוֹשֵׁב אֶל־כִּסֵּא דָוִד
und über das ganze Volk	וְאֶל־כָּל־הָעָם
das in dieser Stadt **wohnt**	הַיּוֹשֵׁב בָּעִיר הַזֹּאת
(über) eure Brüder, die	אֲחֵיכֶם אֲשֶׁר
nicht mit euch … **gezogen** sind	לֹא־יָצְאוּ אִתְּכֶם
in die Gefangenschaft	בַּגּוֹלָה

Und als Joab von **David (דָּוִד)** **wegging (וַיֵּצֵא)**, sandte er Boten hinter Abner her, die ihn **zurückholten (וַיָּשִׁבוּ)** von Bor-Sira; aber **David (דָּוִד)** wusste nichts davon. (AÜ)

שׁוּב	zurückkehren, umkehren; zurückholen	1075x
šûv		S7725

דָּוִד ▸ TAG 42 **יצא** ▸ TAG 43

וַיֵּצֵא יוֹאָב מֵעִם דָּוִד וַיִּשְׁלַח מַלְאָכִים אַחֲרֵי אַבְנֵר וַיָּשִׁבוּ אֹתוֹ
מִבּוֹר הַסִּרָה וְדָוִד לֹא יָדָע׃

Und als Joab … **wegging**	וַיֵּצֵא יוֹאָב
von **David**	מֵעִם דָּוִד
sandte er Boten	וַיִּשְׁלַח מַלְאָכִים
hinter Abner her	אַחֲרֵי אַבְנֵר
die ihn **zurückholten**	וַיָּשִׁבוּ אֹתוֹ
von Bor-Sira	מִבּוֹר הַסִּרָה
aber **David** wusste nichts davon	וְדָוִד לֹא יָדָע

So soll mein Wort sein, das von meinem Munde **ausgeht** (יֵצֵא): **Es wird** nicht wieder leer zu mir **zurückkommen** (יָשׁוּב), sondern [wörtl.: denn **wenn** (אִם)] wird tun, was mir gefällt, und ihm wird gelingen, wozu ich es sende. (AÜ)

אִם	wenn	1070x
ʾim		S518

יצא ▸ TAG 43 **שׁוב** ▸ TAG 44

כֵּן יִהְיֶה דְבָרִי אֲשֶׁר יֵצֵא מִפִּי לֹא־יָשׁוּב אֵלַי רֵיקָם כִּי אִם־עָשָׂה אֶת־
אֲשֶׁר חָפַצְתִּי וְהִצְלִיחַ אֲשֶׁר שְׁלַחְתִּיו׃

So soll mein Wort sein	כֵּן יִהְיֶה דְבָרִי
das von meinem Munde **ausgeht**	אֲשֶׁר יֵצֵא מִפִּי
Es wird nicht wieder … zu mir **zurückkommen**	לֹא־יָשׁוּב אֵלַי
leer	רֵיקָם
sondern [wörtl.: denn **wenn**] wird tun	כִּי אִם־עָשָׂה
was mir gefällt	אֶת־אֲשֶׁר חָפַצְתִּי
und ihm wird gelingen,	וְהִצְלִיחַ
wozu ich es sende	אֲשֶׁר שְׁלַחְתִּיו

Und **er kehrte zurück (וַיָּשָׁב)** zu dem Mann Gottes … und sprach: **Siehe (הִנֵּה)** [doch], nun weiß ich, dass kein Gott ist in allen Landen außer [wörtl.: denn **wenn (אִם)**] in Israel; so nimm [doch] nun eine Segensgabe von deinem Knecht.

הִנֵּה	Siehe!	1061x
hinnê		S2009

שׁוּב ➤ TAG 44 אִם ➤ TAG 45

וַיָּשָׁב אֶל־אִישׁ הָאֱלֹהִים … וַיֹּאמֶר הִנֵּה־נָא יָדַעְתִּי כִּי אֵין אֱלֹהִים
בְּכָל־הָאָרֶץ כִּי אִם־בְּיִשְׂרָאֵל וְעַתָּה קַח־נָא בְרָכָה מֵאֵת עַבְדֶּךָ׃

Und **er kehrte zurück** zu dem Mann Gottes …	וַיָּשָׁב אֶל־אִישׁ הָאֱלֹהִים …
und sprach	וַיֹּאמֶר
Siehe [doch]	הִנֵּה־נָא
(nun) weiß ich, dass	יָדַעְתִּי כִּי
kein Gott ist	אֵין אֱלֹהִים
in allen Landen	בְּכָל־הָאָרֶץ
außer [wörtl.: denn **wenn**] in Israel	כִּי אִם־בְּיִשְׂרָאֵל
so … nun	וְעַתָּה
nimm [doch] … eine Segensgabe	קַח־נָא בְרָכָה
von deinem Knecht	מֵאֵת עַבְדֶּךָ

Und **siehe** (הִנֵּה), ich bin **mit** (עִמָּךְ) dir und will dich behüten [überall], wo du hinziehst, und will dich wieder herbringen in dies Land. Denn ich will dich nicht verlassen, bis [wörtl.: bis zu dem, **wenn** (אִם)] ich alles tue, was ich dir zugesagt habe.

עִם	mit	1048x
ʿim		S5973

אִם ▸ TAG 45 **הִנֵּה** ▸ TAG 46

וְהִנֵּה אָנֹכִי עִמָּךְ וּשְׁמַרְתִּיךָ בְּכֹל אֲשֶׁר־תֵּלֵךְ וַהֲשִׁבֹתִיךָ אֶל־הָאֲדָמָה הַזֹּאת כִּי לֹא אֶעֱזָבְךָ עַד אֲשֶׁר אִם־עָשִׂיתִי אֵת אֲשֶׁר־דִּבַּרְתִּי לָךְ׃

Und **siehe**, ich bin **mit dir**	וְהִנֵּה אָנֹכִי עִמָּךְ
und will dich behüten,	וּשְׁמַרְתִּיךָ
[überall], wo du hinziehst	בְּכֹל אֲשֶׁר־תֵּלֵךְ
und will dich wieder herbringen	וַהֲשִׁבֹתִיךָ
in dies Land	אֶל־הָאֲדָמָה הַזֹּאת
Denn ich will dich nicht verlassen	כִּי לֹא אֶעֱזָבְךָ
bis [wörtl.: bis zu dem, **wenn**] ich (alles) tue	עַד אֲשֶׁר אִם־עָשִׂיתִי
was ich dir zugesagt habe	אֵת אֲשֶׁר־דִּבַּרְתִּי לָךְ

Da antwortete **einer** (אֶחָד) der jungen Männer und sprach: **Siehe** (הִנֵּה), ich habe gesehen einen Sohn Isais, des Bethlehemiters, der ist des Saitenspiels kundig, ein tapferer Mann und ein Mann des Kampfes, verständig in seinen Reden und ein Mann von schöner Gestalt, und der HERR ist **mit** (עִמּוֹ) ihm. (AÜ)

אֶחָד	einer, eine, eines; erster, erste, erstes	976x
ʾeḥād		S259

הִנֵּה ▶ TAG 46 עִם ▶ TAG 47

וַיַּעַן אֶחָד מֵהַנְּעָרִים וַיֹּאמֶר הִנֵּה רָאִיתִי בֵּן לְיִשַׁי בֵּית הַלַּחְמִי יֹדֵעַ
נַגֵּן וְגִבּוֹר חַיִל וְאִישׁ מִלְחָמָה וּנְבוֹן דָּבָר וְאִישׁ תֹּאַר וַיהוָה עִמּוֹ׃

Da antwortete **einer** der jungen Männer und sprach	וַיַּעַן אֶחָד מֵהַנְּעָרִים וַיֹּאמֶר
Siehe, ich habe gesehen	הִנֵּה רָאִיתִי
einen Sohn Isais, des Bethlehemiters	בֵּן לְיִשַׁי בֵּית הַלַּחְמִי
der ist des Saitenspiels kundig	יֹדֵעַ נַגֵּן
ein tapferer Mann	וְגִבּוֹר חַיִל
und ein Mann des Kampfes	וְאִישׁ מִלְחָמָה
verständig in seinen Reden	וּנְבוֹן דָּבָר
ein Mann von schöner Gestalt	וְאִישׁ תֹּאַר
und der HERR ist **mit** ihm	וַיהוָה עִמּוֹ

David antwortete und sprach: **Siehe** (הִנֵּה), hier ist der Spieß des Königs; es komme **einer** (אֶחָד) von den Männern herüber und **hole** (יִקָּחֶהָ) ihn.

לקח	nehmen, holen (lassen)	966x
lāqaḥ		S3947

הִנֵּה ▶ TAG 46 אֶחָד ▶ TAG 48

וַיַּעַן דָּוִד וַיֹּאמֶר הִנֵּה חֲנִית הַמֶּלֶךְ וְיַעֲבֹר אֶחָד מֵהַנְּעָרִים וְיִקָּחֶהָ׃

David antwortete und sprach	וַיַּעַן דָּוִד וַיֹּאמֶר
Siehe, (hier ist)	הִנֵּה
der Spieß des Königs	חֲנִית הַמֶּלֶךְ
es komme **einer** von den Männern herüber	וְיַעֲבֹר אֶחָד מֵהַנְּעָרִים
und **hole** ihn	וְיִקָּחֶהָ

Und Gott der HERR sprach: Siehe, der Mensch ist geworden wie **einer** (אַחַד) von uns und **weiß** (דַעַת), was gut und böse ist. Nun aber, dass er nur nicht ausstrecke seine Hand und **nehme** (וְלָקַח) auch von dem Baum des Lebens und esse und lebe ewiglich! (AÜ)

ידע	wissen, erkennen	952x
*yā**da**ᶜ*		S3045

אֶחָד ➢ TAG 48 לקח ➢ TAG 49

וַיֹּאמֶר יְהוָה אֱלֹהִים הֵן הָאָדָם הָיָה כְּאַחַד מִמֶּנּוּ לָדַעַת טוֹב וָרָע
וְעַתָּה פֶּן־יִשְׁלַח יָדוֹ וְלָקַח גַּם מֵעֵץ הַחַיִּים וְאָכַל וָחַי לְעֹלָם׃

Und Gott der HERR sprach	וַיֹּאמֶר יְהוָה אֱלֹהִים
Siehe, der Mensch	הֵן הָאָדָם
ist geworden wie **einer** von uns	הָיָה כְּאַחַד מִמֶּנּוּ
und **weiß**, was gut und böse ist	לָדַעַת טוֹב וָרָע
Nun aber	וְעַתָּה
dass er nur nicht ausstrecke seine Hand	פֶּן־יִשְׁלַח יָדוֹ
und **nehme** auch	וְלָקַח גַּם
von dem Baum des Lebens	מֵעֵץ הַחַיִּים
und esse	וְאָכַל
und lebe ewiglich	וָחַי לְעֹלָם

Und der HERR sprach zu Josua: Heute will ich anfangen, dich groß zu machen vor [wörtl.: in den **Augen** (עֵינֵי) von] ganz Israel, damit **sie wissen** (יֵדְעוּן): Wie ich **mit** (עִם) Mose gewesen bin, so werde ich auch **mit** (עִמָּךְ) dir sein.

עַיִן	Auge, Quelle; Anblick, Aussehen	901x
ʿayin		S5869

עִם ▹ TAG 47 ידע ▹ TAG 50

וַיֹּאמֶר יְהוָה אֶל־יְהוֹשֻׁעַ הַיּוֹם הַזֶּה אָחֵל גַּדֶּלְךָ בְּעֵינֵי כָּל־יִשְׂרָאֵל
אֲשֶׁר יֵדְעוּן כִּי כַּאֲשֶׁר הָיִיתִי עִם־מֹשֶׁה אֶהְיֶה עִמָּךְ׃

Und der HERR sprach	וַיֹּאמֶר יְהוָה
zu Josua	אֶל־יְהוֹשֻׁעַ
Heute [wörtl.: an diesem Tag]	הַיּוֹם הַזֶּה
will ich anfangen	אָחֵל
dich groß zu machen	גַּדֶּלְךָ
vor [wörtl.: in den **Augen** von] ganz Israel	בְּעֵינֵי כָּל־יִשְׂרָאֵל
damit **sie wissen**:	אֲשֶׁר יֵדְעוּן כִּי
Wie ich … gewesen bin	כַּאֲשֶׁר הָיִיתִי
mit Mose	עִם־מֹשֶׁה
so werde ich auch **mit** dir sein	אֶהְיֶה עִמָּךְ

Achisch antwortete und sprach zu David: **Ich weiß** (יָדַעְתִּי) es wohl, denn du bist mir [wörtl.: in meinen **Augen** (עֵינַי)] lieb wie ein Engel Gottes. Aber die Obersten der Philister haben gesagt: **Er soll** nicht mit uns **hinaufziehen** (יַעֲלֶה) in den Kampf! (AÜ)

עלה	aufsteigen, hinaufgehen; Opfer darbringen	894x
ʿālâ		S5927

ידע ➤ TAG 50 עַיִן ➤ TAG 51

וַיַּעַן אָכִישׁ וַיֹּאמֶר אֶל־דָּוִד יָדַעְתִּי כִּי טוֹב אַתָּה בְּעֵינַי כְּמַלְאַךְ אֱלֹהִים אַךְ שָׂרֵי פְלִשְׁתִּים אָמְרוּ לֹא־יַעֲלֶה עִמָּנוּ בַּמִּלְחָמָה׃

Achisch antwortete und sprach zu David	וַיַּעַן אָכִישׁ וַיֹּאמֶר אֶל־דָּוִד
Ich weiß (es wohl)	יָדַעְתִּי
denn du bist … lieb	כִּי טוֹב אַתָּה
mir [wörtl.: in meinen **Augen**]	בְּעֵינַי
wie ein Engel Gottes	כְּמַלְאַךְ אֱלֹהִים
Aber die Obersten der Philister haben gesagt	אַךְ שָׂרֵי פְלִשְׁתִּים אָמְרוּ
Er soll nicht mit uns **hinaufziehen**	לֹא־יַעֲלֶה עִמָּנוּ
in den Kampf	בַּמִּלְחָמָה

Denn (כִּי) unsre Vergehen vor dir sind zahlreich, und unsre Sünden zeugen gegen uns. **Denn** (כִּי) unsre Vergehen stehen uns vor Augen [wörtl.: sind **mit** (אִתָּנוּ) uns], und **wir kennen** (יְדַעֲנוּם) unsre Sünden. (AÜ)

אֵת	mit, bei	890x
ʾēt		S854

כִּי ➤ TAG 15 ידע ➤ TAG 50

כִּי־רַבּוּ פְשָׁעֵינוּ נֶגְדֶּךָ וְחַטֹּאותֵינוּ עָנְתָה בָּנוּ כִּי־פְשָׁעֵינוּ אִתָּנוּ
וַעֲוֹנֹתֵינוּ יְדַעֲנוּם׃

Denn (כִּי) unsre Vergehen	כִּי־ ... פְּשָׁעֵינוּ
vor dir	נֶגְדֶּךָ
sind zahlreich	רַבּוּ
und unsre Sünden	וְחַטֹּאותֵינוּ
zeugen gegen uns	עָנְתָה בָּנוּ
Denn unsre Vergehen	כִּי־פְשָׁעֵינוּ
stehen uns vor Augen [wörtl.: sind **mit** uns]	אִתָּנוּ
und … unsre Sünden	וַעֲוֹנֹתֵינוּ
wir kennen	יְדַעֲנוּם

Und er war **bei** (**אִתָּהּ**) ihr versteckt im Hause des HERRN sechs **Jahre** (**שָׁנִים**) lang. Atalja aber war Königin über das **Land** (**אָרֶץ**). (AÜ)

שָׁנָה	Jahr	878x
šānâ		S8141

אֶרֶץ ▸ TAG 23   אֵת ▸ TAG 53

וַיְהִי אִתָּהּ בֵּית יְהוָה מִתְחַבֵּא שֵׁשׁ שָׁנִים וַעֲתַלְיָה מֹלֶכֶת עַל־הָאָרֶץ׃

Und er war	וַיְהִי
bei ihr	אִתָּהּ
sechs **Jahre** lang	שֵׁשׁ שָׁנִים
versteckt	מִתְחַבֵּא
im Hause des HERRN	בֵּית יְהוָה
Atalja aber war Königin	וַעֲתַלְיָה מֹלֶכֶת
über das **Land**	עַל־הָאָרֶץ

Im ersten **Jahr** (שְׁנַת) seiner Herrschaft verstand **ich** (אֲנִי), Daniel, in den Büchern die Zahl der **Jahre** (שָׁנִים), über die das **Wort** (דְּבַר) des HERRN an den Propheten Jeremia ergangen war, dass sie sich erfüllen sollten über den Trümmern Jerusalems: siebzig **Jahre** (שָׁנָה). (AÜ)

אֲנִי	ich	874x
ʾănî		S589

דָּבָר ▸ TAG 32 שָׁנָה ▸ TAG 54

בִּשְׁנַת אַחַת לְמָלְכוֹ אֲנִי דָּנִיֵּאל בִּינֹתִי בַּסְּפָרִים מִסְפַּר הַשָּׁנִים
אֲשֶׁר הָיָה דְבַר־יְהוָה אֶל־יִרְמִיָה הַנָּבִיא לְמַלֹּאות לְחָרְבוֹת יְרוּשָׁלַםִ
שִׁבְעִים שָׁנָה׃

Im ersten **Jahr** seiner Herrschaft	בִּשְׁנַת אַחַת לְמָלְכוֹ
verstand **ich**, Daniel, in den Büchern	אֲנִי דָּנִיֵּאל בִּינֹתִי בַּסְּפָרִים
die Zahl der **Jahre**	מִסְפַּר הַשָּׁנִים
über die das **Wort** desHERRN … ergangen war	אֲשֶׁר הָיָה דְבַר־יְהוָה
an den Propheten Jeremia	אֶל־יִרְמִיָה הַנָּבִיא
dass sie sich erfüllen sollten über den Trümmern Jerusalems	לְמַלֹּאות לְחָרְבוֹת יְרוּשָׁלַםִ
siebzig **Jahre**	שִׁבְעִים שָׁנָה

Verflucht sei der Betrüger, der in seiner Herde ein gutes männliches Tier hat und es gelobt, aber dem Herrn ein fehlerhaftes opfert. Denn **ich** (אָנִי) bin ein großer **König** (מֶלֶךְ), spricht der HERR Zebaoth, und mein **Name** (שְׁמִי) ist gefürchtet unter den Völkern.

שֵׁם	Name	864x
šēm		S8034

מֶלֶךְ ➤ TAG 21 אֲנִי ➤ TAG 55

וְאָרוּר נוֹכֵל וְיֵשׁ בְּעֶדְרוֹ זָכָר וְנֹדֵר וְזֹבֵחַ מָשְׁחָת לַאדֹנָי כִּי מֶלֶךְ גָּדוֹל
אָנִי אָמַר יְהוָה צְבָאוֹת וּשְׁמִי נוֹרָא בַגּוֹיִם׃

Verflucht sei der Betrüger	וְאָרוּר נוֹכֵל
der … ein (gutes) männliches (Tier) hat	וְיֵשׁ … זָכָר
in seiner Herde	בְּעֶדְרוֹ
und es gelobt	וְנֹדֵר
aber dem Herrn … opfert	וְזֹבֵחַ … לַאדֹנָי
ein fehlerhaftes	מָשְׁחָת
Denn **ich** bin ein großer **König**	כִּי מֶלֶךְ גָּדוֹל אָנִי
spricht der HERR Zebaoth	אָמַר יְהוָה צְבָאוֹת
und mein **Name** ist gefürchtet	וּשְׁמִי נוֹרָא
unter den Völkern.	בַגּוֹיִם

Mein Herr achte nicht auf diesen heillosen Mann, diesen Nabal; denn wie **er heißt** (שְׁמוֹ), so ist er. **Er heißt** (שְׁמוֹ) »Narr«, und Narrheit ist bei ihm. **Ich** (אֲנִי) aber, deine Magd, habe die Männer meines Herrn nicht gesehen, die **du gesandt hast** (שָׁלָחְתָּ). (AÜ)

שׁלח	senden, schicken	847x
šālaḥ		S7971

אֲנִי ▷ TAG 55 **שֵׁם** ▷ TAG 56

אַל־נָא יָשִׂים אֲדֹנִי אֶת־לִבּוֹ אֶל־אִישׁ הַבְּלִיַּעַל הַזֶּה עַל־נָבָל כִּי
כִשְׁמוֹ כֶּן־הוּא נָבָל שְׁמוֹ וּנְבָלָה עִמּוֹ וַאֲנִי אֲמָתְךָ לֹא רָאִיתִי אֶת־
נַעֲרֵי אֲדֹנִי אֲשֶׁר שָׁלָחְתָּ׃

Mein Herr achte nicht	אַל־נָא יָשִׂים אֲדֹנִי אֶת־לִבּוֹ
auf diesen heillosen Mann, diesen Nabal	אֶל־אִישׁ הַבְּלִיַּעַל הַזֶּה עַל־נָבָל
denn wie **er heißt**	כִּי כִשְׁמוֹ
so ist er	כֶּן־הוּא
Er heißt »Narr«	נָבָל שְׁמוֹ
und Narrheit ist bei ihm	וּנְבָלָה עִמּוֹ
Ich aber, deine Magd	וַאֲנִי אֲמָתְךָ
habe … nicht gesehen	לֹא רָאִיתִי
die Männer meines Herrn	אֶת־נַעֲרֵי אֲדֹנִי
die **du gesandt hast**	אֲשֶׁר שָׁלָחְתָּ

Und als der König von Israel den Brief las, zerriss er seine Kleider und sprach: Bin **ich** (אָנִי) denn Gott, dass ich **töten** (הָמִית) und lebendig machen könnte, dass er zu mir **schickt** (שֹׁלֵחַ), ich solle den Mann von seinem Aussatz befreien? Merkt [doch] und seht, wie er Streit mit mir sucht!

מות	sterben	845x
mût		S4191

אֲנִי ▶ TAG 55 שׁלח ▶ TAG 57

וַיְהִי כִּקְרֹא מֶלֶךְ־יִשְׂרָאֵל אֶת־הַסֵּפֶר וַיִּקְרַע בְּגָדָיו וַיֹּאמֶר הַאֱלֹהִים אָנִי לְהָמִית וּלְהַחֲיוֹת כִּי־זֶה שֹׁלֵחַ אֵלַי לֶאֱסֹף אִישׁ מִצָּרַעְתּוֹ כִּי אַךְ־דְּעוּ־נָא וּרְאוּ כִּי־מִתְאַנֶּה הוּא לִי׃

Und als der König von Israel … las	וַיְהִי כִּקְרֹא מֶלֶךְ־יִשְׂרָאֵל
den Brief	אֶת־הַסֵּפֶר
zerriss er seine Kleider und sprach	וַיִּקְרַע בְּגָדָיו וַיֹּאמֶר
Bin **ich** denn Gott	הַאֱלֹהִים אָנִי
dass ich **töten** und lebendig machen könnte	לְהָמִית וּלְהַחֲיוֹת
dass er zu mir **schickt**	כִּי־זֶה שֹׁלֵחַ אֵלַי
ich solle den Mann von seinem Aussatz befreien?	לֶאֱסֹף אִישׁ מִצָּרַעְתּוֹ
Merkt [doch] und seht	כִּי אַךְ־דְּעוּ־נָא וּרְאוּ
wie er	כִּי־ … הוּא
Streit mit mir sucht	מִתְאַנֶּה … לִי

Und die Ältesten seiner Stadt **sollen hinschicken** (וְשָׁלְחוּ) und ihn von **da** (שָׁם) holen lassen und ihn in die Hand des Bluträchers geben, dass **er sterbe** (וָמֵת). (AÜ)

שָׁם *šām*	da, dort	835x S8033

שלח ▶ TAG 57 מות ▶ TAG 58

וְשָׁלְחוּ זִקְנֵי עִירוֹ וְלָקְחוּ אֹתוֹ מִשָּׁם וְנָתְנוּ אֹתוֹ בְּיַד גֹּאֵל הַדָּם וָמֵת׃

Und die Ältesten seiner Stadt **sollen hinschicken**	וְשָׁלְחוּ זִקְנֵי עִירוֹ
und ihn … holen (lassen)	וְלָקְחוּ אֹתוֹ
von **da**	מִשָּׁם
und ihn … geben	וְנָתְנוּ אֹתוֹ
in die Hand	בְּיַד
des Bluträchers	גֹּאֵל הַדָּם
dass **er sterbe**	וָמֵת

Und ich will wegraffen, die übrig geblieben sind von **Juda** (יְהוּדָה), die ihr Angesicht darauf gerichtet haben, nach Ägyptenland zu ziehen und **dort** (שָׁם) zu wohnen; es soll ein Ende mit ihnen allen werden … [von] Klein und [bis] Groß; **sie sollen** durch Schwert und Hunger **sterben** (יָמֻתוּ). (AÜ)

יְהוּדָה	Juda	819x
*yĕhû**dâ***		S3063

מוּת ➤ TAG 58 שָׁם ➤ TAG 59

וְלָקַחְתִּי אֶת־שְׁאֵרִית יְהוּדָה אֲשֶׁר־שָׂמוּ פְנֵיהֶם לָבוֹא אֶרֶץ־מִצְרַיִם
לָגוּר שָׁם וְתַמּוּ כֹל … מִקָּטֹן וְעַד־גָּדוֹל בַּחֶרֶב וּבָרָעָב יָמֻתוּ

Und ich will wegraffen	וְלָקַחְתִּי
die übrig geblieben sind von **Juda**	אֶת־שְׁאֵרִית יְהוּדָה
die ihr Angesicht darauf gerichtet haben	אֲשֶׁר־שָׂמוּ פְנֵיהֶם
nach Ägyptenlandland zu ziehen	לָבוֹא אֶרֶץ־מִצְרַיִם
und **dort** wohnen	לָגוּר שָׁם
es soll ein Ende mit ihnen allen werden	וְתַמּוּ כֹל …
[von] Klein und [bis] Groß	מִקָּטֹן וְעַד־גָּדוֹל
sie sollen … sterben	יָמֻתוּ
durch Schwert und Hunger	בַּחֶרֶב וּבָרָעָב

Und Amazja sprach zu Amos: Du Seher, geh weg und flieh ins Land **Juda** (יְהוּדָה) und **iss** (אֱכָל) **dort** (שָׁם) dein Brot und weissage **daselbst** (שָׁם).

אכל	essen, verzehren	814x
ʾāḵal		S398

שָׁם ▶ TAG 59 יְהוּדָה ▶ TAG 60

וַיֹּאמֶר אֲמַצְיָה אֶל־עָמוֹס חֹזֶה לֵךְ בְּרַח־לְךָ אֶל־אֶרֶץ יְהוּדָה וֶאֱכָל־שָׁם לֶחֶם וְשָׁם תִּנָּבֵא׃

Und Amazja sprach	וַיֹּאמֶר אֲמַצְיָה
zu Amos	אֶל־עָמוֹס
(Du) Seher	חֹזֶה
geh (weg)	לֵךְ
(und) flieh	בְּרַח־לְךָ
ins Land **Juda**	אֶל־אֶרֶץ יְהוּדָה
und **iss dort** (dein) Brot	וֶאֱכָל־שָׁם לֶחֶם
und weissage **daselbst**	וְשָׁם תִּנָּבֵא

Uria aber sprach zu David: Die Lade und Israel und **Juda** (יְהוּדָה) wohnen in Zelten und Joab, mein Herr, und meines Herrn **Knechte** (עַבְדֵי) liegen auf freiem Felde, und ich sollte in mein Haus gehen, um zu **essen** (אֱכֹל) und zu trinken und bei meiner Frau zu liegen?

עֶבֶד	Diener, Knecht, Sklave	806x
ʿeved		S5650

יְהוּדָה ▶ TAG 60 אכל ▶ TAG 61

וַיֹּאמֶר אוּרִיָּה אֶל־דָּוִד הָאָרוֹן וְיִשְׂרָאֵל וִיהוּדָה יֹשְׁבִים בַּסֻּכּוֹת וַאדֹנִי
יוֹאָב וְעַבְדֵי אֲדֹנִי עַל־פְּנֵי הַשָּׂדֶה חֹנִים וַאֲנִי אָבוֹא אֶל־בֵּיתִי לֶאֱכֹל
וְלִשְׁתּוֹת וְלִשְׁכַּב עִם־אִשְׁתִּי

Uria aber sprach zu David	וַיֹּאמֶר אוּרִיָּה אֶל־דָּוִד
Die Lade und Israel und **Juda**	הָאָרוֹן וְיִשְׂרָאֵל וִיהוּדָה
wohnen in Zelten	יֹשְׁבִים בַּסֻּכּוֹת
und Joab, mein Herr	וַאדֹנִי יוֹאָב
und meines Herrn **Knechte**	וְעַבְדֵי אֲדֹנִי
liegen	חֹנִים
auf freiem Felde	עַל־פְּנֵי הַשָּׂדֶה
und ich sollte in mein Haus gehen	וַאֲנִי אָבוֹא אֶל־בֵּיתִי
um zu **essen** und zu trinken	לֶאֱכֹל וְלִשְׁתּוֹת
und bei meiner Frau zu liegen?	וְלִשְׁכַּב עִם־אִשְׁתִּי

Da stand der Pharao auf in derselben Nacht und alle seine Großen [wörtl.: **Knechte** (עֲבָדָיו)] und alle Ägypter, und es ward ein großes Geschrei in Ägypten; denn **es war kein** (אַיִן) Haus, in dem [wörtl.: wo **dort** (שָׁם)] **nicht** ein Toter **war** (אַיִן).

אַיִן	es gibt/gab nicht, Nichtsein von ..., nichts	790x
ʾên		S369

שָׁם ▶ TAG 59 עֶבֶד ▶ TAG 62

וַיָּקָם פַּרְעֹה לַיְלָה הוּא וְכָל־עֲבָדָיו וְכָל־מִצְרַיִם וַתְּהִי צְעָקָה גְדֹלָה
בְּמִצְרָיִם כִּי־אֵין בַּיִת אֲשֶׁר אֵין־שָׁם מֵת׃

Da stand der Pharao auf	וַיָּקָם פַּרְעֹה
in derselben Nacht	לַיְלָה
und alle seine Großen [wörtl.: **Knechte**]	הוּא וְכָל־עֲבָדָיו
und alle Ägypter	וְכָל־מִצְרַיִם
und es ward ein großes Geschrei	וַתְּהִי צְעָקָה גְדֹלָה
in Ägypten	בְּמִצְרָיִם
denn **es war kein** Haus	כִּי־אֵין בַּיִת
in dem [wörtl.: wo ... **dort**]	אֲשֶׁר ... שָׁם
nicht war ... ein Toter	אֵין־ ... מֵת

Da kam seine **Frau (אִשְׁתּוֹ)** Isebel zu ihm und redete mit ihm: Was ist's, dass dein Geist so missmutig ist und **du kein (אֵינְךָ)** Brot **essen (אֹכֵל)** willst? (AÜ)

אִשָּׁה	Frau, Ehefrau	781x
ʾiššâ		S802

אכל ▸ TAG 61 אַיִן ▸ TAG 63

וַתָּבֹא אֵלָיו אִיזֶבֶל אִשְׁתּוֹ וַתְּדַבֵּר אֵלָיו מַה־זֶּה רוּחֲךָ סָרָה וְאֵינְךָ אֹכֵל לָחֶם׃

Da kam seine **Frau** Isebel zu ihm	וַתָּבֹא אֵלָיו אִיזֶבֶל אִשְׁתּוֹ
und redete mit ihm	וַתְּדַבֵּר אֵלָיו
Was ist's, dass	מַה־זֶּה
dein Geist	רוּחֲךָ
so missmutig ist	סָרָה
und **du kein** … willst	וְאֵינְךָ
essen	אֹכֵל
Brot	לָחֶם

Als sein **Herr** (אֲדֹנָיו) die Worte seiner **Frau** (אִשְׁתּוֹ) hörte, die sie ihm sagte und sprach: So [wörtl.: diesen Worten entsprechend] hat dein **Knecht** (עַבְדֶּךָ) an mir getan, wurde er sehr zornig.

אָדוֹן	Herr, Gebieter, Besitzer	774x
ʾādôn		S113

עֶבֶד ▸ TAG 62 אִשָּׁה ▸ TAG 64

וַיְהִי כִשְׁמֹעַ אֲדֹנָיו אֶת־דִּבְרֵי אִשְׁתּוֹ אֲשֶׁר דִּבְּרָה אֵלָיו לֵאמֹר
כַּדְּבָרִים הָאֵלֶּה עָשָׂה לִי עַבְדֶּךָ וַיִּחַר אַפּוֹ׃

Als sein **Herr** … hörte	וַיְהִי כִשְׁמֹעַ אֲדֹנָיו
die Worte seiner **Frau** …, die sie ihm sagte und sprach:	אֶת־דִּבְרֵי אִשְׁתּוֹ אֲשֶׁר דִּבְּרָה אֵלָיו לֵאמֹר
So [wörtl.: diesen Worten entsprechend]	כַּדְּבָרִים הָאֵלֶּה
hat dein **Knecht** an mir getan	עָשָׂה לִי עַבְדֶּךָ
wurde er sehr zornig	וַיִּחַר אַפּוֹ

… und sie [zu mir] sagen wird: Trinke du [wörtl.: **sowohl** (גַּם) du], [und] ich will deinen Kamelen **auch** (גַּם) schöpfen –, das sei die **Frau** (אֵשֶׁת), die der HERR dem Sohn meines **Herrn** (אֲדֹנִי) beschert hat.

גַּם *gam*	auch, sogar, zusammen; (גַּם … גַּם sowohl … als auch)	769x S1571

אִשָּׁה ▸ TAG 64 אָדוֹן ▸ TAG 65

וְאָמְרָה אֵלַי גַּם־אַתָּה שְׁתֵה וְגַם לִגְמַלֶּיךָ אֶשְׁאָב הִוא הָאִשָּׁה אֲשֶׁר־הֹכִיחַ יְהוָה לְבֶן־אֲדֹנִי׃

und sie [zu mir] sagen wird:	וְאָמְרָה אֵלַי
Trinke du [wörtl.: **sowohl** du]	גַּם־אַתָּה שְׁתֵה
[und] … deinen Kamelen **auch**	וְגַם לִגְמַלֶּיךָ
ich will … schöpfen	אֶשְׁאָב
das sei die **Frau**	הִוא הָאִשָּׁה
die der HERR … beschert hat	אֲשֶׁר־הֹכִיחַ יְהוָה
dem Sohn meines **Herrn**	לְבֶן־אֲדֹנִי

So zog David dort hinauf und **auch** (גַּם) seine **beiden** (שְׁתֵּי) **Frauen** (נָשָׁיו), Ahinoam, die Jesreeliterin, und Abigajil, die **Frau** (אֵשֶׁת) Nabals, des Karmeliters. (AÜ)

שְׁנַיִם	zwei	769x
*šĕ**nayim***		S8147

אִשָּׁה ➢ TAG 64 **גַּם** ➢ TAG 66

וַיַּעַל שָׁם דָּוִד וְגַם שְׁתֵּי נָשָׁיו אֲחִינֹעַם הַיִּזְרְעֵלִית וַאֲבִיגַיִל אֵשֶׁת נָבָל הַכַּרְמְלִי׃

So zog David dort hinauf	וַיַּעַל שָׁם דָּוִד
und **auch**	וְגַם
seine **beiden Frauen**	שְׁתֵּי נָשָׁיו
Ahinoam, die Jesreeliterin	אֲחִינֹעַם הַיִּזְרְעֵלִית
und Abigajil	וַאֲבִיגַיִל
die **Frau** Nabals, des Karmeliters	אֵשֶׁת נָבָל הַכַּרְמְלִי

Es war **nichts** (אֵין) in der Lade als nur die **zwei** (שְׁנֵי) steinernen Tafeln, die **Mose** (מֹשֶׁה) hineingelegt hatte am Horeb, als der HERR mit den Israeliten einen Bund schloss [wörtl.: schnitt], nachdem sie aus Ägyptenland gezogen waren.

מֹשֶׁה	Mose	766x
mōšê		S4872

אֵין ▸ TAG 63 שְׁנַיִם ▸ TAG 67

אֵין בָּאָרוֹן רַק שְׁנֵי לֻחוֹת הָאֲבָנִים אֲשֶׁר הִנִּחַ שָׁם מֹשֶׁה בְּחֹרֵב
אֲשֶׁר כָּרַת יְהוָה עִם־בְּנֵי יִשְׂרָאֵל בְּצֵאתָם מֵאֶרֶץ מִצְרָיִם׃

Es war **nichts** in der Lade	אֵין בָּאָרוֹן
als nur	רַק
die **zwei** steinernen Tafeln	שְׁנֵי לֻחוֹת הָאֲבָנִים
die **Mose**	אֲשֶׁר ... מֹשֶׁה
hineingelegt hatte am Horeb	הִנִּחַ שָׁם ... בְּחֹרֵב
als der HERR ... einen Bund schloss [wörtl.: schnitt]	אֲשֶׁר כָּרַת יְהוָה
mit den Israeliten	עִם־בְּנֵי יִשְׂרָאֵל
nachdem sie ... gezogen waren	בְּצֵאתָם
aus Ägyptenland	מֵאֶרֶץ מִצְרָיִם

Auch sprach der HERR zu **Mose** (מֹשֶׁה) in Midian: Geh hin und **kehre zurück** (שֻׁב) nach Ägypten, denn all die Leute, die dir nach dem **Leben** (נַפְשֶׁךָ) trachteten, sind tot. (AÜ)

נֶפֶשׁ	Seele, Leben, Atem, Kehle	757x
nefeš		S5315

שׁוּב ▸ TAG 44 **מֹשֶׁה** ▸ TAG 68

וַיֹּאמֶר יְהוָה אֶל־מֹשֶׁה בְּמִדְיָן לֵךְ שֻׁב מִצְרָיִם כִּי־מֵתוּ כָּל־הָאֲנָשִׁים
הַמְבַקְשִׁים אֶת־נַפְשֶׁךָ׃

Auch sprach der HERR	וַיֹּאמֶר יְהוָה
zu **Mose**	אֶל־מֹשֶׁה
in Midian	בְּמִדְיָן
Geh hin und **kehre zurück**	לֵךְ שֻׁב
nach Ägypten	מִצְרָיִם
denn all die Leute	כִּי־ … כָּל־הָאֲנָשִׁים
die … trachteten	הַמְבַקְשִׁים
dir nach dem **Leben**	אֶת־נַפְשֶׁךָ
sind tot	מֵתוּ

Und sie sprachen zu **Mose** (מֹשֶׁה): **Gab es** denn **nicht** (אַיִן) Gräber in Ägypten, dass du uns weggeholt hast, damit wir in der Wüste sterben? **Was** (מַה) hast du uns da angetan, dass du uns aus Ägypten geführt hast? (AÜ)

מָה	was?, wie!	754x
mâ		S4100

אַיִן ➤ TAG 63 מֹשֶׁה ➤ TAG 68

וַיֹּאמְרוּ אֶל־מֹשֶׁה הֲמִבְּלִי אֵין־קְבָרִים בְּמִצְרַיִם לְקַחְתָּנוּ לָמוּת
בַּמִּדְבָּר מַה־זֹּאת עָשִׂיתָ לָּנוּ לְהוֹצִיאָנוּ מִמִּצְרָיִם׃

Und sie sprachen zu **Mose**	וַיֹּאמְרוּ אֶל־מֹשֶׁה
Gab es denn **nicht** Gräber	הֲמִבְּלִי אֵין־קְבָרִים
in Ägypten	בְּמִצְרַיִם
dass du uns weggeholt hast	לְקַחְתָּנוּ
damit wir in der Wüste sterben?	לָמוּת בַּמִּדְבָּר
Was hast du uns da angetan	מַה־זֹּאת עָשִׂיתָ לָּנוּ
dass du uns aus Ägypten geführt hast?	לְהוֹצִיאָנוּ מִמִּצְרָיִם

Als nun jene in das Haus Michas gekommen waren und das geschnitzte [Bild] und [das] gegossene Bild, den Efod und den Hausgott nahmen, sprach der **Priester** (כֹּהֵן) zu ihnen: **Was** (מָה) **macht** (עֹשִׂים) ihr?

כֹּהֵן	Priester	750x
kōhēn		S3548

עשׂה ▶ TAG 18 מָה ▶ TAG 70

וְאֵלֶּה בָּאוּ בֵּית מִיכָה וַיִּקְחוּ אֶת־פֶּסֶל הָאֵפוֹד וְאֶת־הַתְּרָפִים וְאֶת־
הַמַּסֵּכָה וַיֹּאמֶר אֲלֵיהֶם הַכֹּהֵן מָה אַתֶּם עֹשִׂים׃

Als nun jene … gekommen waren	וְאֵלֶּה בָּאוּ
in das Haus Michas	בֵּית מִיכָה
und … nahmen	וַיִּקְחוּ
das geschnitzte …[Bild], den Efod	אֶת־פֶּסֶל הָאֵפוֹד
und den Hausgott	וְאֶת־הַתְּרָפִים
und [das] gegossene Bild	וְאֶת־הַמַּסֵּכָה
sprach der **Priester** zu ihnen	וַיֹּאמֶר אֲלֵיהֶם הַכֹּהֵן
Was macht ihr?	מָה אַתֶּם עֹשִׂים

Höre (שְׁמַע) nun, Jeschua, du Hoher**priester** (כֹּהֵן), **du** (אַתָּה) und deine Brüder, die vor dir sitzen, denn sie sind zeichenhafte Männer; denn siehe, ich will meinen Knecht »Spross« kommen lassen. (AÜ)

אַתָּה	du *(m. sg.)*	749x
ʾattâ		S859

שמע ▸ TAG 38 **כֹּהֵן** ▸ TAG 71

שְׁמַע־נָא יְהוֹשֻׁעַ הַכֹּהֵן הַגָּדוֹל אַתָּה וְרֵעֶיךָ הַיֹּשְׁבִים לְפָנֶיךָ כִּי־אַנְשֵׁי מוֹפֵת הֵמָּה כִּי־הִנְנִי מֵבִיא אֶת־עַבְדִּי צֶמַח׃

Höre nun	שְׁמַע־נָא
Jeschua, du Hoher**priester**	יְהוֹשֻׁעַ הַכֹּהֵן הַגָּדוֹל
du und deine Brüder,	אַתָּה וְרֵעֶיךָ
die vor dir sitzen	הַיֹּשְׁבִים לְפָנֶיךָ
denn sie sind	כִּי־ ... הֵמָּה
zeichenhafte Männer	אַנְשֵׁי מוֹפֵת
denn siehe, ich will … kommen lassen	כִּי־הִנְנִי מֵבִיא
meinen Knecht »Spross«	אֶת־עַבְדִּי צֶמַח

Hörte je ein Volk (הֲשָׁמַע עָם) die Stimme Gottes aus dem Feuer **reden** (מְדַבֵּר), wie **du** (אַתָּה) sie gehört hast, und blieb am Leben? (AÜ)

הֲ *hă*	*(Fragepartikel)*	748x

דבר ▸ TAG 39   אַתָּה ▸ TAG 72

הֲשָׁמַע עָם קוֹל אֱלֹהִים מְדַבֵּר מִתּוֹךְ־הָאֵשׁ כַּאֲשֶׁר־שָׁמַעְתָּ אַתָּה וַיֶּחִי׃

Hörte je ein Volk	הֲשָׁמַע עָם
die Stimme Gottes	קוֹל אֱלֹהִים
reden	מְדַבֵּר
aus dem Feuer	מִתּוֹךְ־הָאֵשׁ
wie **du** (sie) gehört hast	כַּאֲשֶׁר־שָׁמַעְתָּ אַתָּה
und blieb am Leben?	וַיֶּחִי

Wer hat solches je gehört? Wer hat solches [wörtl: wie **diese** (אֵלֶּה)] je **gesehen** (רָאָה)? Ward an einem Tage ein Land geboren (הֲיוּחַל אֶרֶץ) oder ist ein Volk auf einmal zur Welt gekommen? Doch als Zion Wehen bekam, gebar sie auch schon ihre Kinder.

(AÜ)

אֵלֶּה	diese, jene *(pl.)*	745x
ʾ**ēllê**		S428

ראה ▶ TAG 34 **הֲ** ▶ TAG 73

מִי־שָׁמַע כָּזֹאת מִי רָאָה כָּאֵלֶּה הֲיוּחַל אֶרֶץ בְּיוֹם אֶחָד אִם־יִוָּלֵד גּוֹי
פַּעַם אֶחָת כִּי־חָלָה גַּם־יָלְדָה צִיּוֹן אֶת־בָּנֶיהָ׃

Wer hat solches je gehört?	מִי־שָׁמַע כָּזֹאת
Wer hat solches [wörtl: wie **diese**] je **gesehen**?	מִי רָאָה כָּאֵלֶּה
Ward … ein Land geboren	הֲיוּחַל אֶרֶץ
an einem Tage	בְּיוֹם אֶחָד
oder ist ein Volk … zur Welt gekommen	אִם־יִוָּלֵד גּוֹי
auf einmal?	פַּעַם אֶחָת
Doch als Zion Wehen bekam	כִּי־חָלָה … צִיּוֹן
gebar sie auch schon ihre Kinder	גַּם־יָלְדָה … אֶת־בָּנֶיהָ

Hüte dich, dass du dich nicht verführen lässt, es ihnen nachzutun, nachdem sie vertilgt sind vor dir, und dass du nicht fragst nach ihren Göttern und sprichst: Wie haben **diese** (אֵלֶּה) Völker ihren Göttern gedient? **Ebenso** (כֵּן) will auch **ich** (אָנִי) es tun!

כֵּן	so, ebenso, also	741x
kēn		S3651

אֲנִי ➤ TAG 55 אֵלֶּה ➤ TAG 74

הִשָּׁמֶר לְךָ פֶּן־תִּנָּקֵשׁ אַחֲרֵיהֶם אַחֲרֵי הִשָּׁמְדָם מִפָּנֶיךָ וּפֶן־תִּדְרֹשׁ לֵאלֹהֵיהֶם לֵאמֹר אֵיכָה יַעַבְדוּ הַגּוֹיִם הָאֵלֶּה אֶת־אֱלֹהֵיהֶם וְאֶעֱשֶׂה־כֵּן גַּם־אָנִי׃

Hüte dich	הִשָּׁמֶר לְךָ
dass du dich nicht verführen lässt, es ihnen nachzutun	פֶּן־תִּנָּקֵשׁ אַחֲרֵיהֶם
nachdem sie vertilgt sind vor dir	אַחֲרֵי הִשָּׁמְדָם מִפָּנֶיךָ
und dass du nicht fragst	וּפֶן־תִּדְרֹשׁ
nach ihren Göttern und sprichst	לֵאלֹהֵיהֶם לֵאמֹר
Wie haben **diese** Völker	אֵיכָה ... הַגּוֹיִם הָאֵלֶּה
ihren Göttern gedient?	יַעַבְדוּ ... אֶת־אֱלֹהֵיהֶם
Ebenso will … es tun!	וְאֶעֱשֶׂה־כֵּן
auch **ich**	גַּם־אָנִי

Daher [wörtl.: weil **so** (כֵּן)] **nannten sie** (קָרְאוּ) **diese** (אֵלֶּה) Tage Purim nach dem Worte Pur. Und [wörtl.: weil **so** (כֵּן)] nach allen Worten dieses Schreibens und nach dem, was sie selbst gesehen hatten und was sie getroffen hatte, …

קרא	rufen, ausrufen, predigen, nennen	739x
qārā'		S7121

אֵלֶּה ➤ TAG 74 **כֵּן** ➤ TAG 75

עַל־כֵּן קָרְאוּ לַיָּמִים הָאֵלֶּה פוּרִים עַל־שֵׁם הַפּוּר עַל־כֵּן עַל־כָּל־
דִּבְרֵי הָאִגֶּרֶת הַזֹּאת וּמָה־רָאוּ עַל־כָּכָה וּמָה הִגִּיעַ אֲלֵיהֶם׃

Daher [wörtl.: weil **so**]	עַל־כֵּן
nannten sie diese Tage	קָרְאוּ לַיָּמִים הָאֵלֶּה
Purim	פוּרִים
nach dem Worte Pur	עַל־שֵׁם הַפּוּר
Und [wörtl.: weil **so**]	עַל־כֵּן
nach allen Worten dieses Schreibens	עַל־כָּל־דִּבְרֵי הָאִגֶּרֶת הַזֹּאת
und nach dem, was sie selbst gesehen hatten	וּמָה־רָאוּ עַל־כָּכָה
und was sie getroffen hatte	וּמָה הִגִּיעַ אֲלֵיהֶם

Da **riefen sie** (וַיִּקְרְאוּ) zu dem HERRN und sprachen: Ach, HERR, lass uns **nicht** (אַל) verderben um des **Lebens** (נֶפֶשׁ) dieses Mannes willen und rechne uns **nicht** (אַל) unschuldiges Blut zu; denn du, HERR, tust, wie dir's gefällt.

אַל	nicht	729x
ʾal		S408

נֶפֶשׁ ▶ TAG 69 קרא ▶ TAG 76

וַיִּקְרְאוּ אֶל־יְהוָה וַיֹּאמְרוּ אָנָּה יְהוָה אַל־נָא נֹאבְדָה בְּנֶפֶשׁ הָאִישׁ הַזֶּה וְאַל־תִּתֵּן עָלֵינוּ דָּם נָקִיא כִּי־אַתָּה יְהוָה כַּאֲשֶׁר חָפַצְתָּ עָשִׂיתָ׃

Da **riefen sie** zu dem HERRN	וַיִּקְרְאוּ אֶל־יְהוָה
und sprachen: Ach, HERR	וַיֹּאמְרוּ אָנָּה יְהוָה
lass uns **nicht** verderben	אַל־נָא נֹאבְדָה
um des **Lebens** dieses Mannes willen	בְּנֶפֶשׁ הָאִישׁ הַזֶּה
und rechne uns **nicht** … zu	וְאַל־תִּתֵּן עָלֵינוּ
unschuldiges Blut	דָּם נָקִיא
denn du, HERR	כִּי־אַתָּה יְהוָה
tust	עָשִׂיתָ
wie dir's gefällt	כַּאֲשֶׁר חָפַצְתָּ

Seid **nicht** (אַל) wie eure Väter, denen die früheren Propheten **predigten** (קָרְאוּ) und sprachen: »So spricht der HERR Zebaoth: Kehrt doch um von euren bösen **Wegen** (דַּרְכֵיכֶם) und von eurem bösen Tun!«, aber sie gehorchten nicht und achteten nicht auf mich, spricht der HERR.

דֶּרֶךְ	Weg, Straße	712x
dereḵ		S1870

קרא ▶ TAG 76 אַל ▶ TAG 77

אַל־תִּהְיוּ כַאֲבֹתֵיכֶם אֲשֶׁר קָרְאוּ־אֲלֵיהֶם הַנְּבִיאִים הָרִאשֹׁנִים לֵאמֹר
כֹּה אָמַר יְהוָה צְבָאוֹת שׁוּבוּ נָא מִדַּרְכֵיכֶם הָרָעִים וּמַעַלְלֵיכֶם
הָרָעִים וְלֹא שָׁמְעוּ וְלֹא־הִקְשִׁיבוּ אֵלַי נְאֻם־יְהוָה׃

Seid **nicht** wie eure Väter	אַל־תִּהְיוּ כַאֲבֹתֵיכֶם
denen … **predigten**	אֲשֶׁר קָרְאוּ־אֲלֵיהֶם
die früheren Propheten … und sprachen	הַנְּבִיאִים הָרִאשֹׁנִים לֵאמֹר
So spricht der HERR Zebaoth	כֹּה אָמַר יְהוָה צְבָאוֹת
Kehrt doch um von euren bösen **Wegen**	שׁוּבוּ נָא מִדַּרְכֵיכֶם הָרָעִים
und von eurem bösen Tun	וּמַעַלְלֵיכֶם הָרָעִים
aber sie gehorchten nicht	וְלֹא שָׁמְעוּ
und achteten nicht auf mich	וְלֹא־הִקְשִׁיבוּ אֵלַי
spricht der HERR	נְאֻם־יְהוָה

Ich habe auch immer wieder alle meine Knechte, die Propheten, zu euch gesandt und sagen lassen: Kehrt um, ein jeder von seinem bösen **Wege** (דַּרְכּוֹ), und bessert euer Tun und folgt **nicht** (אַל) andern Göttern **nach** (אַחֲרֵי), ihnen zu dienen.

אַחַר	nach, hinter	711x
ʾaḥar		S310

אַל ▸ TAG 77 דֶּרֶךְ ▸ TAG 78

וָאֶשְׁלַח אֲלֵיכֶם אֶת־כָּל־עֲבָדַי הַנְּבִאִים הַשְׁכֵּים וְשָׁלֹחַ לֵאמֹר שֻׁבוּ־
נָא אִישׁ מִדַּרְכּוֹ הָרָעָה וְהֵיטִיבוּ מַעַלְלֵיכֶם וְאַל־תֵּלְכוּ אַחֲרֵי אֱלֹהִים
אֲחֵרִים לְעָבְדָם

Ich habe auch … zu euch gesandt	וָאֶשְׁלַח אֲלֵיכֶם
alle meine Knechte, die Propheten	אֶת־כָּל־עֲבָדַי הַנְּבִאִים
immer wieder … und sagen lassen	הַשְׁכֵּים וְשָׁלֹחַ לֵאמֹר
Kehrt um	שֻׁבוּ־נָא
ein jeder	אִישׁ
von seinem bösen **Wege**	מִדַּרְכּוֹ הָרָעָה
und bessert euer Tun	וְהֵיטִיבוּ מַעַלְלֵיכֶם
folgt **nicht** … **nach**	וְאַל־תֵּלְכוּ אַחֲרֵי
andern Göttern	אֱלֹהִים אֲחֵרִים
ihnen zu dienen	לְעָבְדָם

Und es begab sich danach [wörtl.: **nach** (אַחַר) diesen Ereignissen], dass sich der Mundschenk des Königs von **Ägypten** (מִצְרַיִם) und der Bäcker versündigten an ihrem **Herrn** (אֲדֹנֵיהֶם), dem König von **Ägypten** (מִצְרָיִם).

מִצְרַיִם	Ägypten	681x
miṣrayim		S4714

אָדוֹן ▶ TAG 65 אַחַר ▶ TAG 79

וַיְהִי אַחַר הַדְּבָרִים הָאֵלֶּה חָטְאוּ מַשְׁקֵה מֶלֶךְ־מִצְרַיִם וְהָאֹפֶה לַאֲדֹנֵיהֶם לְמֶלֶךְ מִצְרָיִם׃

Und es begab sich	וַיְהִי
danach [wörtl.: **nach** diesen Ereignissen]	אַחַר הַדְּבָרִים הָאֵלֶּה
dass sich … versündigten	חָטְאוּ
der Mundschenk des Königs von **Ägypten**	מַשְׁקֵה מֶלֶךְ־מִצְרַיִם
und der Bäcker	וְהָאֹפֶה
an ihrem **Herrn**	לַאֲדֹנֵיהֶם
dem König von **Ägypten**	לְמֶלֶךְ מִצְרָיִם

Und als der Pharao nahe herankam, **hoben** (וַיִּשְׂאוּ) die Israeliten ihre Augen **auf**, und siehe, die Ägypter zogen [wörtl.: **Ägypten** (מִצְרַיִם) zog] **hinter** (אַחֲרֵיהֶם) ihnen her. Und sie fürchteten sich sehr und die Israeliten schrien zu dem HERRN.

נשׂא	(auf)heben, tragen, vergeben	658x
nāśāʾ		S5375

אַחַר ➤ TAG 79 מִצְרַיִם ➤ TAG 80

וּפַרְעֹה הִקְרִיב וַיִּשְׂאוּ בְנֵי־יִשְׂרָאֵל אֶת־עֵינֵיהֶם וְהִנֵּה מִצְרַיִם נֹסֵעַ אַחֲרֵיהֶם וַיִּירְאוּ מְאֹד וַיִּצְעֲקוּ בְנֵי־יִשְׂרָאֵל אֶל־יְהוָה׃

Und als der Pharao nahe herankam	וּפַרְעֹה הִקְרִיב
hoben die Israeliten … **auf**	וַיִּשְׂאוּ בְנֵי־יִשְׂרָאֵל
ihre Augen	אֶת־עֵינֵיהֶם
und siehe	וְהִנֵּה
die Ägypter zogen [wörtl.: **Ägypten** zog] **hinter** ihnen her	מִצְרַיִם נֹסֵעַ אַחֲרֵיהֶם
Und sie fürchteten sich sehr	וַיִּירְאוּ מְאֹד
und die Israeliten schrien	וַיִּצְעֲקוּ בְנֵי־יִשְׂרָאֵל
zu dem HERRN	אֶל־יְהוָה

Und der König hielt einen Rat und machte zwei goldene Kälber und sprach zum Volk [wörtl.: zu ihnen]: Es ist zu viel für euch, dass ihr **hinaufgeht** (עֲלוֹת) nach **Jerusalem** (יְרוּשָׁלַ͏ִם); siehe, da sind deine Götter, Israel, die dich aus dem Land **Ägypten** (מִצְרָיִם) **heraufgeführt** (הֶעֱלוּךָ) haben. (AÜ)

יְרוּשָׁלַ͏ִם *yĕrûšālayim*	Jerusalem	643x S3389

עלה ▸ TAG 52 מִצְרַיִם ▸ TAG 80

וַיִּוָּעַץ הַמֶּלֶךְ וַיַּעַשׂ שְׁנֵי עֶגְלֵי זָהָב וַיֹּאמֶר אֲלֵהֶם רַב־לָכֶם מֵעֲלוֹת
יְרוּשָׁלַ͏ִם הִנֵּה אֱלֹהֶיךָ יִשְׂרָאֵל אֲשֶׁר הֶעֱלוּךָ מֵאֶרֶץ מִצְרָיִם׃

Und der König hielt einen Rat	וַיִּוָּעַץ הַמֶּלֶךְ
und machte zwei goldene Kälber	וַיַּעַשׂ שְׁנֵי עֶגְלֵי זָהָב
und sprach zum Volk [wörtl.: zu ihnen]	וַיֹּאמֶר אֲלֵהֶם
Es ist zu viel für euch, dass ihr **hinaufgeht** nach **Jerusalem**	רַב־לָכֶם מֵעֲלוֹת יְרוּשָׁלַ͏ִם
siehe, da sind deine Götter	הִנֵּה אֱלֹהֶיךָ
Israel	יִשְׂרָאֵל
die dich … **heraufgeführt** haben	אֲשֶׁר הֶעֱלוּךָ
aus dem Land **Ägypten**	מֵאֶרֶץ מִצְרָיִם

Und ich setzte über **Jerusalem** (יְרוּשָׁלָם) meinen **Bruder** (אָחִי) Hanani und den Burgvogt Hananja; denn der war ein treuer Mann und fürchtete **Gott** (אֱלֹהִים) mehr als viele andere. (AÜ)

אָח	Bruder	632x
ʾāḥ		S251

אֱלֹהִים ▷ TAG 19 יְרוּשָׁלַםִ ▷ TAG 82

וָאֲצַוֶּה אֶת־חֲנָנִי אָחִי וְאֶת־חֲנַנְיָה שַׂר הַבִּירָה עַל־יְרוּשָׁלָ͏ִם כִּי־הוּא
כְּאִישׁ אֱמֶת וְיָרֵא אֶת־הָאֱלֹהִים מֵרַבִּים׃

Und ich setzte	וָאֲצַוֶּה
meinen **Bruder** Hanani	אֶת־חֲנָנִי אָחִי
und … Hananja	וְאֶת־חֲנַנְיָה
den Burgvogt	שַׂר הַבִּירָה
über **Jerusalem**	עַל־יְרוּשָׁלָ͏ִם
denn der war ein treuer Mann	כִּי־הוּא כְּאִישׁ אֱמֶת
und fürchtete **Gott**	וְיָרֵא אֶת־הָאֱלֹהִים
mehr als viele (andere)	מֵרַבִּים

Und nun **höre** (שְׁמַע) auf mich [wörtl.: meine Stimme], mein Sohn: **Mach dich auf** (קוּם) und flieh zu meinem **Bruder** (אָחִי) Laban nach Haran

קוּם	aufstehen, sich erheben, sich aufmachen	627x
qûm		S6965

שׁמע ▸ TAG 38 אָח ▸ TAG 83

וְעַתָּה בְנִי שְׁמַע בְּקֹלִי וְקוּם בְּרַח־לְךָ אֶל־לָבָן אָחִי חָרָנָה׃

Und nun	וְעַתָּה
mein Sohn	בְנִי
höre auf mich [wörtl.: meine Stimme]	שְׁמַע בְּקֹלִי
Mach dich auf	וְקוּם
und flieh	בְּרַח־לְךָ
zu … Laban	אֶל־לָבָן
meinem **Bruder**	אָחִי
nach Haran	חָרָנָה

Sie konnten einer den andern [wörtl.: seinen **Bruder** (אָחִיו)] nicht sehen, und nicht **aufstehen** (קָמוּ) vom Platz, wo jeder gerade war, **drei** (שְׁלֹשֶׁת) Tage lang. Aber bei allen Israeliten war es licht in ihren Wohnungen. (AÜ)

שָׁלֹשׁ	drei	606x
šālōš		S7991

אָח ➤ TAG 83 קוּם ➤ TAG 84

לֹא־רָאוּ אִישׁ אֶת־אָחִיו וְלֹא־קָמוּ אִישׁ מִתַּחְתָּיו שְׁלֹשֶׁת יָמִים וּלְכָל־בְּנֵי יִשְׂרָאֵל הָיָה אוֹר בְּמוֹשְׁבֹתָם׃

Sie konnten … nicht sehen	לֹא־רָאוּ
einer den andern [wörtl.: seinen **Bruder**]	אִישׁ אֶת־אָחִיו
und nicht **aufstehen**	וְלֹא־קָמוּ
vom Platz, wo jeder gerade war	אִישׁ מִתַּחְתָּיו
drei Tage lang	שְׁלֹשֶׁת יָמִים
Aber bei allen Israeliten war es licht	וּלְכָל־בְּנֵי יִשְׂרָאֵל הָיָה אוֹר
in ihren Wohnungen	בְּמוֹשְׁבֹתָם

Und er sprach: Das sei fern von mir, HERR, dass ich **dies** (זֹאת) tue! Ist's nicht das Blut der Männer, die unter Einsatz ihres Lebens hingegangen sind? Und er wollte es nicht trinken. Das [wörtl.: **diese** (אֵלֶּה) Dinge] taten die **drei** (שְׁלֹשֶׁת) Helden. (AÜ)

זֹאת	diese, jene *(f.sg.)*; dieses *(n.sg.)*	605x
zōʾt		S2063

אֵלֶּה ➢ TAG 74 שָׁלֹשׁ ➢ TAG 85

וַיֹּאמֶר חָלִילָה לִּי יְהוָה מֵעֲשֹׂתִי זֹאת הֲדַם הָאֲנָשִׁים הַהֹלְכִים
בְּנַפְשׁוֹתָם וְלֹא אָבָה לִשְׁתּוֹתָם אֵלֶּה עָשׂוּ שְׁלֹשֶׁת הַגִּבֹּרִים׃

Und er sprach	וַיֹּאמֶר
Das sei fern von mir, HERR	חָלִילָה לִּי יְהוָה
dass ich **dies** tue	מֵעֲשֹׂתִי זֹאת
Ist's nicht das Blut	הֲדַם
der Männer, die … hingegangen sind?	הָאֲנָשִׁים הַהֹלְכִים
unter Einsatz ihres Lebens	בְּנַפְשׁוֹתָם
Und er wollte … nicht	וְלֹא אָבָה
es [wörtl.: sie] … trinken	לִשְׁתּוֹתָם
Das [wörtl.: **diese** Dinge]	אֵלֶּה
taten die **drei** Helden.	עָשׂוּ שְׁלֹשֶׁת הַגִּבֹּרִים

Und Mose sprach: Daran [wörtl.: durch **dieses** (זֹאת)] sollt ihr merken, dass mich der HERR **gesandt hat** (שְׁלָחַנִי), alle diese Werke zu tun, und dass ich sie nicht tue aus meinem eigenen **Herzen** (לִבִּי).

לֵב *lēv*	Herz, Verstand	601x S3820

שלח ▶ TAG 57 זאת ▶ TAG 86

וַיֹּאמֶר מֹשֶׁה בְּזֹאת תֵּדְעוּן כִּי־יְהוָה שְׁלָחַנִי לַעֲשׂוֹת אֵת כָּל־
הַמַּעֲשִׂים הָאֵלֶּה כִּי־לֹא מִלִּבִּי׃

Und Mose sprach	וַיֹּאמֶר מֹשֶׁה
Daran [wörtl.: durch **dieses**]	בְּזֹאת
sollt ihr merken	תֵּדְעוּן
dass mich der HERR **gesandt hat**	כִּי־יְהוָה שְׁלָחַנִי
zu tun	לַעֲשׂוֹת
alle diese Werke	אֵת כָּל־הַמַּעֲשִׂים הָאֵלֶּה
(und) dass (ich sie) nicht (tue)	כִּי־לֹא
aus meinem eigenen **Herzen**	מִלִּבִּי

Und er tat ihr sein ganzes **Herz** (לִבּוֹ) auf und sprach zu ihr: Es ist nie ein Schermesser auf mein **Haupt** (רֹאשִׁי) gekommen; denn **ich** (אֲנִי) bin ein Geweihter Gottes von Mutterleib an. Wenn ich geschoren würde, so wiche meine Kraft von mir.

רֹאשׁ	Kopf, Haupt, Anführer	600x
rōʾš		S7218

אֲנִי ▷ TAG 55 לֵב ▷ TAG 87

וַיַּגֶּד־לָהּ אֶת־כָּל־לִבּוֹ וַיֹּאמֶר לָהּ מוֹרָה לֹא־עָלָה עַל־רֹאשִׁי כִּי־נְזִיר אֱלֹהִים אֲנִי מִבֶּטֶן אִמִּי אִם־גֻּלַּחְתִּי וְסָר מִמֶּנִּי כֹחִי

Und er tat ihr … auf	וַיַּגֶּד־לָהּ
sein ganzes **Herz**	אֶת־כָּל־לִבּוֹ
und sprach zu ihr	וַיֹּאמֶר לָהּ
ein Schermesser	מוֹרָה
Es ist nie … auf mein **Haupt** gekommen	לֹא־עָלָה עַל־רֹאשִׁי
denn **ich** bin	כִּי־ … אֲנִי
ein Geweihter Gottes	נְזִיר אֱלֹהִים
von Mutterleib an	מִבֶּטֶן אִמִּי
Wenn ich geschoren würde	אִם־גֻּלַּחְתִּי
so wiche meine Kraft von mir	וְסָר מִמֶּנִּי כֹחִי

Und der Mann sprach zu mir: Du Menschenkind, **sieh** (רְאֵה) mit deinen Augen und höre mit deinen Ohren und **richte** (שִׂים) dein **Herz** (לִבְּךָ) auf alles, was ich dir **zeigen** (מַרְאֶה) will; denn du bist dazu hierher gebracht, dass ich dir dies **zeige** (הַרְאוֹתְכָה). (AÜ)

שִׂים	setzen, stellen, legen, richten … auf	588x
śîm		S7760

ראה ➢ TAG 34 לֵב ➢ TAG 87

וַיְדַבֵּר אֵלַי הָאִישׁ בֶּן־אָדָם רְאֵה בְעֵינֶיךָ וּבְאָזְנֶיךָ שְּׁמָע וְשִׂים לִבְּךָ
לְכֹל אֲשֶׁר־אֲנִי מַרְאֶה אוֹתָךְ כִּי לְמַעַן הַרְאוֹתְכָה הֻבָאתָה הֵנָּה

Und der Mann sprach zu mir	וַיְדַבֵּר אֵלַי הָאִישׁ
Du Menschenkind	בֶּן־אָדָם
sieh mit deinen Augen	רְאֵה בְעֵינֶיךָ
und höre mit deinen Ohren	וּבְאָזְנֶיךָ שְּׁמָע
und **richte** dein **Herz** auf alles,	וְשִׂים לִבְּךָ לְכֹל
was ich dir **zeigen** will	אֲשֶׁר־אֲנִי מַרְאֶה אוֹתָךְ
denn du bist … hierher gebracht	כִּי … הֻבָאתָה הֵנָּה
dazu …, dass ich dir dies **zeige**.	לְמַעַן הַרְאוֹתְכָה

Und du, Menschenkind, **richte** (שִׂים) dein Angesicht gegen die **Töchter** (בְּנוֹת) deines Volks, die aus eigenem Antrieb [wörtl.: aus ihrem **Herzen** (לִבְּהֶן)] als Prophetinnen auftreten, und weissage gegen sie.

בַּת	Tochter	587x
bat		S1323

לֵב ▶ TAG 87 שִׂים ▶ TAG 89

וְאַתָּה בֶן־אָדָם שִׂים פָּנֶיךָ אֶל־בְּנוֹת עַמְּךָ הַמִּתְנַבְּאוֹת מִלִּבְּהֶן וְהִנָּבֵא עֲלֵיהֶן׃

Und du	וְאַתָּה
Menschenkind	בֶן־אָדָם
richte dein Angesicht	שִׂים פָּנֶיךָ
gegen die **Töchter** deines Volks	אֶל־בְּנוֹת עַמְּךָ
die … als Prophetinnen auftreten	הַמִּתְנַבְּאוֹת
aus eigenem Antrieb [wörtl.: aus ihrem **Herzen**]	מִלִּבְּהֶן
und weissage gegen sie.	וְהִנָּבֵא עֲלֵיהֶן

Da fiel Abraham auf sein Angesicht und lachte und sprach in seinem **Herzen** (לִבּוֹ): Soll mir mit hundert Jahren [wörtl.: Soll einem Sohn von **hundert** (מֵאָה) Jahren] ein Kind geboren werden, und soll Sara, neunzig Jahre alt [wörtl.: eine **Tochter** (בַּת) von neunzig Jahren], gebären?

מֵאָה	hundert	584x
mēʾâ		S3967

לֵב ➤ TAG 87 בַּת ➤ TAG 90

וַיִּפֹּל אַבְרָהָם עַל־פָּנָיו וַיִּצְחָק וַיֹּאמֶר בְּלִבּוֹ הַלְּבֶן מֵאָה־שָׁנָה יִוָּלֵד
וְאִם־שָׂרָה הֲבַת־תִּשְׁעִים שָׁנָה תֵּלֵד׃

Da fiel Abraham	וַיִּפֹּל אַבְרָהָם
auf sein Angesicht	עַל־פָּנָיו
und lachte	וַיִּצְחָק
und sprach in seinem **Herzen**	וַיֹּאמֶר בְּלִבּוֹ
Soll mir mit hundert Jahren [wörtl.: Soll einem Sohn von **hundert** Jahren] ein Kind geboren werden?	הַלְּבֶן מֵאָה־שָׁנָה יִוָּלֵד
und soll Sara	וְאִם־שָׂרָה
neunzig Jahre alt [wörtl.: eine **Tochter** von neunzig Jahren]	הֲבַת־תִּשְׁעִים שָׁנָה
gebären?	תֵּלֵד

Da war die Zahl derer, die leckten, indem sie ihre Hand zum Mund führten, **dreihundert** (**שְׁלֹשׁ מֵאוֹת**) Mann. Alle übrigen **Leute** (**עָם**) knieten sich hin [wörtl.: knieten auf ihren Knien], um **Wasser** (**מַיִם**) zu trinken. (AÜ)

מַיִם	Wasser	584x
mayim		S4325

עַם ➤ TAG 29 מֵאָה ➤ TAG 91

וַיְהִי מִסְפַּר הַמְלַקְקִים בְּיָדָם אֶל־פִּיהֶם שְׁלֹשׁ מֵאוֹת אִישׁ וְכֹל יֶתֶר הָעָם כָּרְעוּ עַל־בִּרְכֵיהֶם לִשְׁתּוֹת מָיִם׃

Da war die Zahl	וַיְהִי מִסְפַּר
derer, die leckten	הַמְלַקְקִים
indem sie ihre Hand	בְּיָדָם
zum Mund führten	אֶל־פִּיהֶם
dreihundert Mann	שְׁלֹשׁ מֵאוֹת אִישׁ
Alle übrigen **Leute**	וְכֹל יֶתֶר הָעָם
knieten sich hin [wörtl.: knieten auf ihren Knien]	כָּרְעוּ עַל־בִּרְכֵיהֶם
um **Wasser** zu trinken	לִשְׁתּוֹת מָיִם

So sprach der HERR zu mir: Geh hin und kaufe dir einen leinenen Gürtel und **lege** ihn um deine Lenden, aber tauche ihn nicht ins **Wasser**! (AÜ)

כֹּה	so, hier, jetzt	577x
kô		S3541

שִׂים ➤ TAG 89 מַיִם ➤ TAG 92

כֹּה־אָמַר יְהוָה אֵלַי הָלוֹךְ וְקָנִיתָ לְּךָ אֵזוֹר פִּשְׁתִּים וְשַׂמְתּוֹ עַל־מָתְנֶיךָ
וּבַמַּיִם לֹא תְבִאֵהוּ׃

So sprach der HERR zu mir	כֹּה־אָמַר יְהוָה אֵלַי
Geh hin	הָלוֹךְ
und kaufe dir	וְקָנִיתָ לְּךָ
einen leinenen Gürtel	אֵזוֹר פִּשְׁתִּים
und **lege** ihn	וְשַׂמְתּוֹ
um deine Lenden	עַל־מָתְנֶיךָ
aber … ins **Wasser**	וּבַמַּיִם
tauche ihn nicht	לֹא תְבִאֵהוּ

Darum, **so** (כֹּה) spricht Gott der HERR: Eure Erschlagenen, die **ihr** in ihrer Mitte **niedergelegt habt** (שַׂמְתֶּם), **sie** (הֵמָּה) sind das Fleisch, und die Stadt [wörtl.: sie] ist der Topf; aber ihr müsst aus ihrer Mitte hinaus. (AÜ)

הֵם	sie *(m. pl.)*	564x
hēm		S1992

שׂים ▶ TAG 89 כֹּה ▶ TAG 93

לָכֵן כֹּה־אָמַר אֲדֹנָי יְהוִה חַלְלֵיכֶם אֲשֶׁר שַׂמְתֶּם בְּתוֹכָהּ הֵמָּה
הַבָּשָׂר וְהִיא הַסִּיר וְאֶתְכֶם הוֹצִיא מִתּוֹכָהּ׃

Darum	לָכֵן
so spricht	כֹּה־אָמַר
Gott der HERR	אֲדֹנָי יְהוִה
Eure Erschlagenen	חַלְלֵיכֶם
die **ihr** … **niedergelegt habt**	אֲשֶׁר שַׂמְתֶּם
in ihrer Mitte	בְּתוֹכָהּ
sie sind das Fleisch	הֵמָּה הַבָּשָׂר
und die Stadt [wörtl.: sie] ist der Topf	וְהִיא הַסִּיר
aber ihr müsst … hinaus.	וְאֶתְכֶם הוֹצִיא
aus ihrer Mitte	מִתּוֹכָהּ

So (כֹּה) spricht der HERR: Ihr sollt euch nicht an den Weg der **Heiden** (גּוֹיִם) gewöhnen und sollt euch nicht fürchten vor den Zeichen des Himmels, wie die **Heiden** (גּוֹיִם) sich vor **ihnen** (הֵמָּה) fürchten. (AÜ)

גּוֹי	Nation, (nichtjüdisches) Volk;	560x
gôy	Nichtjude (*Lutherübersetzung:* Heide)	S1471

כֹּה ➤ TAG 93   הֵם ➤ TAG 94

כֹּה אָמַר יְהוָה אֶל־דֶּרֶךְ הַגּוֹיִם אַל־תִּלְמָדוּ וּמֵאֹתוֹת הַשָּׁמַיִם אַל־
תֵּחָתּוּ כִּי־יֵחַתּוּ הַגּוֹיִם מֵהֵמָּה׃

So spricht der HERR	כֹּה אָמַר יְהוָה
Ihr sollt euch nicht … gewöhnen	אַל־תִּלְמָדוּ
an den Weg der **Heiden**	אֶל־דֶּרֶךְ הַגּוֹיִם
und sollt euch nicht fürchten	אַל־תֵּחָתּוּ
vor den Zeichen des Himmels	וּמֵאֹתוֹת הַשָּׁמַיִם
wie die **Heiden**	כִּי־ … הַגּוֹיִם
sich vor **ihnen** fürchten	יֵחַתּוּ … מֵהֵמָּה

Denn (כִּי) wie ihr auf meinem heiligen **Berge** (הַר) getrunken habt, so sollen alle **Völker** (גּוֹיִם) täglich [wörtl.: immerzu] trinken; ja, sie sollen's saufen und ausschlürfen und sollen sein, als wären sie nie gewesen.

הַר	Berg, Gebirge	559x
har		S2022

כִּי ➢ TAG 15 גּוֹי ➢ TAG 95

כִּי כַּאֲשֶׁר שְׁתִיתֶם עַל־הַר קָדְשִׁי יִשְׁתּוּ כָל־הַגּוֹיִם תָּמִיד וְשָׁתוּ וְלָעוּ וְהָיוּ כְּלוֹא הָיוּ׃

Denn wie ihr … getrunken habt	כִּי כַּאֲשֶׁר שְׁתִיתֶם
auf meinem heiligen **Berge**	עַל־הַר קָדְשִׁי
so sollen alle **Völker** … trinken	יִשְׁתּוּ כָל־הַגּוֹיִם
täglich [wörtl.: immerzu]	תָּמִיד
sie sollen's saufen	וְשָׁתוּ
und ausschlürfen	וְלָעוּ
und sollen sein	וְהָיוּ
als wären sie nie gewesen	כְּלוֹא הָיוּ

Die **Berge** (הָרִים) sehen dich und beben. Platzregen **zieht vorbei** (עָבָר), die Tiefe lässt ihre Stimme hören, reckt hoch empor ihre **Hände** (יָדֵיהוּ). (AÜ)

עבר *ʿāvar*	überschreiten, überfließen, vorbeiziehen, hindurchgehen, verrinnen	556x S5674

יָד ▶ TAG 30 הַר ▶ TAG 96

רָאוּךָ יָחִילוּ הָרִים זֶרֶם מַיִם עָבָר נָתַן תְּהוֹם קוֹלוֹ רוֹם יָדֵיהוּ נָשָׂא׃

Die **Berge** sehen dich	רָאוּךָ ... הָרִים
und beben	יָחִילוּ
Platzregen	זֶרֶם מַיִם
zieht vorbei,	עָבָר
die Tiefe lässt … hören	נָתַן תְּהוֹם
ihre Stimme	קוֹלוֹ
reckt hoch empor	רוֹם ... נָשָׂא
ihre **Hände**	יָדֵיהוּ

Denn **ich werde** in dieser Nacht **durch Ägypten**land (מִצְרַיִם) **gehen** (וְעָבַרְתִּי) und alle Erstgeburt schlagen in **Ägypten**land (מִצְרַיִם) unter **Mensch** (אָדָם) und Vieh und werde Strafgericht halten über alle Götter **Ägyptens** (מִצְרַיִם). Ich bin der HERR. (AÜ)

אָדָם	Mensch, Menschheit, Mann, jeder	546x
ʾādām		S120

מִצְרַיִם ▸ TAG 80 **עבר** ▸ TAG 97

וְעָבַרְתִּי בְאֶרֶץ־מִצְרַיִם בַּלַּיְלָה הַזֶּה וְהִכֵּיתִי כָל־בְּכוֹר בְּאֶרֶץ מִצְרַיִם
מֵאָדָם וְעַד־בְּהֵמָה וּבְכָל־אֱלֹהֵי מִצְרַיִם אֶעֱשֶׂה שְׁפָטִים אֲנִי יְהוָה׃

Denn **ich werde** … **durch Ägypten**land **gehen**	וְעָבַרְתִּי בְאֶרֶץ־מִצְרַיִם
in dieser Nacht	בַּלַּיְלָה הַזֶּה
und alle Erstgeburt schlagen	וְהִכֵּיתִי כָל־בְּכוֹר
in **Ägypten**land	בְּאֶרֶץ מִצְרַיִם
unter **Mensch** und Vieh	מֵאָדָם וְעַד־בְּהֵמָה
und … über alle Götter **Ägyptens**	וּבְכָל־אֱלֹהֵי מִצְרַיִם
werde Strafgericht halten	אֶעֱשֶׂה שְׁפָטִים
Ich bin der HERR	אֲנִי יְהוָה

Das Geschenk des **Menschen** (אָדָם) schafft ihm Raum und bringt ihn **vor** (פְּנֵי) die **großen Herren** (גְּדֹלִים).

גָּדוֹל	groß, mächtig	527x
gādôl		S1419

פָּנָה ➤ TAG 26 אָדָם ➤ TAG 98

מַתָּן אָדָם יַרְחִיב לוֹ וְלִפְנֵי גְדֹלִים יַנְחֶנּוּ׃

Das Geschenk des **Menschen**	מַתָּן אָדָם
schafft ihm Raum	יַרְחִיב לוֹ
und … **vor** die **großen Herren**	וְלִפְנֵי גְדֹלִים
bringt ihn	יַנְחֶנּוּ

Und er **trat hin** (וַיַּעֲמֹד) und segnete die **ganze** (כָּל) Gemeinde Israel mit lauter [wörtl.: **großer** (גָּדוֹל)] Stimme.

עמד	hintreten, sich (auf)stellen, stehen	524x
ʿāmad		S5975

כֹּל ➢ TAG 11   גָּדוֹל ➢ TAG 99

וַיַּעֲמֹד וַיְבָרֶךְ אֵת כָּל־קְהַל יִשְׂרָאֵל קוֹל גָּדוֹל

Und er **trat hin**	וַיַּעֲמֹד
und segnete	וַיְבָרֶךְ
die **ganze** Gemeinde	אֵת כָּל־קְהַל
Israel	יִשְׂרָאֵל
mit lauter [wörtl.: **großer**] Stimme	קוֹל גָּדוֹל

Ich sah (רָאִיתִי) alle Lebenden, die **unter** (תַּחַת) der Sonne wandelten, bei dem zweiten Knaben, der **an** jenes **Stelle** (תַּחְתָּיו) **treten** (יַעֲמֹד) sollte.

תַּחַת *taḥat*	unten, unter(halb), an Stelle von	511x S8478

ראה ▸ TAG 34 **עמד** ▸ TAG 100

רָאִיתִי אֶת־כָּל־הַחַיִּים הַמְהַלְּכִים תַּחַת הַשָּׁמֶשׁ עִם הַיֶּלֶד הַשֵּׁנִי
אֲשֶׁר יַעֲמֹד תַּחְתָּיו׃

Ich sah	רָאִיתִי
alle Lebenden	אֶת־כָּל־הַחַיִּים
die … wandelten	הַמְהַלְּכִים
unter der Sonne	תַּחַת הַשָּׁמֶשׁ
bei dem zweiten Knaben	עִם הַיֶּלֶד הַשֵּׁנִי
der **an** jenes **Stelle treten** sollte	אֲשֶׁר יַעֲמֹד תַּחְתָּיו

Hast du nun etwas bei der Hand [wörtl.: **was** (מַה) gibt es **unter** (תַּחַת) deiner Hand?], etwa **fünf** (חֲמִשָּׁה) Brote oder was sonst vorhanden [wörtl.: zu finden] ist, das gib mir in meine Hand.

חָמֵשׁ	fünf	508x
ḥāmēš		S2568

מָה ➤ TAG 70 תַּחַת ➤ TAG 101

וְעַתָּה מַה־יֵּשׁ תַּחַת־יָדְךָ חֲמִשָּׁה־לֶחֶם תְּנָה בְיָדִי אוֹ הַנִּמְצָא׃

nun	וְעַתָּה
Hast du … etwas bei der Hand, etwa [wörtl.: **was** gibt es **unter** deiner Hand?]	מַה־יֵּשׁ תַּחַת־יָדְךָ
das gib mir in meine Hand	תְּנָה בְיָדִי
fünf Brote	חֲמִשָּׁה־לֶחֶם
oder	אוֹ
was sonst vorhanden [wörtl.: zu finden] ist	הַנִּמְצָא

Und der HERR erhebt [wörtl.: **gibt** (נָתַן)] seine **Stimme** (קוֹלוֹ) vor seinem Heer. Denn sein Heerlager ist sehr groß; denn es ist ein mächtiger Vollstrecker seines Befehls. Ja, der Tag des HERRN ist **groß** (גָּדוֹל) und sehr furchterregend, und wer kann ihn ertragen? (AÜ)

קוֹל	Stimme, Geräusch, Klang, Schall	505x
qôl		S6963

נתן ▶ TAG 28 גָּדוֹל ▶ TAG 99

וַיהוָה נָתַן קוֹלוֹ לִפְנֵי חֵילוֹ כִּי רַב מְאֹד מַחֲנֵהוּ כִּי עָצוּם עֹשֵׂה דְבָרוֹ
כִּי־גָדוֹל יוֹם־יְהוָה וְנוֹרָא מְאֹד וּמִי יְכִילֶנּוּ׃

Und der HERR erhebt [wörtl.: **gibt**] seine **Stimme**	וַיהוָה נָתַן קוֹלוֹ
vor seinem Heer	לִפְנֵי חֵילוֹ
Denn sein Heerlager ist sehr groß	כִּי רַב מְאֹד מַחֲנֵהוּ
denn es ist ein mächtiger Vollstrecker seines Befehls	כִּי עָצוּם עֹשֵׂה דְבָרוֹ
Ja, der Tag des HERRN ist **groß**	כִּי־גָדוֹל יוֹם־יְהוָה
und sehr furchterregend	וְנוֹרָא מְאֹד
und wer kann ihn ertragen?	וּמִי יְכִילֶנּוּ

Da sprach er zu ihm: Weil du der **Stimme** (קוֹל) des HERRN nicht gehorcht hast, siehe, so **wird** dich ein Löwe **schlagen** (וְהִכְּךָ), wenn du von mir **gehst** (הוֹלֵךְ). Und als er von ihm **ging** (הוֹלֵךְ), fand ihn ein Löwe und **schlug** (וַיַּכֵּהוּ) ihn.

נכה	schlagen, erschlagen, töten	501x
nāḵâ		S5221

הלך ➤ TAG 31 קול ➤ TAG 103

וַיֹּאמֶר לוֹ יַעַן אֲשֶׁר לֹא־שָׁמַעְתָּ בְּקוֹל יְהוָה הִנְּךָ הוֹלֵךְ מֵאִתִּי וְהִכְּךָ
הָאַרְיֵה וַיֵּלֶךְ מֵאֶצְלוֹ וַיִּמְצָאֵהוּ הָאַרְיֵה וַיַּכֵּהוּ׃

Da sprach er zu ihm	וַיֹּאמֶר לוֹ
Weil	יַעַן אֲשֶׁר
du der **Stimme** des HERRN nicht gehorcht hast	לֹא־שָׁמַעְתָּ בְּקוֹל יְהוָה
siehe … wenn du von mir **gehst**	הִנְּךָ הוֹלֵךְ מֵאִתִּי
so **wird** dich ein Löwe **schlagen**	וְהִכְּךָ הָאַרְיֵה
Und als er von ihm **ging**	וַיֵּלֶךְ מֵאֶצְלוֹ
fand ihn ein Löwe	וַיִּמְצָאֵהוּ הָאַרְיֵה
und **schlug** ihn	וַיַּכֵּהוּ

Schon (גַּם) Geldstrafe für den Gerechten ist nicht **gut** (טוֹב), aber Edle zu **schlagen** (הַכּוֹת), ist gegen das Recht. (AÜ)

טוֹב	gut	499x
ṭôv		S2896

גַּם ▸ TAG 66   נכה ▸ TAG 104

גַּם עֲנוֹשׁ לַצַּדִּיק לֹא־טוֹב לְהַכּוֹת נְדִיבִים עַל־יֹשֶׁר׃

Schon … ist nicht **gut**	גַּם … לֹא־טוֹב
Geldstrafe	עֲנוֹשׁ
für den Gerechten	לַצַּדִּיק
(aber) … zu **schlagen**	לְהַכּוֹת
Edle	נְדִיבִים
ist gegen das Recht	עַל־יֹשֶׁר

Da tat der HERR der Eselin den **Mund** (פִּי) auf, und sie sprach zu Bileam: Was hab ich dir getan, dass du mich nun **drei** (שָׁלֹשׁ) Mal **geschlagen hast** (הִכִּיתַנִי)?

פֶּה *pê*	Mund	498x S6310

שָׁלֹשׁ ➤ TAG 85 **נכה** ➤ TAG 104

וַיִּפְתַּח יְהוָה אֶת־פִּי הָאָתוֹן וַתֹּאמֶר לְבִלְעָם מֶה־עָשִׂיתִי לְךָ כִּי הִכִּיתַנִי זֶה שָׁלֹשׁ רְגָלִים׃

Da tat der HERR … auf	וַיִּפְתַּח יְהוָה
der Eselin den **Mund**	אֶת־פִּי הָאָתוֹן
und sie sprach zu Bileam	וַתֹּאמֶר לְבִלְעָם
Was hab ich dir getan	מֶה־עָשִׂיתִי לְךָ
dass du mich … **geschlagen hast**?	כִּי הִכִּיתַנִי
nun	זֶה
drei Mal	שָׁלֹשׁ רְגָלִים

Das Gesetz deines **Mundes** (**פִּיךָ**) ist mir lieber [wörtl.: **besser** (**טוֹב**)] als **tausende** (**אַלְפֵי**) Stücke Gold und Silber. (AÜ)

אֶלֶף	tausend	496x
ʾelef		S505

טוֹב ▸ TAG 105 **פֶּה** ▸ TAG 106

טוֹב־לִי תוֹרַת־פִּיךָ מֵאַלְפֵי זָהָב וָכָסֶף׃

Das Gesetz deines **Mundes**	תּוֹרַת־פִּיךָ
ist … lieber [wörtl.: **besser**]	טוֹב־
mir	לִי
als **tausende**	מֵאַלְפֵי
Stücke Gold und Silber	זָהָב וָכָסֶף

Er gedenkt ewiglich an seinen Bund, an das **Wort** (דָּבָר), das **er geboten hat** (צִוָּה) für **tausend** (אֶלֶף) Geschlechter.

צוה	befehlen, gebieten	496x
ṣāvâ		S6680

דָּבָר ➢ TAG 32 אֶלֶף ➢ TAG 107

זָכַר לְעוֹלָם בְּרִיתוֹ דָּבָר צִוָּה לְאֶלֶף דּוֹר׃

Er gedenkt … an	זָכַר
seinen Bund	בְּרִיתוֹ
ewiglich	לְעוֹלָם
(an) das **Wort**	דָּבָר
das **er geboten hat**	צִוָּה
für **tausend**	לְאֶלֶף
Geschlechter	דּוֹר

Und die Frau ward schwanger und **gebar** (וַתֵּלֶד) einen Sohn. Und als **sie sah** (וַתֵּרֶא), dass er **schön** (טוֹב) war, verbarg sie ihn drei Monate. (AÜ)

ילד	gebären, zeugen	495x
yālad		S3205

ראה ➤ TAG 34 **טוֹב** ➤ TAG 105

וַתַּהַר הָאִשָּׁה וַתֵּלֶד בֵּן וַתֵּרֶא אֹתוֹ כִּי־טוֹב הוּא וַתִּצְפְּנֵהוּ שְׁלֹשָׁה יְרָחִים׃

Und die Frau ward schwanger	וַתַּהַר הָאִשָּׁה
und **gebar** einen Sohn	וַתֵּלֶד בֵּן
Und als **sie sah**, dass er **schön** war	וַתֵּרֶא אֹתוֹ כִּי־טוֹב הוּא
verbarg sie ihn	וַתִּצְפְּנֵהוּ
drei Monate	שְׁלֹשָׁה יְרָחִים

Abija aber wurde mächtig. Und **er nahm** (וַיִּשָּׂא) vierzehn Frauen und **zeugte** (וַיּוֹלֶד) zweiund**zwanzig** (עֶשְׂרִים וּשְׁנַיִם) Söhne und sechzehn Töchter.

עֶשֶׂר	zehn, *(pl.: zwanzig)*	492x
ʿeśer		S6235

נשׂא ➤ TAG 81 ילד ➤ TAG 109

וַיִּתְחַזֵּק אֲבִיָּהוּ וַיִּשָּׂא־לוֹ נָשִׁים אַרְבַּע עֶשְׂרֵה וַיּוֹלֶד עֶשְׂרִים וּשְׁנַיִם
בָּנִים וְשֵׁשׁ עֶשְׂרֵה בָּנוֹת׃

Abija aber wurde mächtig	וַיִּתְחַזֵּק אֲבִיָּהוּ
Und **er nahm** … Frauen	וַיִּשָּׂא־לוֹ נָשִׁים
vierzehn	אַרְבַּע עֶשְׂרֵה
und **zeugte**	וַיּוֹלֶד
zweiund**zwanzig**	עֶשְׂרִים וּשְׁנַיִם
Söhne	בָּנִים
und sechzehn	וְשֵׁשׁ עֶשְׂרֵה
Töchter	בָּנוֹת

Und **sie schlugen** (וַיַּכּוּ) zu **jener** (הִיא) Zeit Moab, etwa **zehn** (עֲשֶׂרֶת) Tausend Mann, alles starke und streitbare Männer, sodass auch nicht einer entrann.

הִיא *hîʾ*	sie *(f. sg.)*, es, jene, jenes	491x S1931

נכה ➤ TAG 104 **עֶשֶׂר** ➤ TAG 110

וַיַּכּוּ אֶת־מוֹאָב בָּעֵת הַהִיא כַּעֲשֶׂרֶת אֲלָפִים אִישׁ כָּל־שָׁמֵן וְכָל־אִישׁ חָיִל וְלֹא נִמְלַט אִישׁ׃

Und **sie schlugen** … Moab	וַיַּכּוּ אֶת־מוֹאָב
zu **jener** Zeit	בָּעֵת הַהִיא
etwa **zehn** Tausend Mann	כַּעֲשֶׂרֶת אֲלָפִים אִישׁ
alles starke	כָּל־שָׁמֵן
und streitbare Männer	וְכָל־אִישׁ חָיִל
sodass auch nicht einer entrann	וְלֹא נִמְלַט אִישׁ

Und das Manna hörte auf am andern Morgen, als sie vom Getreide des Landes **aßen** (אָכְלָם). Seither hatten die Israeliten kein Manna **mehr** (עוֹד), sondern **aßen** (וַיֹּאכְלוּ) von der Ernte des Landes Kanaan in **diesem** (הִיא) Jahr.

עוֹד	wieder, noch, andauernd	491x
ʿôd		S5750

אכל ▸ TAG 61 **הִיא** ▸ TAG 111

וַיִּשְׁבֹּת הַמָּן מִמָּחֳרָת בְּאָכְלָם מֵעֲבוּר הָאָרֶץ וְלֹא־הָיָה עוֹד לִבְנֵי יִשְׂרָאֵל מָן וַיֹּאכְלוּ מִתְּבוּאַת אֶרֶץ כְּנַעַן בַּשָּׁנָה הַהִיא׃

Und das Manna hörte auf	וַיִּשְׁבֹּת הַמָּן
am andern Morgen, als sie … **aßen**	מִמָּחֳרָת בְּאָכְלָם
vom Getreide des Landes	מֵעֲבוּר הָאָרֶץ
Seither hatten die Israeliten kein Manna **mehr**	וְלֹא־הָיָה עוֹד לִבְנֵי יִשְׂרָאֵל מָן
sondern **aßen**	וַיֹּאכְלוּ
von der Ernte des Landes Kanaan	מִתְּבוּאַת אֶרֶץ כְּנַעַן
in **diesem** Jahr	בַּשָּׁנָה הַהִיא

Da harrte er **noch** (עוֹד) weitere **sieben** (שִׁבְעַת) **Tage** (יָמִים) und ließ abermals die Taube fliegen aus der Arche.

שֶׁבַע	sieben	490x
ševaʿ		S7651

יוֹם ➤ TAG 24 **עוֹד** ➤ TAG 112

וַיָּחֶל עוֹד שִׁבְעַת יָמִים אֲחֵרִים וַיֹּסֶף שַׁלַּח אֶת־הַיּוֹנָה מִן־הַתֵּבָה׃

Da harrte er	וַיָּחֶל
noch weitere	עוֹד ... אֲחֵרִים
sieben Tage	שִׁבְעַת יָמִים
und ließ abermals … fliegen	וַיֹּסֶף שַׁלַּח
die Taube	אֶת־הַיּוֹנָה
aus der Arche	מִן־הַתֵּבָה

Aber die Aramäer flohen vor Israel, und David vernichtete von den Aramäern **sieben** (שְׁבַע) Hundert Wagen und vierzigtausend Reiter; und Schobach, den Befehlshaber des **Heeres** (צְבָאוֹ), **erschlug er** (הִכָּה), dass er dort starb.

צָבָא	Herr, Streitmacht	486x
ṣāvāʾ		S6635

נכה ▶ TAG 104 שֶׁבַע ▶ TAG 113

וַיָּנָס אֲרָם מִפְּנֵי יִשְׂרָאֵל וַיַּהֲרֹג דָּוִד מֵאֲרָם שְׁבַע מֵאוֹת רֶכֶב
וְאַרְבָּעִים אֶלֶף פָּרָשִׁים וְאֵת שׁוֹבַךְ שַׂר־צְבָאוֹ הִכָּה וַיָּמָת שָׁם׃

Aber die Aramäer flohen	וַיָּנָס אֲרָם
vor Israel	מִפְּנֵי יִשְׂרָאֵל
und David vernichtete von den Aramäern	וַיַּהֲרֹג דָּוִד מֵאֲרָם
siebenhundert Wagen	שְׁבַע מֵאוֹת רֶכֶב
und vierzigtausend Reiter	וְאַרְבָּעִים אֶלֶף פָּרָשִׁים
und Schobach … **erschlug er**	וְאֵת שׁוֹבַךְ … הִכָּה
den Befehlshaber des **Heeres**	שַׂר־צְבָאוֹ
dass er dort starb	וַיָּמָת שָׁם

Und der Fürst über das **Heer** (צְבָא) des HERRN sprach zu Josua: Zieh deine Schuhe von deinen Füßen; denn die Stätte, darauf **du** (אַתָּה) stehst, ist **heilig** (קֹדֶשׁ). Und so tat Josua.

קֹדֶשׁ	Heiligkeit, Heiligtum	470x
qōdeš		S6944

אַתָּה ▸ TAG 72 צָבָא ▸ TAG 114

וַיֹּאמֶר שַׂר־צְבָא יְהוָה אֶל־יְהוֹשֻׁעַ שַׁל־נַעַלְךָ מֵעַל רַגְלֶךָ כִּי הַמָּקוֹם
אֲשֶׁר אַתָּה עֹמֵד עָלָיו קֹדֶשׁ הוּא וַיַּעַשׂ יְהוֹשֻׁעַ כֵּן׃

Und der Fürst über das **Heer** des HERRN sprach	וַיֹּאמֶר שַׂר־צְבָא יְהוָה
zu Josua	אֶל־יְהוֹשֻׁעַ
Zieh deine Schuhe	שַׁל־נַעַלְךָ
von deinen Füßen	מֵעַל רַגְלֶךָ
denn die Stätte	כִּי הַמָּקוֹם
darauf	אֲשֶׁר ... עָלָיו
du stehst	אַתָּה עֹמֵד
ist **heilig**	קֹדֶשׁ הוּא
Und so tat Josua	וַיַּעַשׂ יְהוֹשֻׁעַ כֵּן

Darum **haltet** (וּשְׁמַרְתֶּם) den Sabbat, denn er soll euch **heilig** (קֹדֶשׁ) sein. Wer ihn entheiligt, der **soll des Todes sterben** (מוֹת יוּמָת). Denn wer eine Arbeit am Sabbat [wörtl.: an ihm] tut, der [wörtl.: diese Seele] soll ausgerottet werden aus seinem [wörtl.: ihrem] Volk.

שׁמר	wachen, beschützen, einhalten	469x
šāmar		S8104

מות ▸ TAG 58 **קֹדֶשׁ** ▸ TAG 115

וּשְׁמַרְתֶּם אֶת־הַשַּׁבָּת כִּי קֹדֶשׁ הִוא לָכֶם מְחַלְלֶיהָ מוֹת יוּמָת כִּי כָּל־
הָעֹשֶׂה בָהּ מְלָאכָה וְנִכְרְתָה הַנֶּפֶשׁ הַהִוא מִקֶּרֶב עַמֶּיהָ׃

Darum **haltet** den Sabbat	וּשְׁמַרְתֶּם אֶת־הַשַּׁבָּת
denn er soll euch **heilig** sein	כִּי קֹדֶשׁ הִוא לָכֶם
Wer ihn entheiligt	מְחַלְלֶיהָ
der **soll des Todes sterben**	מוֹת יוּמָת
Denn wer eine Arbeit am Sabbat [wörtl.: an ihm] tut	כִּי כָּל־הָעֹשֶׂה בָהּ מְלָאכָה
der [wörtl.: diese Seele]	הַנֶּפֶשׁ הַהִוא
soll ausgerottet werden	וְנִכְרְתָה
aus seinem [wörtl.: ihrem] Volk	מִקֶּרֶב עַמֶּיהָ

Es **fanden** (מְצָאוּנִי) mich die **Wächter** (שֹׁמְרִים), die in der Stadt umhergehen: »Habt ihr nicht gesehen, den meine **Seele** (נַפְשִׁי) liebt?«

מצא	finden	457x
māṣāʾ		S4672

נֶפֶשׁ ▸ TAG 69 שׁמר ▸ TAG 116

מְצָאוּנִי הַשֹּׁמְרִים הַסֹּבְבִים בָּעִיר אֵת שֶׁאָהֲבָה נַפְשִׁי רְאִיתֶם׃

Es **fanden** mich	מְצָאוּנִי
die **Wächter**	הַשֹּׁמְרִים
die … umhergehen	הַסֹּבְבִים
in der Stadt	בָּעִיר
Habt ihr (nicht) gesehen	רְאִיתֶם
den meine **Seele** liebt?	אֵת שֶׁאָהֲבָה נַפְשִׁי

Und er fuhr fort **weiter** (עוֹד) mit ihm zu reden und sprach: Man könnte vielleicht **vierzig** (אַרְבָּעִים) darin **finden** (יִמָּצְאוּן) . Er aber sprach: Ich will ihnen nichts [wörtl.: werde es nicht] tun um der **vierzig** (אַרְבָּעִים) willen.

אַרְבַּע	vier	456x
ʾarbaʿ		S702

עוֹד ▶ TAG 112 **מצא** ▶ TAG 117

וַיֹּסֶף עוֹד לְדַבֵּר אֵלָיו וַיֹּאמַר אוּלַי יִמָּצְאוּן שָׁם אַרְבָּעִים וַיֹּאמֶר לֹא אֶעֱשֶׂה בַּעֲבוּר הָאַרְבָּעִים׃

Und er fuhr fort **weiter** mit ihm zu reden und sprach	וַיֹּסֶף עוֹד לְדַבֵּר אֵלָיו וַיֹּאמַר
vielleicht	אוּלַי
vierzig	אַרְבָּעִים
Man könnte … darin **finden**	יִמָּצְאוּן שָׁם
Er aber sprach	וַיֹּאמֶר
um … willen	בַּעֲבוּר
der **vierzig**	הָאַרְבָּעִים
Ich will ihnen nichts [wörtl.: werde es nicht] tun	לֹא אֶעֱשֶׂה

…, der Himmel und **Erde** (אָרֶץ) gemacht hat, das Meer und alles, was darinnen ist; der Treue **hält** (שֹׁמֵר) ewiglich [wörtl.: in **Ewigkeit** (עוֹלָם)], …

עוֹלָם	Ewigkeit, Vorzeit, immer	439x
ʿôlām		S5769

אֶרֶץ ➢ TAG 23 שׁמר ➢ TAG 116

עֹשֶׂה שָׁמַיִם וָאָרֶץ אֶת־הַיָּם וְאֶת־כָּל־אֲשֶׁר־בָּם הַשֹּׁמֵר אֱמֶת לְעוֹלָם׃

der … gemacht hat	עֹשֶׂה
Himmel und **Erde**	שָׁמַיִם וָאָרֶץ
das Meer	אֶת־הַיָּם
und alles, was darinnen ist	וְאֶת־כָּל־אֲשֶׁר־בָּם
der Treue **hält**	הַשֹּׁמֵר אֱמֶת
ewiglich [wört.: in **Ewigkeit**]	לְעוֹלָם

An jenem Tag **werde ich** die **zerfallene** (נֹפֶלֶת) Hütte Davids wieder **aufrichten** (אָקִים) und ihre Risse vermauern und ihre Trümmer wieder **aufrichten** (אָקִים) und [ich] will sie bauen, wie in den Tagen der **Vorzeit** (עוֹלָם). (AÜ)

נפל	fallen	435x
nāfal		S5307

קום ➤ TAG 84 **עוֹלָם** ➤ TAG 119

בַּיּוֹם הַהוּא אָקִים אֶת־סֻכַּת דָּוִיד הַנֹּפֶלֶת וְגָדַרְתִּי אֶת־פִּרְצֵיהֶן
וַהֲרִסֹתָיו אָקִים וּבְנִיתִיהָ כִּימֵי עוֹלָם׃

An jenem Tag	בַּיּוֹם הַהוּא
werde ich … (wieder) **aufrichten**	אָקִים
die **zerfallene** Hütte Davids	אֶת־סֻכַּת דָּוִיד הַנֹּפֶלֶת
und … [werde ich] vermauern	וְגָדַרְתִּי
ihre Risse	אֶת־פִּרְצֵיהֶן
und … ihre Trümmer	וַהֲרִסֹתָיו
[werde ich] wieder **aufrichten**	אָקִים
und [ich] will sie bauen	וּבְנִיתִיהָ
wie in den Tagen der **Vorzeit**	כִּימֵי עוֹלָם

So fließe [wörtl.: **falle** (יִפֹּל)] **nun** (עַתָּה) mein Blut nicht auf die Erde fern vom **Angesicht** (פְּנֵי) des HERRN! Denn der König von Israel ist ja ausgezogen, zu suchen einen einzelnen Floh, wie man ein Rebhuhn jagt auf den Bergen.

עַתָּה	nun, jetzt	435x
ʿattâ		S6258

פָּנֶה ▶ TAG 26 נפל ▶ TAG 120

וְעַתָּה אַל־יִפֹּל דָּמִי אַרְצָה מִנֶּגֶד פְּנֵי יְהוָה כִּי־יָצָא מֶלֶךְ יִשְׂרָאֵל
לְבַקֵּשׁ אֶת־פַּרְעֹשׁ אֶחָד כַּאֲשֶׁר יִרְדֹּף הַקֹּרֵא בֶּהָרִים׃

So … **nun**	וְעַתָּה
fließe [wörtl.: **falle**] … mein Blut nicht	אַל־יִפֹּל דָּמִי
auf die Erde	אַרְצָה
fern vom **Angesicht** des HERRN	מִנֶּגֶד פְּנֵי יְהוָה
Denn der König von Israel ist ja ausgezogen	כִּי־יָצָא מֶלֶךְ יִשְׂרָאֵל
zu suchen einen einzelnen Floh	לְבַקֵּשׁ אֶת־פַּרְעֹשׁ אֶחָד
wie man ein Rebhuhn jagt	כַּאֲשֶׁר יִרְדֹּף הַקֹּרֵא
auf den Bergen	בֶּהָרִים

Wer (מִי) ist unter euch noch übrig, der dies **Haus** (בַּיִת) in seiner früheren Herrlichkeit gesehen hat? Und wie seht ihr's **nun** (עַתָּה)? Ist es nicht in euren Augen wie nichts? (AÜ)

מִי	wer?	424x
mî		S4310

בַּיִת ➤ TAG 27 **עַתָּה** ➤ TAG 121

מִי בָכֶם הַנִּשְׁאָר אֲשֶׁר רָאָה אֶת־הַבַּיִת הַזֶּה בִּכְבוֹדוֹ הָרִאשׁוֹן וּמָה אַתֶּם רֹאִים אֹתוֹ עַתָּה הֲלוֹא כָמֹהוּ כְּאַיִן בְּעֵינֵיכֶם׃

Wer ist … noch übrig	מִי … הַנִּשְׁאָר
unter euch	בָכֶם
der … gesehen hat?	אֲשֶׁר רָאָה
dies **Haus**	אֶת־הַבַּיִת הַזֶּה
in seiner früheren Herrlichkeit	בִּכְבוֹדוֹ הָרִאשׁוֹן
Und wie seht ihr's **nun**?	וּמָה אַתֶּם רֹאִים אֹתוֹ עַתָּה
Ist es nicht … wie nichts?	הֲלוֹא כָמֹהוּ כְּאַיִן
in euren Augen	בְּעֵינֵיכֶם

Und wo [wörtl.: **wer** (מִי)] ist so ein **großes** (גָּדוֹל) Volk, das so gerechte Ordnungen und **Gebote** (מִשְׁפָּטִים) hat wie dies ganze Gesetz, das ich euch heute vorlege?

מִשְׁפָּט *mišpāṭ*	Gebot, Urteil, Recht, Gesetz	424x S4941

גָּדוֹל ➤ TAG 99 מִי ➤ TAG 122

וּמִי גוֹי גָּדוֹל אֲשֶׁר־לוֹ חֻקִּים וּמִשְׁפָּטִים צַדִּיקִם כְּכֹל הַתּוֹרָה הַזֹּאת
אֲשֶׁר אָנֹכִי נֹתֵן לִפְנֵיכֶם הַיּוֹם׃

Und wo [wörtl.: **wer**] ist (so) ein **großes** Volk	וּמִי גוֹי גָּדוֹל
das … hat	אֲשֶׁר־לוֹ
Ordnungen und **Gebote**	חֻקִּים וּמִשְׁפָּטִים
(so) gerechte	צַדִּיקִם
wie dies ganze Gesetz	כְּכֹל הַתּוֹרָה הַזֹּאת
das ich	אֲשֶׁר אָנֹכִי
euch … vorlege	נֹתֵן לִפְנֵיכֶם
heute	הַיּוֹם

Und du bist herabgestiegen auf den **Berg** (הַר) Sinai und hast mit ihnen vom **Himmel** (שָׁמַיִם) her geredet und ihnen ein wahrhaftiges **Recht** (מִשְׁפָּטִים) und rechte Gesetze und gute Satzungen und Gebote gegeben.

שָׁמַיִם	Himmel	421x
šāmayim		S8064

הַר ▸ TAG 96 מִשְׁפָּט ▸ TAG 123

וְעַל הַר־סִינַי יָרַדְתָּ וְדַבֵּר עִמָּהֶם מִשָּׁמָיִם וַתִּתֵּן לָהֶם מִשְׁפָּטִים
יְשָׁרִים וְתוֹרוֹת אֱמֶת חֻקִּים וּמִצְוֹת טוֹבִים׃

Und du bist herabgestiegen	יָרַדְתָּ
auf den **Berg** Sinai	וְעַל הַר־סִינַי
und hast mit ihnen … geredet	וְדַבֵּר עִמָּהֶם
vom **Himmel** her	מִשָּׁמָיִם
und ihnen … gegeben	וַתִּתֵּן לָהֶם
ein wahrhaftiges **Recht**	מִשְׁפָּטִים יְשָׁרִים
und rechte Gesetze	וְתוֹרוֹת אֱמֶת
und gute Satzungen und Gebote	חֻקִּים וּמִצְוֹת טוֹבִים

Elia antwortete dem **Hauptmann** (שַׂר) über **Fünfzig** (חֲמִשִּׁים): Bin ich ein Mann Gottes, so falle Feuer vom **Himmel** (שָׁמַיִם) und fresse dich und deine **fünfzig** (חֲמִשֶּׁיךָ) Mann. Da fiel Feuer vom **Himmel** (שָׁמַיִם) und fraß ihn und seine **fünfzig** (חֲמִשָּׁיו) Mann.

שַׂר *śar*	Befehlshaber, Oberster, Fürst	421x S8269

חָמֵשׁ ▸ TAG 102 שָׁמַיִם ▸ TAG 124

וַיַּעֲנֶה אֵלִיָּהוּ וַיְדַבֵּר אֶל־שַׂר הַחֲמִשִּׁים וְאִם־אִישׁ אֱלֹהִים אָנִי תֵּרֶד
אֵשׁ מִן־הַשָּׁמַיִם וְתֹאכַל אֹתְךָ וְאֶת־חֲמִשֶּׁיךָ וַתֵּרֶד אֵשׁ מִן־הַשָּׁמַיִם
וַתֹּאכַל אֹתוֹ וְאֶת־חֲמִשָּׁיו׃

Elia antwortete	וַיַּעֲנֶה אֵלִיָּהוּ וַיְדַבֵּר
dem **Hauptmann** über **Fünfzig**	אֶל־שַׂר הַחֲמִשִּׁים
Bin ich ein Mann Gottes	וְאִם־אִישׁ אֱלֹהִים אָנִי
so falle Feuer vom **Himmel**	תֵּרֶד אֵשׁ מִן־הַשָּׁמַיִם
und fresse dich und deine **fünfzig** Mann	וְתֹאכַל אֹתְךָ וְאֶת־חֲמִשֶּׁיךָ
Da fiel Feuer vom **Himmel**	וַתֵּרֶד אֵשׁ מִן־הַשָּׁמַיִם
und fraß ihn und seine **fünfzig** Mann	וַתֹּאכַל אֹתוֹ וְאֶת־חֲמִשָּׁיו

Und es geschah am dritten Tage, da beging der Pharao seinen **Geburts**tag (יוֹם הֻלֶּדֶת). Und er machte ein Festmahl für alle seine Knechte und erhob das Haupt des **Obersten** (שַׂר) der Mundschenken und das Haupt des **Obersten** (שַׂר) der Bäcker [**mitten** (תָּוֶךְ)] unter seinen Knechten.

תָּוֶךְ	Mitte	420x
tāveḵ		S8432

ילד ▷ TAG 109   שַׂר ▷ TAG 125

וַיְהִי בַּיּוֹם הַשְּׁלִישִׁי יוֹם הֻלֶּדֶת אֶת־פַּרְעֹה וַיַּעַשׂ מִשְׁתֶּה לְכָל־עֲבָדָיו
וַיִּשָּׂא אֶת־רֹאשׁ שַׂר הַמַּשְׁקִים וְאֶת־רֹאשׁ שַׂר הָאֹפִים בְּתוֹךְ עֲבָדָיו׃

Und es geschah am dritten Tage	וַיְהִי בַּיּוֹם הַשְּׁלִישִׁי
da beging der Pharao seinen **Geburts**tag	יוֹם הֻלֶּדֶת אֶת־פַּרְעֹה
Und er machte ein Festmahl	וַיַּעַשׂ מִשְׁתֶּה
für alle seine Knechte	לְכָל־עֲבָדָיו
und erhob das Haupt	וַיִּשָּׂא אֶת־רֹאשׁ
des **Obersten** der Mundschenken	שַׂר הַמַּשְׁקִים
und das Haupt	וְאֶת־רֹאשׁ
des **Obersten** der Bäcker	שַׂר הָאֹפִים
[**mitten**] unter seinen Knechten.	בְּתוֹךְ עֲבָדָיו

Und es sollen sich an jenem Tag **viele** (רַבִּים) Völker zum HERRN wenden und sollen mein Volk sein, und ich will in deiner **Mitte** (תּוֹכֵךְ) wohnen. Und du sollst erkennen, dass mich der HERR der **Heerscharen** (צְבָאוֹת) zu dir gesandt hat. (AÜ)

רַב	groß, viel	419x
rav		S7227

צָבָא ▷ TAG 114 תָּוֶךְ ▷ TAG 126

וְנִלְווּ גוֹיִם רַבִּים אֶל־יְהוָה בַּיּוֹם הַהוּא וְהָיוּ לִי לְעָם וְשָׁכַנְתִּי בְתוֹכֵךְ
וְיָדַעַתְּ כִּי־יְהוָה צְבָאוֹת שְׁלָחַנִי אֵלָיִךְ׃

Und es sollen sich … **viele** Völker … wenden	וְנִלְווּ גוֹיִם רַבִּים
zum HERRN	אֶל־יְהוָה
an jenem Tag	בַּיּוֹם הַהוּא
und sollen mein Volk sein	וְהָיוּ לִי לְעָם
und ich will in deiner **Mitte** wohnen	וְשָׁכַנְתִּי בְתוֹכֵךְ
Und du sollst erkennen, dass	וְיָדַעַתְּ כִּי־
der HERR der **Heerscharen**	יְהוָה צְבָאוֹת
mich … zu dir gesandt hat	שְׁלָחַנִי אֵלָיִךְ׃

Und als sie vor Israel flohen …, ließ der Herr **große** (גְּדֹלוֹת) Steine vom Himmel auf sie fallen bis Aseka, dass sie starben. Und von ihnen starben viel **mehr** (רַבִּים) durch die Hagelsteine, als die Israeliten mit dem **Schwert** (חָרֶב) töteten.

חֶרֶב	Schwert	413x
ḥerev		S2719

גָּדוֹל ▷ TAG 99 רַב ▷ TAG 127

וַיְהִי בְּנֻסָם מִפְּנֵי יִשְׂרָאֵל ... וַיהוָה הִשְׁלִיךְ עֲלֵיהֶם אֲבָנִים גְּדֹלוֹת מִן־הַשָּׁמַיִם עַד־עֲזֵקָה וַיָּמֻתוּ רַבִּים אֲשֶׁר־מֵתוּ בְּאַבְנֵי הַבָּרָד מֵאֲשֶׁר הָרְגוּ בְּנֵי יִשְׂרָאֵל בֶּחָרֶב׃

Und als sie vor Israel flohen …	וַיְהִי בְּנֻסָם מִפְּנֵי יִשְׂרָאֵל ...
ließ der Herr … auf sie fallen	וַיהוָה הִשְׁלִיךְ עֲלֵיהֶם
große Steine vom Himmel	אֲבָנִים גְּדֹלוֹת מִן־הַשָּׁמַיִם
bis Aseka	עַד־עֲזֵקָה
dass sie starben	וַיָּמֻתוּ
Und von ihnen starben (viel) **mehr**	רַבִּים אֲשֶׁר־מֵתוּ
durch die Hagelsteine,	בְּאַבְנֵי הַבָּרָד
als die Israeliten	מֵאֲשֶׁר ... בְּנֵי יִשְׂרָאֵל
mit dem **Schwert** töteten	הָרְגוּ ... בֶּחָרֶב

Er wird richten **zwischen** (בֵּין) den Nationen und zurechtweisen **viele** (רַבִּים) Völker. Da werden sie ihre **Schwerter** (חַרְבוֹתָם) zu Pflugscharen machen und ihre Spieße zu Sicheln. Ein Volk wird nicht mehr gegen ein anderes Volk das **Schwert** (חֶרֶב) erheben, und sie werden hinfort nicht mehr lernen, Krieg zu führen. (AÜ)

בֵּין	zwischen	409x
bên		S996

רַב ▸ TAG 127 חֶרֶב ▸ TAG 128

וְשָׁפַט בֵּין הַגּוֹיִם וְהוֹכִיחַ לְעַמִּים רַבִּים וְכִתְּתוּ חַרְבוֹתָם לְאִתִּים
וַחֲנִיתוֹתֵיהֶם לְמַזְמֵרוֹת לֹא־יִשָּׂא גוֹי אֶל־גּוֹי חֶרֶב וְלֹא־יִלְמְדוּ עוֹד
מִלְחָמָה׃

Er wird richten **zwischen** den Nationen	וְשָׁפַט בֵּין הַגּוֹיִם
und zurechtweisen **viele** Völker	וְהוֹכִיחַ לְעַמִּים רַבִּים
Da werden sie ihre **Schwerter** … machen	וְכִתְּתוּ חַרְבוֹתָם
zu Pflugscharen	לְאִתִּים
und ihre Spieße	וַחֲנִיתוֹתֵיהֶם
zu Sicheln	לְמַזְמֵרוֹת
Ein Volk wird nicht (mehr) … erheben	לֹא־יִשָּׂא גוֹי
gegen ein (anderes) Volk das **Schwert**	אֶל־גּוֹי חֶרֶב
und sie werden hinfort nicht mehr lernen, Krieg zu führen	וְלֹא־יִלְמְדוּ עוֹד מִלְחָמָה

Und **nun** (עַתָּה), ihr Bürger zu Jerusalem und ihr Männer Judas, richtet **doch** (נָא) **zwischen** (בֵּינִי) mir und [**zwischen** (בֵּין)] meinem Weinberg! (AÜ)

נָא *nāʾ*	doch, bitte; *(Bekräftigungs- oder Wunschpartikel)*	406x S4994

עַתָּה ➤ TAG 121 בֵּין ➤ TAG 129

וְעַתָּה יוֹשֵׁב יְרוּשָׁלַםִ וְאִישׁ יְהוּדָה שִׁפְטוּ־נָא בֵּינִי וּבֵין כַּרְמִי׃

Und **nun**	וְעַתָּה
ihr Bürger zu Jerusalem	יוֹשֵׁב יְרוּשָׁלַםִ
und ihr Männer Judas	וְאִישׁ יְהוּדָה
richtet **doch**	שִׁפְטוּ־נָא
zwischen mir	בֵּינִי
und [**zwischen**] meinem Weinberg!	וּבֵין כַּרְמִי

Die Eselinnen von Kisch, dem Vater von **Saul** (שָׁאוּל), waren verschwunden. Und Kisch sprach zu seinem Sohn **Saul** (שָׁאוּל): Nimm **doch** (נָא) einen von den Knechten **mit** (אִתְּךָ) dir, mach dich auf, geh hin und suche die Eselinnen.

שָׁאוּל	Saul	406x
šāʾûl		S7586

אֵת ▸ TAG 53 נָא ▸ TAG 130

וַתֹּאבַדְנָה הָאֲתֹנוֹת לְקִישׁ אֲבִי שָׁאוּל וַיֹּאמֶר קִישׁ אֶל־שָׁאוּל בְּנוֹ
קַח־נָא אִתְּךָ אֶת־אַחַד מֵהַנְּעָרִים וְקוּם לֵךְ בַּקֵּשׁ אֶת־הָאֲתֹנֹת׃

Die Eselinnen von Kisch … waren verschwunden.	וַתֹּאבַדְנָה הָאֲתֹנוֹת לְקִישׁ
dem Vater von **Saul**	אֲבִי שָׁאוּל
Und Kisch sprach	וַיֹּאמֶר קִישׁ
zu seinem Sohn **Saul**	אֶל־שָׁאוּל בְּנוֹ
Nimm **doch** … **mit** dir	קַח־נָא אִתְּךָ
einen von den Knechten	אֶת־אַחַד מֵהַנְּעָרִים
mach dich auf, geh hin	וְקוּם לֵךְ
und suche die Eselinnen	בַּקֵּשׁ אֶת־הָאֲתֹנֹת

Der Knecht antwortete **Saul (שָׁאוּל)** abermals und sprach: Siehe, ich hab [wörtl.: **es wird gefunden (נִמְצָא)**] einen Viertel-Schekel **Silber (כָּסֶף)** bei mir [wörtl.: in meiner Hand]; den will ich dem Mann Gottes geben, dass er uns unsern Weg sage. (AÜ)

כֶּסֶף	Silber, Geld	403x
kesef		S3701

מצא ▸ TAG 117 שָׁאוּל ▸ TAG 131

וַיֹּסֶף הַנַּעַר לַעֲנוֹת אֶת־שָׁאוּל וַיֹּאמֶר הִנֵּה נִמְצָא בְיָדִי רֶבַע שֶׁקֶל
כָּסֶף וְנָתַתִּי לְאִישׁ הָאֱלֹהִים וְהִגִּיד לָנוּ אֶת־דַּרְכֵּנוּ׃

Der Knecht antwortete **Saul** abermals und sprach	וַיֹּסֶף הַנַּעַר לַעֲנוֹת אֶת־שָׁאוּל וַיֹּאמֶר
Siehe, ich hab … bei mir [wörtl.: **es wird gefunden** … in meiner Hand]	הִנֵּה נִמְצָא בְיָדִי
einen Viertel-Schekel **Silber**	רֶבַע שֶׁקֶל כָּסֶף
den will ich … geben	וְנָתַתִּי
dem Mann Gottes	לְאִישׁ הָאֱלֹהִים
dass er uns … sage.	וְהִגִּיד לָנוּ
unsern Weg	אֶת־דַּרְכֵּנוּ

Da nahm der Priester Jojada eine Lade und bohrte ein Loch in ihren Deckel und stellte sie auf zur rechten Hand neben den **Altar** (מִזְבֵּחַ), wo man in das Haus des HERRN geht. Und die Priester, die an der Schwelle **wachten** (שֹׁמְרֵי), taten alles **Geld** (כֶּסֶף) hinein, das ins Haus des HERRN gebracht wurde. (AÜ)

מִזְבֵּחַ	Altar	403x
mizbēaḥ		S4196

שׁמר ▸ TAG 116 כֶּסֶף ▸ TAG 132

וַיִּקַּח יְהוֹיָדָע הַכֹּהֵן אֲרוֹן אֶחָד וַיִּקֹּב חֹר בְּדַלְתּוֹ וַיִּתֵּן אֹתוֹ אֵצֶל הַמִּזְבֵּחַ מִיָּמִין בְּבוֹא־אִישׁ בֵּית יְהוָה וְנָתְנוּ־שָׁמָּה הַכֹּהֲנִים שֹׁמְרֵי הַסַּף אֶת־כָּל־הַכֶּסֶף הַמּוּבָא בֵית־יְהוָה׃

Da nahm der Priester Jojada	וַיִּקַּח יְהוֹיָדָע הַכֹּהֵן
eine Lade	אֲרוֹן אֶחָד
bohrte ein Loch in ihren Deckel	וַיִּקֹּב חֹר בְּדַלְתּוֹ
und stellte sie auf … neben den **Altar**	וַיִּתֵּן אֹתוֹ אֵצֶל הַמִּזְבֵּחַ
zur rechten Hand … wo man in das Haus des HERRN geht	מִיָּמִין בְּבוֹא־אִישׁ בֵּית יְהוָה
Und die Priester, die an der Schwelle **wachten**	הַכֹּהֲנִים שֹׁמְרֵי הַסַּף
taten … hinein	וְנָתְנוּ־שָׁמָּה
alles **Geld**	אֶת־כָּל־הַכֶּסֶף
das ins Haus des HERRN gebracht wurde	הַמּוּבָא בֵית־יְהוָה

Und David sprach zu Arauna [wörtl.: Ornan]: Gib mir den **Platz** (מָקוֹם) der Tenne, dass ich dem HERRN einen **Altar** (מִזְבֵּחַ) darauf baue; für den vollen **Preis** (כֶּסֶף) sollst du ihn mir geben, damit die Plage unter dem Volk aufhöre.

מָקוֹם	Ort, Stelle, Platz	401x
māqôm		S4725

כֶּסֶף ▶ TAG 132 מִזְבֵּחַ ▶ TAG 133

וַיֹּאמֶר דָּוִיד אֶל־אָרְנָן תְּנָה־לִּי מְקוֹם הַגֹּרֶן וְאֶבְנֶה־בּוֹ מִזְבֵּחַ לַיהוָה בְּכֶסֶף מָלֵא תְּנֵהוּ לִי וְתֵעָצַר הַמַּגֵּפָה מֵעַל הָעָם׃

Und David sprach zu Arauna [wörtl.: Ornan]	וַיֹּאמֶר דָּוִיד אֶל־אָרְנָן
Gib mir	תְּנָה־לִּי
den **Platz** der Tenne	מְקוֹם הַגֹּרֶן
dass ich … darauf baue	וְאֶבְנֶה־בּוֹ
dem HERRN einen **Altar**	מִזְבֵּחַ לַיהוָה
für den vollen **Preis**	בְּכֶסֶף מָלֵא
sollst du ihn mir geben	תְּנֵהוּ לִי
damit die Plage … aufhöre	וְתֵעָצַר הַמַּגֵּפָה
unter dem Volk	מֵעַל הָעָם

Einst aber wird die Zahl der Israeliten sein wie der Sand am **Meer** (יָם), den man weder messen noch zählen kann. Und es soll geschehen: An dem **Ort** (מָקוֹם), da zu **ihnen** (הֵם) gesagt ist: »Ihr seid nicht mein Volk«, wird zu **ihnen** (הֵם) gesagt werden: »Kinder des lebendigen Gottes!«

יָם	Meer	396x
yām		S3220

הֵם ➤ TAG 94 מָקוֹם ➤ TAG 134

וְהָיָה מִסְפַּר בְּנֵי־יִשְׂרָאֵל כְּחוֹל הַיָּם אֲשֶׁר לֹא־יִמַּד וְלֹא יִסָּפֵר וְהָיָה
בִּמְקוֹם אֲשֶׁר־יֵאָמֵר לָהֶם לֹא־עַמִּי אַתֶּם יֵאָמֵר לָהֶם בְּנֵי אֵל־חָי׃

Einst aber wird … sein wie der Sand am **Meer**	וְהָיָה … כְּחוֹל הַיָּם
die Zahl der Israeliten	מִסְפַּר בְּנֵי־יִשְׂרָאֵל
den man weder messen	אֲשֶׁר לֹא־יִמַּד
noch zählen kann	וְלֹא יִסָּפֵר
Und es soll geschehen: An dem **Ort**	וְהָיָה בִּמְקוֹם
da zu **ihnen** gesagt ist	אֲשֶׁר־יֵאָמֵר לָהֶם
Ihr seid nicht mein Volk	לֹא־עַמִּי אַתֶּם
wird zu **ihnen** gesagt werden	יֵאָמֵר לָהֶם
Kinder des lebendigen Gottes	בְּנֵי אֵל־חָי

Denn der König hatte Tarsisschiffe, die auf dem **Meer** (יָם) zusammen mit den Schiffen Hirams fuhren. Einmal in **drei** (שָׁלֹשׁ) Jahren kamen die Tarsisschiffe beladen mit [wörtl.: tragend] **Gold** (זָהָב) und Silber, Elfenbein und Affen und Pfauen. (AÜ)

זָהָב	Gold	389x
zāhāv		S2091

שָׁלֹשׁ ▸ TAG 85 יָם ▸ TAG 135

כִּי אֳנִי תַרְשִׁישׁ לַמֶּלֶךְ בַּיָּם עִם אֳנִי חִירָם אַחַת לְשָׁלֹשׁ שָׁנִים תָּבוֹא
אֳנִי תַרְשִׁישׁ נֹשְׂאֵת זָהָב וָכֶסֶף שֶׁנְהַבִּים וְקֹפִּים וְתֻכִּיִּים׃

Denn der König hatte	כִּי ... לַמֶּלֶךְ
Tarsisschiffe	אֳנִי תַרְשִׁישׁ
(die) auf dem **Meer** … (fuhren)	בַּיָּם
zusammen mit den Schiffen Hirams	עִם אֳנִי חִירָם
Einmal in **drei** Jahren	אַחַת לְשָׁלֹשׁ שָׁנִים
kamen die Tarsisschiffe	תָּבוֹא אֳנִי תַרְשִׁישׁ
beladen mit [wörtl.: tragend]	נֹשְׂאֵת
Gold und Silber	זָהָב וָכֶסֶף
Elfenbein und Affen und Pfauen	שֶׁנְהַבִּים וְקֹפִּים וְתֻכִּיִּים

Die Leviten aber **hoben** die Lade des HERRN **herab** (הוֹרִידוּ) und das Kästlein, das daneben stand, darin die Dinge aus **Gold** (זָהָב), und **stellten** (וַיָּשִׂמוּ) sie auf den großen Stein.

ירד	herunterseteigen, hinuntergegen	382x
yārad		S3381

שׂים ▸ TAG 89 זָהָב ▸ TAG 136

וְהַלְוִיִּם הוֹרִידוּ אֶת־אֲרוֹן יְהוָה וְאֶת־הָאַרְגַּז אֲשֶׁר־אִתּוֹ אֲשֶׁר־בּוֹ
כְלֵי־זָהָב וַיָּשִׂמוּ אֶל־הָאֶבֶן הַגְּדוֹלָה

Die Leviten aber **hoben** … **herab**	וְהַלְוִיִּם הוֹרִידוּ
die Lade des HERRN	אֶת־אֲרוֹן יְהוָה
und das Kästlein	וְאֶת־הָאַרְגַּז
das daneben (stand)	אֲשֶׁר־אִתּוֹ
darin … waren	אֲשֶׁר־בּוֹ
die Dinge aus **Gold**	כְלֵי־זָהָב
und **stellten** sie	וַיָּשִׂמוּ
auf den großen Stein	אֶל־הָאֶבֶן הַגְּדוֹלָה

Der ganze **Berg** (הַר) Sinai aber rauchte, weil der Herr auf den Berg [wörtl.: auf ihn] **herabfuhr** (יָרַד) im **Feuer** (אֵשׁ); und sein Rauch stieg auf wie der Rauch von einem Schmelzofen, und der ganze **Berg** bebte sehr.

אֵשׁ	Feuer	378x
ʾēš		S784

הַר ➤ TAG 96 ירד ➤ TAG 137

וְהַר סִינַי עָשַׁן כֻּלּוֹ מִפְּנֵי אֲשֶׁר יָרַד עָלָיו יְהוָה בָּאֵשׁ וַיַּעַל עֲשָׁנוֹ
כְּעֶשֶׁן הַכִּבְשָׁן וַיֶּחֱרַד כָּל־הָהָר מְאֹד׃

Der ganze **Berg** Sinai aber rauchte	וְהַר סִינַי עָשַׁן כֻּלּוֹ
weil	מִפְּנֵי אֲשֶׁר
der Herr … **herabfuhr**	יָרַד . . . יְהוָה
auf den Berg [wörtl.: auf ihn] … im **Feuer**	עָלָיו . . . בָּאֵשׁ
und sein Rauch stieg auf	וַיַּעַל עֲשָׁנוֹ
wie der Rauch von einem Schmelzofen	כְּעֶשֶׁן הַכִּבְשָׁן
und der ganze **Berg** bebte	וַיֶּחֱרַד כָּל־הָהָר
sehr	מְאֹד

Und ich sah, und siehe, es kam ein ungestümer **Wind (רוּחַ)** von Norden her, eine mächtige Wolke und loderndes **Feuer (אֵשׁ)**, und Glanz war rings um sie her, und aus seiner Mitte strahlte es wie [das **Aussehen (עַיִן)** von] Weißgold mitten aus dem **Feuer (אֵשׁ)**. (AÜ)

רוּחַ	Wind, Atem, Geist	378x
rûaḥ		S7307

עַיִן ▷ TAG 51 **אֵשׁ** ▷ TAG 138

וָאֵרֶא וְהִנֵּה רוּחַ סְעָרָה בָּאָה מִן־הַצָּפוֹן עָנָן גָּדוֹל וְאֵשׁ מִתְלַקַּחַת
וְנֹגַהּ לוֹ סָבִיב וּמִתּוֹכָהּ כְּעֵין הַחַשְׁמַל מִתּוֹךְ הָאֵשׁ׃

Und ich sah, und siehe	וָאֵרֶא וְהִנֵּה
ein ungestümer **Wind**	רוּחַ סְעָרָה
es kam … von Norden her	בָּאָה מִן־הַצָּפוֹן
eine mächtige Wolke	עָנָן גָּדוֹל
und loderndes **Feuer**	וְאֵשׁ מִתְלַקַּחַת
und Glanz war rings um sie her	וְנֹגַהּ לוֹ סָבִיב
und aus seiner Mitte	וּמִתּוֹכָהּ
(strahlte es) wie [das **Aussehen** von] Weißgold	כְּעֵין הַחַשְׁמַל
mitten aus dem Feuer	מִתּוֹךְ הָאֵשׁ

Da machten sich auf die **Häupter** (רָאשֵׁי) der Sippen aus Juda und Benjamin und die Priester und Leviten, alle, deren **Geist** (רוּחוֹ) Gott erweckt hatte hinaufzuziehen, um das Haus des HERRN zu Jerusalem zu **bauen** (בְּנוֹת).

בנה	bauen	377x
bānâ		S1129

ראשׁ ▸ TAG 88 **רוּחַ** ▸ TAG 139

וַיָּקוּמוּ רָאשֵׁי הָאָבוֹת לִיהוּדָה וּבִנְיָמִן וְהַכֹּהֲנִים וְהַלְוִיִּם לְכֹל הֵעִיר הָאֱלֹהִים אֶת־רוּחוֹ לַעֲלוֹת לִבְנוֹת אֶת־בֵּית יְהוָה אֲשֶׁר בִּירוּשָׁלָםִ׃

Da machten sich auf	וַיָּקוּמוּ
die **Häupter** der Sippen	רָאשֵׁי הָאָבוֹת
aus Juda und Benjamin	לִיהוּדָה וּבִנְיָמִן
und die Priester und Leviten,	וְהַכֹּהֲנִים וְהַלְוִיִּם
alle, deren **Geist** Gott erweckt hatte	לְכֹל הֵעִיר הָאֱלֹהִים אֶת־רוּחוֹ
hinaufzuziehen, um … zu **bauen**.	לַעֲלוֹת לִבְנוֹת
das Haus des HERRN	אֶת־בֵּית יְהוָה
zu Jerusalem	אֲשֶׁר בִּירוּשָׁלָםִ

Darum, so spricht der HERR: **Ich will mich wieder** Jerusalem **zuwenden** (שַׁבְתִּי) mit Barmherzigkeit, und mein Haus **soll** darin **wieder aufgebaut werden** (יִבָּנֶה), **Spruch** (נְאֻם) des HERRN Zebaoth, und die Messschnur soll über Jerusalem gespannt werden.

נְאֻם	Spruch	376x
nĕʾūm		S5002

שׁוב ▸ TAG 44 בנה ▸ TAG 140

לָכֵן כֹּה־אָמַר יְהוָה שַׁבְתִּי לִירוּשָׁלַםִ בְּרַחֲמִים בֵּיתִי יִבָּנֶה בָּהּ נְאֻם יְהוָה צְבָאוֹת וְקָו יִנָּטֶה עַל־יְרוּשָׁלָםִ׃

Darum, so spricht der HERR	לָכֵן כֹּה־אָמַר יְהוָה
Ich will mich wieder Jerusalem **zuwenden**	שַׁבְתִּי לִירוּשָׁלַםִ
mit Barmherzigkeit	בְּרַחֲמִים
und mein Haus **soll** darin **wieder aufgebaut werden**	בֵּיתִי יִבָּנֶה בָּהּ
Spruch des HERRN Zebaoth	נְאֻם יְהוָה צְבָאוֹת
und die Messschnur soll … gespannt werden	וְקָו יִנָּטֶה
über Jerusalem	עַל־יְרוּשָׁלָםִ

Siehe, es kommt die Zeit [wörtl.: es kommen Tage], **spricht** (נְאֻם) der HERR, dass die Stadt für den HERRN wieder **gebaut werden wird** (וְנִבְנְתָה) vom Turm Hananel an bis ans Eck**tor** (שַׁעַר).

שַׁעַר	Tor	374x
šaʿar		S8179

בנה ➤ TAG 140 נְאֻם ➤ TAG 141

הִנֵּה יָמִים בָּאִים נְאֻם־יְהוָה וְנִבְנְתָה הָעִיר לַיהוָה מִמִּגְדַּל חֲנַנְאֵל שַׁעַר הַפִּנָּה׃

Siehe	הִנֵּה
es kommt die Zeit [wörtl.: es kommen Tage]	יָמִים בָּאִים
spricht der HERR	נְאֻם־יְהוָה
dass die Stadt (wieder) **gebaut werden wird**	וְנִבְנְתָה הָעִיר
für den HERRN	לַיהוָה
vom Turm Hananel an	מִמִּגְדַּל חֲנַנְאֵל
bis ans Eck**tor**	שַׁעַר הַפִּנָּה

Da stand der König auf und **setzte sich** (וַיֵּשֶׁב) ins **Tor** (שָׁעַר). Und **man berichtete** (הִגִּידוּ) es allem Kriegsvolk folgendermaßen: Siehe, der König **sitzt** (יוֹשֵׁב) im **Tor** (שַּׁעַר). Da kam alles Volk vor den König. Israel aber war geflohen, ein jeder zu seinen Zelten. (AÜ)

נגד	erzählen, berichten, verkünden	371x
nāgad		S5046

ישׁב ▸ TAG 41 **שַׁעַר** ▸ TAG 142

וַיָּקָם הַמֶּלֶךְ וַיֵּשֶׁב בַּשָּׁעַר וּלְכָל־הָעָם הִגִּידוּ לֵאמֹר הִנֵּה הַמֶּלֶךְ יוֹשֵׁב בַּשַּׁעַר וַיָּבֹא כָל־הָעָם לִפְנֵי הַמֶּלֶךְ וְיִשְׂרָאֵל נָס אִישׁ לְאֹהָלָיו׃

Da stand der König auf	וַיָּקָם הַמֶּלֶךְ
und **setzte sich** ins **Tor**	וַיֵּשֶׁב בַּשָּׁעַר
Und **man berichtete** es allem (Kriegs)volk folgendermaßen	וּלְכָל־הָעָם הִגִּידוּ לֵאמֹר
Siehe, der König	הִנֵּה הַמֶּלֶךְ
sitzt im **Tor**	יוֹשֵׁב בַּשַּׁעַר
Da kam alles Volk	וַיָּבֹא כָל־הָעָם
vor den König	לִפְנֵי הַמֶּלֶךְ
Israel aber war geflohen	וְיִשְׂרָאֵל נָס
ein jeder zu seinen Zelten	אִישׁ לְאֹהָלָיו

Da **berichtete man** (וַיַּגִּידוּ) Saul: **Siehe** (הִנֵּה), das Volk versündigt sich am HERRN, denn es isst das Fleisch samt dem **Blut** (דָּם). Er sprach: Ihr habt gefrevelt; wälzt her zu mir noch heute einen großen Stein. (AÜ)

דָּם	Blut, Blutvergießen, Blutschuld	361x
dām		S1818

הִנֵּה ➤ TAG 46 נגד ➤ TAG 143

וַיַּגִּידוּ לְשָׁאוּל לֵאמֹר הִנֵּה הָעָם חֹטְאִים לַיהוָה לֶאֱכֹל עַל־הַדָּם
וַיֹּאמֶר בְּגַדְתֶּם גֹּלּוּ־אֵלַי הַיּוֹם אֶבֶן גְּדוֹלָה׃

Da **berichtete man** Saul:	וַיַּגִּידוּ לְשָׁאוּל לֵאמֹר
Siehe, das Volk	הִנֵּה הָעָם
versündigt sich am HERRN	חֹטְאִים לַיהוָה
denn es isst (das Fleisch) samt dem **Blut**	לֶאֱכֹל עַל־הַדָּם
Er sprach	וַיֹּאמֶר
Ihr habt gefrevelt	בְּגַדְתֶּם
wälzt her zu mir	גֹּלּוּ־אֵלַי
(noch) heute	הַיּוֹם
einen großen Stein	אֶבֶן גְּדוֹלָה

Darum spricht der Herr: Daran sollst du erfahren, dass ich der Herr bin: Siehe, **ich** (אָנֹכִי) **will** mit dem Stabe, den ich in meiner Hand habe, auf das Wasser **schlagen** (מַכֶּה), das im Nil ist, und es soll in **Blut** (דָּם) verwandelt werden.

אָנֹכִי	ich	359x
ʾānōḵî		S595

נכה ▷ TAG 104 דָּם ▷ TAG 144

כֹּה אָמַר יְהוָה בְּזֹאת תֵּדַע כִּי אֲנִי יְהוָה הִנֵּה אָנֹכִי מַכֶּה בַּמַּטֶּה אֲשֶׁר־בְּיָדִי עַל־הַמַּיִם אֲשֶׁר בַּיְאֹר וְנֶהֶפְכוּ לְדָם׃

Darum spricht der Herr	כֹּה אָמַר יְהוָה
Daran sollst du erfahren	בְּזֹאת תֵּדַע
dass ich der Herr bin	כִּי אֲנִי יְהוָה
Siehe, **ich will … schlagen**	הִנֵּה אָנֹכִי מַכֶּה
mit dem Stabe	בַּמַּטֶּה
den ich in meiner Hand habe	אֲשֶׁר־בְּיָדִי
auf das Wasser	עַל־הַמַּיִם
das im Nil ist	אֲשֶׁר בַּיְאֹר
und es soll in **Blut** verwandelt werden	וְנֶהֶפְכוּ לְדָם

Vielleicht wird das Haus Juda von all dem **Unheil** (רָעָה) hören, das **ich** (רָעָה) ihnen zu tun gedenke, damit sie sich bekehren, ein jeder von seinem **bösen** (רָעָה) **Wege** (דַּרְכּוֹ), und ich ihnen ihre Schuld und Sünde vergebe. (AÜ)

רַע *ra*ʿ	schlecht, böse, Böses, Unglück, Unheil	357x S7451

דֶּרֶךְ ▸ TAG 78 אָנֹכִי ▸ TAG 145

אוּלַי יִשְׁמְעוּ בֵּית יְהוּדָה אֵת כָּל־הָרָעָה אֲשֶׁר אָנֹכִי חֹשֵׁב לַעֲשׂוֹת
לָהֶם לְמַעַן יָשׁוּבוּ אִישׁ מִדַּרְכּוֹ הָרָעָה וְסָלַחְתִּי לַעֲוֹנָם וּלְחַטָּאתָם׃

Vielleicht wird das Haus Juda	אוּלַי ... בֵּית יְהוּדָה
hören	יִשְׁמְעוּ
von all dem **Unheil**	אֵת כָּל־הָרָעָה
das **ich** … gedenke	אֲשֶׁר אָנֹכִי חֹשֵׁב
ihnen zu tun	לַעֲשׂוֹת לָהֶם
damit sie sich bekehren,	לְמַעַן יָשׁוּבוּ
ein jeder von seinem **bösen Wege**	אִישׁ מִדַּרְכּוֹ הָרָעָה
und ich ihnen … vergebe	וְסָלַחְתִּי
ihre Schuld und Sünde	לַעֲוֹנָם וּלְחַטָּאתָם

Fünfund**zwanzig** (עֶשְׂרִים וְחָמֵשׁ) Jahre alt war Jojakim, als er **König wurde** (מָלְכוֹ); und **er regierte** (מָלַךְ) elf Jahre zu Jerusalem und tat, was dem HERRN, seinem Gott, missfiel [wörtl.: was **böse** (רַע) war in den Augen des HERRN, seines Gottes].

מלך	König werden, regieren	351x
mālak̠		S4427

עֶשֶׂר ▸ TAG 110   רַע ▸ TAG 146

בֶּן־עֶשְׂרִים וְחָמֵשׁ שָׁנָה יְהוֹיָקִים בְּמָלְכוֹ וְאַחַת עֶשְׂרֵה שָׁנָה מָלַךְ
בִּירוּשָׁלָםִ וַיַּעַשׂ הָרַע בְּעֵינֵי יְהוָה אֱלֹהָיו׃

Fünfund**zwanzig** Jahre alt war	בֶּן־עֶשְׂרִים וְחָמֵשׁ שָׁנָה
Jojakim	יְהוֹיָקִים
als er **König wurde**	בְּמָלְכוֹ
und … elf Jahre	וְאַחַת עֶשְׂרֵה שָׁנָה
er regierte … zu Jerusalem	מָלַךְ בִּירוּשָׁלָםִ
und tat	וַיַּעַשׂ
was dem HERRN, seinem Gott, missfiel [wörtl.: was **böse** war in den Augen des HERRN, seines Gottes]	הָרַע בְּעֵינֵי יְהוָה אֱלֹהָיו

… so würde auch mein Bund aufhören mit meinem Knecht David, dass er keinen Sohn mehr hätte **als König** (מֹלֵךְ) auf seinem Thron, und mit den **Leviten** (לְוִיִּם), den **Priestern** (כֹּהֲנִים), meinen Dienern.

לֵוִי *lēvî*	Levi, Levit	350x S3878

כֹּהֵן ▸ TAG 71 מלך ▸ TAG 147

גַּם־בְּרִיתִי תֻּפַר אֶת־דָּוִד עַבְדִּי מִהְיוֹת־לוֹ בֵן מֹלֵךְ עַל־כִּסְאוֹ וְאֶת־
הַלְוִיִּם הַכֹּהֲנִים מְשָׁרְתָי׃

so würde … aufhören	תֻּפַר
auch mein Bund	גַּם־בְּרִיתִי
mit meinem Knecht David	אֶת־דָּוִד עַבְדִּי
dass er keinen … mehr hätte	מִהְיוֹת־לוֹ
Sohn … **als König**	בֵן מֹלֵךְ
auf seinem Thron	עַל־כִּסְאוֹ
und mit den **Leviten**, den **Priestern**	וְאֶת־הַלְוִיִּם הַכֹּהֲנִים
meinen Dienern	מְשָׁרְתָי

Danach gingen die **Leviten** (לְוִיִּם) hin, um in der Stiftshütte [wörtl.: im **Zelt** der Begegnung (אֹהֶל מוֹעֵד)] ihren Dienst zu tun vor Aaron und seinen Söhnen. Wie der HERR es Mose **geboten hatte** (צִוָּה) über die **Leviten** (לְוִיִּם), so taten sie mit ihnen.

אֹהֶל	Zelt, Hütte, Wohnung	349x
ʾōhel		S168

צוה ▸ TAG 108 לֵוִי ▸ TAG 148

וְאַחֲרֵי־כֵן בָּאוּ הַלְוִיִּם לַעֲבֹד אֶת־עֲבֹדָתָם בְּאֹהֶל מוֹעֵד לִפְנֵי אַהֲרֹן
וְלִפְנֵי בָנָיו כַּאֲשֶׁר צִוָּה יְהוָה אֶת־מֹשֶׁה עַל־הַלְוִיִּם כֵּן עָשׂוּ לָהֶם׃

Danach	וְאַחֲרֵי־כֵן
gingen die **Leviten** hin	בָּאוּ הַלְוִיִּם
um … ihren Dienst zu tun	לַעֲבֹד אֶת־עֲבֹדָתָם
in der Stiftshütte [wörtl.: im **Zelt** der Begegnung]	בְּאֹהֶל מוֹעֵד
vor Aaron und [vor] seinen Söhnen	לִפְנֵי אַהֲרֹן וְלִפְנֵי בָנָיו
Wie der HERR es Mose **geboten hatte**	כַּאֲשֶׁר צִוָּה יְהוָה אֶת־מֹשֶׁה
über die **Leviten**	עַל־הַלְוִיִּם
so taten sie mit ihnen	כֵּן עָשׂוּ לָהֶם

So spricht der HERR: Siehe, ich will das Geschick der **Hütten** (אָהֳלֵי) **Jakobs** (יַעֲקוֹב) wenden und mich über seine Wohnungen erbarmen, und die Stadt **soll** auf ihren Trümmern wieder **gebaut werden** (וְנִבְנְתָה), und die Burg soll stehen auf ihrem rechten Platz.

יַעֲקֹב	Jakob	349x
ya‘ăqōv		S3290

בנה ▷ TAG 140 אֹהֶל ▷ TAG 149

כֹּה אָמַר יְהוָה הִנְנִי־שָׁב שְׁבוּת אָהֳלֵי יַעֲקוֹב וּמִשְׁכְּנֹתָיו אֲרַחֵם
וְנִבְנְתָה עִיר עַל־תִּלָּהּ וְאַרְמוֹן עַל־מִשְׁפָּטוֹ יֵשֵׁב׃

So spricht der HERR	כֹּה אָמַר יְהוָה
Siehe, ich will … wenden	הִנְנִי־שָׁב
das Geschick der **Hütten Jakobs**	שְׁבוּת אָהֳלֵי יַעֲקוֹב
und mich über seine Wohnungen erbarmen	וּמִשְׁכְּנֹתָיו אֲרַחֵם
und die Stadt **soll** … (wieder) **gebaut werden**	וְנִבְנְתָה עִיר
auf ihren Trümmern	עַל־תִּלָּהּ
und die Burg soll stehen	וְאַרְמוֹן … יֵשֵׁב
auf ihrem rechten Platz	עַל־מִשְׁפָּטוֹ

Als **Jakob** (יַעֲקֹב) nach Ägypten gekommen war, schrien eure Väter zu dem Herrn, und der Herr sandte Mose und **Aaron** (אַהֲרֹן), dass sie eure Väter aus Ägypten führten und sie an diesem **Ort** (מָקוֹם) wohnen ließen.

אַהֲרֹן	Aaron	347x
ʾahărōn		S175

מָקוֹם ➤ TAG 134 **יַעֲקֹב** ➤ TAG 150

כַּאֲשֶׁר־בָּא יַעֲקֹב מִצְרָיִם וַיִּזְעֲקוּ אֲבוֹתֵיכֶם אֶל־יְהוָה וַיִּשְׁלַח יְהוָה
אֶת־מֹשֶׁה וְאֶת־אַהֲרֹן וַיּוֹצִיאוּ אֶת־אֲבֹתֵיכֶם מִמִּצְרַיִם וַיֹּשִׁבוּם
בַּמָּקוֹם הַזֶּה׃

Als **Jakob** nach Ägypten gekommen war	כַּאֲשֶׁר־בָּא יַעֲקֹב מִצְרָיִם
schrien eure Väter	וַיִּזְעֲקוּ אֲבוֹתֵיכֶם
zu dem Herrn	אֶל־יְהוָה
und der Herr sandte	וַיִּשְׁלַח יְהוָה
Mose und **Aaron**	אֶת־מֹשֶׁה וְאֶת־אַהֲרֹן
dass sie eure Väter … führten	וַיּוֹצִיאוּ אֶת־אֲבֹתֵיכֶם
aus Ägypten	מִמִּצְרַיִם
und sie … wohnen ließen	וַיֹּשִׁבוּם
an diesem **Ort**	בַּמָּקוֹם הַזֶּה

Und er schlachte es an der Seite des **Altars** (מִזְבֵּחַ) nach Norden zu vor dem HERRN. Und die Priester, **Aarons** (אַהֲרֹן) Söhne, sollen das Blut **ringsum** (סָבִיב) an den Altar sprengen.

סָבִיב	ringsum, Umgebung	338x
sāvîv		S5439

מִזְבֵּחַ ▸ TAG 133 אַהֲרֹן ▸ TAG 151

וְשָׁחַט אֹתוֹ עַל יֶרֶךְ הַמִּזְבֵּחַ צָפֹנָה לִפְנֵי יְהוָה וְזָרְקוּ בְּנֵי אַהֲרֹן הַכֹּהֲנִים אֶת־דָּמוֹ עַל־הַמִּזְבֵּחַ סָבִיב׃

Und er schlachte es	וְשָׁחַט אֹתוֹ
an der Seite des **Altars**	עַל יֶרֶךְ הַמִּזְבֵּחַ
nach Norden zu	צָפֹנָה
vor dem HERRN	לִפְנֵי יְהוָה
Und … sollen das Blut … sprengen	וְזָרְקוּ . . . אֶת־דָּמוֹ
die Priester, **Aarons** Söhne	בְּנֵי אַהֲרֹן הַכֹּהֲנִים
an den Altar	עַל־הַמִּזְבֵּחַ
ringsum	סָבִיב

Ahas war zwanzig **Jahre** (שָׁנָה) alt, als **er König wurde**(מָלְכוֹ) und **er regierte** (מָלַךְ) sech**zehn** (עֶשְׂרֵה) **Jahre** (שָׁנָה) zu Jerusalem. Er tat nicht, was dem HERRN wohlgefiel [wörtl.: was recht war in den Augen des HERRN], wie sein Vater David.

עָשָׂר *ʿāśār*	-zehn, -zehnte, -zehnter, -zehntes	337x S6240

שָׁנָה ➤ TAG 54 מלך ➤ TAG 147

בֶּן־עֶשְׂרִים שָׁנָה אָחָז בְּמָלְכוֹ וְשֵׁשׁ־עֶשְׂרֵה שָׁנָה מָלַךְ בִּירוּשָׁלָםִ
וְלֹא־עָשָׂה הַיָּשָׁר בְּעֵינֵי יְהוָה כְּדָוִיד אָבִיו׃

Ahas	אָחָז
war zwanzig **Jahre** alt	בֶּן־עֶשְׂרִים שָׁנָה
als **er König wurde**	בְּמָלְכוֹ
und … sech**zehn Jahre**	וְשֵׁשׁ־עֶשְׂרֵה שָׁנָה
er regierte … zu Jerusalem	מָלַךְ בִּירוּשָׁלָםִ
Er tat nicht	וְלֹא־עָשָׂה
was dem HERRN wohlgefiel [wörtl.: was recht war in den Augen des HERRN],	הַיָּשָׁר בְּעֵינֵי יְהוָה
wie sein Vater David	כְּדָוִיד אָבִיו

Und für Ismael habe ich dich auch erhört. Siehe, **ich habe** ihn **gesegnet** (בֵּרַכְתִּי) und will ihn fruchtbar machen und über alle Maßen mehren. Zwölf [wörtl.: zwei-(und)-**zehn** (עָשָׂר)] Fürsten **wird er zeugen** (יוֹלִיד) und ich will ihn zum großen Volk machen.

ברך	segnen, knien	330x
bārak̲		S1288

ילד ➢ TAG 109 עָשָׂר ➢ TAG 153

וּלְיִשְׁמָעֵאל שְׁמַעְתִּיךָ הִנֵּה בֵּרַכְתִּי אֹתוֹ וְהִפְרֵיתִי אֹתוֹ וְהִרְבֵּיתִי אֹתוֹ
בִּמְאֹד מְאֹד שְׁנֵים־עָשָׂר נְשִׂיאִם יוֹלִיד וּנְתַתִּיו לְגוֹי גָּדוֹל׃

Und für Ismael	וּלְיִשְׁמָעֵאל
habe ich dich (auch) erhört	שְׁמַעְתִּיךָ
Siehe, **ich habe** ihn **gesegnet**	הִנֵּה בֵּרַכְתִּי אֹתוֹ
und will ihn fruchtbar machen	וְהִפְרֵיתִי אֹתוֹ
und [ihn] … mehren.	וְהִרְבֵּיתִי אֹתוֹ
über alle Maßen	בִּמְאֹד מְאֹד
Zwölf [wörtl.: zwei-(und)-**zehn**] Fürsten	שְׁנֵים־עָשָׂר נְשִׂיאִם
wird er zeugen	יוֹלִיד
und ich will ihn … machen	וּנְתַתִּיו
zum großen Volk	לְגוֹי גָּדוֹל

Liegt das Saatgut noch in der Scheune? Haben Weinstock, Feigenbaum, Granatapfel und Öl**baum** (עֵץ) noch nicht **getragen** (נָשָׂא)? Von heute [wörtl.: diesem Tage] an **will ich Segen geben** (אֲבָרֵךְ).

(AÜ)

עֵץ	Baum, Holz	330x
ʿēṣ		S6086

נשׂא ▸ TAG 81 ברך ▸ TAG 154

הַעוֹד הַזֶּרַע בַּמְּגוּרָה וְעַד־הַגֶּפֶן וְהַתְּאֵנָה וְהָרִמּוֹן וְעֵץ הַזַּיִת לֹא נָשָׂא
מִן־הַיּוֹם הַזֶּה אֲבָרֵךְ׃

Liegt das Saatgut noch	הַעוֹד הַזֶּרַע
in der Scheune?	בַּמְּגוּרָה
Haben … noch nicht **getragen**?	וְעַד־ … לֹא נָשָׂא
Weinstock	הַגֶּפֶן
Feigenbaum	וְהַתְּאֵנָה
Granatapfel	וְהָרִמּוֹן
und Öl**baum**	וְעֵץ הַזַּיִת
Von heute [wörtl.: diesem Tage] an	מִן־הַיּוֹם הַזֶּה
will ich Segen geben	אֲבָרֵךְ

Ein irdenes **Gefäß** (כְּלִי), das der an Ausfluss Leidende anrührt, soll zerbrochen werden, und jedes **hölzerne** (עֵץ) **Gefäß** (כְּלִי) soll mit **Wasser** (מַיִם) abgespült werden. (AÜ)

כְּלִי	Gerät, Gefäß, Waffe	325x
kᵉlî		S3627

מַיִם ▶ TAG 92 עֵץ ▶ TAG 155

וּכְלִי־חֶרֶשׂ אֲשֶׁר־יִגַּע־בּוֹ הַזָּב יִשָּׁבֵר וְכָל־כְּלִי־עֵץ יִשָּׁטֵף בַּמָּיִם׃

Ein irdenes **Gefäß**	וּכְלִי־חֶרֶשׂ
das der an Ausfluss Leidende	אֲשֶׁר־ ... הַזָּב
anrührt	יִגַּע־בּוֹ
soll zerbrochen werden	יִשָּׁבֵר
und jedes **hölzerne Gefäß**	וְכָל־כְּלִי־עֵץ
soll … abgespült werden	יִשָּׁטֵף
mit **Wasser**	בַּמָּיִם

Und David sprach zu Ahimelech: Ist nicht hier bei dir [wörtl.: unter deiner Hand] ein Spieß **oder** (אוֹ) ein **Schwert** (חָרֶב)? Ich habe weder mein **Schwert** (חַרְבִּי) noch meine **Waffen** (כֵּלַי) mit mir genommen, denn die Sache des Königs war eilig. (AÜ)

אוֹ	oder, wenn	321x
ʾô		S176

חֶרֶב ➢ TAG 128   כְּלִי ➢ TAG 156

וַיֹּאמֶר דָּוִד לַאֲחִימֶלֶךְ וְאִין יֶשׁ־פֹּה תַחַת־יָדְךָ חֲנִית אוֹ־חָרֶב כִּי גַם־חַרְבִּי וְגַם־כֵּלַי לֹא־לָקַחְתִּי בְיָדִי כִּי־הָיָה דְבַר־הַמֶּלֶךְ נָחוּץ׃

Und David sprach zu Ahimelech	וַיֹּאמֶר דָּוִד לַאֲחִימֶלֶךְ
Ist nicht hier	וְאִין יֶשׁ־פֹּה
bei dir [wörtl.: unter deiner Hand]	תַחַת־יָדְךָ
ein Spieß **oder** ein **Schwert**?	חֲנִית אוֹ־חָרֶב
Ich habe weder mein **Schwert** noch meine **Waffen** mit mir genommen	כִּי גַם־חַרְבִּי וְגַם־כֵּלַי לֹא־לָקַחְתִּי בְיָדִי
denn die Sache des Königs	כִּי־ ... דְבַר־הַמֶּלֶךְ
war eilig	הָיָה ... נָחוּץ

Ich beschwöre euch, ihr Töchter **Jerusalems** (יְרוּשָׁלָ͏ִם), bei den Gazellen **oder** (אוֹ) bei den Hinden auf dem **Felde** (שָׂדֶה), dass ihr die Liebe nicht aufweckt noch stört, bis es ihr selbst gefällt.

שָׂדֶה	Feld, offenes Gelände, gebiet	321x
śādê		S7704

יְרוּשָׁלַ͏ִם ➤ TAG 82 אוֹ ➤ TAG 157

הִשְׁבַּעְתִּי אֶתְכֶם בְּנוֹת יְרוּשָׁלַ͏ִם בִּצְבָאוֹת אוֹ בְּאַיְלוֹת הַשָּׂדֶה אִם־
תָּעִירוּ וְאִם־תְּעוֹרְרוּ אֶת־הָאַהֲבָה עַד שֶׁתֶּחְפָּץ׃

Ich beschwöre euch	הִשְׁבַּעְתִּי אֶתְכֶם
ihr Töchter **Jerusalems**	בְּנוֹת יְרוּשָׁלָ͏ִם
bei den Gazellen	בִּצְבָאוֹת
oder bei den Hinden auf dem **Felde**	אוֹ בְּאַיְלוֹת הַשָּׂדֶה
dass ihr … nicht aufweckt	אִם־תָּעִירוּ
noch stört	וְאִם־תְּעוֹרְרוּ
die Liebe	אֶת־הָאַהֲבָה
bis es ihr selbst gefällt	עַד שֶׁתֶּחְפָּץ

An jenem Tage will ich einen Bund für sie schließen **mit** (עִם) den Tieren auf dem **Felde** (שָׂדֶה), [und] **mit** (עִם) den Vögeln unter dem Himmel und mit dem Gewürm des Erdbodens und will Bogen, Schwert und Rüstung [wörtl.: **Krieg** (מִלְחָמָה)] im Lande zerbrechen.

מִלְחָמָה	Kampf, Krieg	319x
milḥāmâ		S4421

עִם ➤ TAG 47 שָׂדֶה ➤ TAG 158

וְכָרַתִּי לָהֶם בְרִית בַּיּוֹם הַהוּא עִם־חַיַּת הַשָּׂדֶה וְעִם־עוֹף הַשָּׁמַיִם
וְרֶמֶשׂ הָאֲדָמָה וְקֶשֶׁת וְחֶרֶב וּמִלְחָמָה אֶשְׁבּוֹר מִן־הָאָרֶץ

An jenem Tage	בַּיּוֹם הַהוּא
will ich einen Bund für sie schließen	וְכָרַתִּי לָהֶם בְּרִית
mit den Tieren auf dem **Felde**	עִם־חַיַּת הַשָּׂדֶה
[und] **mit** den Vögeln unter dem Himmel	וְעִם־עוֹף הַשָּׁמַיִם
und (mit) dem Gewürm des Erdbodens	וְרֶמֶשׂ הָאֲדָמָה
und will Bogen, Schwert und Rüstung [wörtl.: **Krieg**]	וְקֶשֶׁת וְחֶרֶב וּמִלְחָמָה
zerbrechen	אֶשְׁבּוֹר
im Lande	מִן־הָאָרֶץ

Wenn du in einen **Krieg** (מִלְחָמָה) ziehst gegen deine Feinde und siehst Rosse und Wagen eines Kriegsvolks, das größer ist als du, so **fürchte dich** (תִּירָא) nicht vor ihnen; denn der HERR, dein Gott, der dich aus **Ägypten**land (מִצְרָיִם) geführt hat, ist mit dir.

ירא	fürchten	318x
yārēʾ		S3372

מִצְרַיִם ➢ TAG 80 **מִלְחָמָה** ➢ TAG 159

כִּי־תֵצֵא לַמִּלְחָמָה עַל־אֹיְבֶךָ וְרָאִיתָ סוּס וָרֶכֶב עַם רַב מִמְּךָ לֹא
תִירָא מֵהֶם כִּי־יְהוָה אֱלֹהֶיךָ עִמָּךְ הַמַּעַלְךָ מֵאֶרֶץ מִצְרָיִם׃

Wenn du in einen **Krieg** ziehst	כִּי־תֵצֵא לַמִּלְחָמָה
gegen deine Feinde	עַל־אֹיְבֶיךָ
und siehst	וְרָאִיתָ
Rosse und Wagen	סוּס וָרֶכֶב
eines Kriegsvolks, das größer ist als du	עַם רַב מִמְּךָ
so **fürchte dich** nicht vor ihnen	לֹא תִירָא מֵהֶם
denn der HERR, dein Gott	כִּי־יְהוָה אֱלֹהֶיךָ
der dich … geführt hat	הַמַּעַלְךָ
aus **Ägypten**land	מֵאֶרֶץ מִצְרָיִם
ist mit dir	עִמָּךְ

Siehe, **ich** (אָנֹכִי) will euch senden den **Propheten** (נָבִיא) Elia,
ehe der große und **schreckliche** (נוֹרָא) Tag des HERRN kommt.

נָבִיא	Prophet	317x
nāvîʾ		S5030

אָנֹכִי ▶ TAG 145 יִרא ▶ TAG 160

הִנֵּה אָנֹכִי שֹׁלֵחַ לָכֶם אֵת אֵלִיָּה הַנָּבִיא לִפְנֵי בּוֹא יוֹם יְהוָה הַגָּדוֹל וְהַנּוֹרָא׃

Siehe	הִנֵּה
ich will euch senden	אָנֹכִי שֹׁלֵחַ לָכֶם
Elia	אֵת אֵלִיָּה
den **Propheten**	הַנָּבִיא
ehe … kommt	לִפְנֵי בּוֹא
[der] Tag des HERRN	יוֹם יְהוָה
der große und **schreckliche**	הַגָּדוֹל וְהַנּוֹרָא

Und **Saul** (שָׁאוּל) befragte den HERRN; aber der HERR **antwortete** (עָנָהוּ) ihm nicht, weder durch Träume noch durch das Los »Licht« noch durch **Propheten** (נְבִיאִם).

ענה	antworten	316x
ʿānâ		S6030

שָׁאוּל ▷ TAG 131 **נָבִיא** ▷ TAG 161

וַיִּשְׁאַל שָׁאוּל בַּיהוָה וְלֹא עָנָהוּ יְהוָה גַּם בַּחֲלֹמוֹת גַּם בָּאוּרִים גַּם בַּנְּבִיאִם׃

Und **Saul** befragte den HERRN	וַיִּשְׁאַל שָׁאוּל בַּיהוָה
aber der HERR **antwortete** ihm nicht	וְלֹא עָנָהוּ יְהוָה
weder durch Träume	גַּם בַּחֲלֹמוֹת
noch durch das Los »Licht«	גַּם בָּאוּרִים
noch durch **Propheten**	גַּם בַּנְּבִיאִם

Das Herz des Gerechten bedenkt, was zu **antworten** (עֲנוֹת) ist; aber der **Mund** (פִּי) der Frevler schäumt **Böses** (רָעוֹת).

רָעָה *rāʿâ*	Böses, Bosheit, Unheil	311x S7451

פֶּה ▸ TAG 106 ענה ▸ TAG 136

לֵב צַדִּיק יֶהְגֶּה לַעֲנוֹת וּפִי רְשָׁעִים יַבִּיעַ רָעוֹת׃

Das Herz des Gerechten	לֵב צַדִּיק
bedenkt	יֶהְגֶּה
(was) zu **antworten** (ist)	לַעֲנוֹת
aber der **Mund** der Frevler	וּפִי רְשָׁעִים
schäumt	יַבִּיעַ
Böses	רָעוֹת

Darum, so spricht der HERR: Siehe, ich plane wider dies **Geschlecht** (מִשְׁפָּחָה) **Unheil** (רָעָה), aus dem ihr euren Hals nicht ziehen sollt und nicht so stolz **dahergehen** (תֵּלְכוּ) sollt; denn es ist eine **böse** (רָעָה) Zeit.

מִשְׁפָּחָה	Familie, Sippe, Geschlecht	304x
mišpāḥâ		S4940

הלך ➤ TAG 31 רָעָה ➤ TAG 163

לָכֵן כֹּה אָמַר יְהוָה הִנְנִי חֹשֵׁב עַל־הַמִּשְׁפָּחָה הַזֹּאת רָעָה אֲשֶׁר לֹא־
תָמִישׁוּ מִשָּׁם צַוְּארֹתֵיכֶם וְלֹא תֵלְכוּ רוֹמָה כִּי עֵת רָעָה הִיא׃

Darum	לָכֵן
so spricht der HERR	כֹּה אָמַר יְהוָה
Siehe, ich plane … **Unheil**	הִנְנִי חֹשֵׁב … רָעָה
wider dies **Geschlecht**	עַל־הַמִּשְׁפָּחָה הַזֹּאת
aus dem	אֲשֶׁר … מִשָּׁם
ihr … nicht ziehen sollt	לֹא־תָמִישׁוּ
euren Hals [wörtl.: eure Hälse]	צַוְּארֹתֵיכֶם
und nicht … **dahergehen** sollt	וְלֹא תֵלְכוּ
so stolz	רוֹמָה
denn es ist	כִּי … הִיא
eine **böse** Zeit	עֵת רָעָה

Aus allen **Geschlechtern** (מִשְׁפְּחוֹת) auf Erden **habe ich** allein euch **erkannt** (יָדַעְתִּי), darum **will ich** auch an euch **heimsuchen** (אֶפְקֹד) all eure Sünde.

פקד *pāqad*	besuchen, suchen, vermissen, heimsuchen, sich kümmern um, bestrafen	304x S6485

ידע ▹ TAG 50 מִשְׁפָּחָה ▹ TAG 164

רַק אֶתְכֶם יָדַעְתִּי מִכֹּל מִשְׁפְּחוֹת הָאֲדָמָה עַל־כֵּן אֶפְקֹד עֲלֵיכֶם אֵת כָּל־עֲוֹנֹתֵיכֶם׃

allein euch	רַק אֶתְכֶם
habe ich … **erkannt**	יָדַעְתִּי
Aus allen **Geschlechtern**	מִכֹּל מִשְׁפְּחוֹת
auf Erden	הָאֲדָמָה
darum	עַל־כֵּן
will ich (auch) an euch **heimsuchen**	אֶפְקֹד עֲלֵיכֶם
all eure Sünde	אֵת כָּל־עֲוֹנֹתֵיכֶם

Aber die Männer sind **sehr** (מְאֹד) gut zu uns gewesen und wir wurden nicht behelligt, und **wir haben** nichts **vermisst** (פָּקַדְנוּ), solange wir mit ihnen umherzogen, wenn wir auf dem **Felde** (שָׂדֶה) waren. (AÜ)

מְאֹד	viel, sehr	300x
mĕʾōd		S3966

שָׂדֶה ▷ TAG 158 **פקד** ▷ TAG 165

וְהָאֲנָשִׁים טֹבִים לָנוּ מְאֹד וְלֹא הָכְלַמְנוּ וְלֹא־פָקַדְנוּ מְאוּמָה כָּל־יְמֵי הִתְהַלַּכְנוּ אִתָּם בִּהְיוֹתֵנוּ בַּשָּׂדֶה׃

Aber die Männer	וְהָאֲנָשִׁים
sind **sehr** gut … gewesen	טֹבִים … מְאֹד
zu uns	לָנוּ
und wir wurden nicht behelligt	וְלֹא הָכְלַמְנוּ
und **wir haben** nichts **vermisst** [wörtl.: nicht vermisst irgendetwas]	וְלֹא־פָקַדְנוּ מְאוּמָה
solange	כָּל־יְמֵי
wir mit ihnen umherzogen	הִתְהַלַּכְנוּ אִתָּם
wenn wir … waren	בִּהְיוֹתֵנוּ
auf dem **Felde**	בַּשָּׂדֶה

Es war aber kein **Brot** (לֶחֶם) im ganzen **Lande** (אָרֶץ); denn die Hungersnot war **sehr** (מְאֹד) schwer, sodass [das **Land** (אָרֶץ)] Ägypten und [das **Land** (אָרֶץ)] Kanaan verschmachteten vor Hunger.

לֶחֶם	Brot, Nahrung	299x
leḥem		S3899

אֶרֶץ ▷ TAG 23 מְאֹד ▷ TAG 166

וְלֶחֶם אֵין בְּכָל־הָאָרֶץ כִּי־כָבֵד הָרָעָב מְאֹד וַתֵּלַהּ אֶרֶץ מִצְרַיִם
וְאֶרֶץ כְּנַעַן מִפְּנֵי הָרָעָב׃

Es war aber kein **Brot**	וְלֶחֶם אֵין
im ganzen **Lande**	בְּכָל־הָאָרֶץ
denn die Hungersnot	כִּי־ ... הָרָעָב
war **sehr** schwer	כָבֵד ... מְאֹד
sodass ... verschmachteten	וַתֵּלַהּ
[das **Land**] Ägypten	אֶרֶץ מִצְרַיִם
und [das **Land**] Kanaan	וְאֶרֶץ כְּנַעַן
vor Hunger.	מִפְּנֵי הָרָעָב

Und ich fiel nieder vor dem Herrn wie das erste Mal, vierzig Tage und vierzig Nächte, und aß kein **Brot** (לֶחֶם) und trank kein Wasser um all eurer **Sünde** (חַטַּאתְכֶם) willen, die ihr getan hattet, als ihr solches **Unrecht** (רַע) tatet vor dem Herrn , um ihn zu erzürnen.

חַטָּאת	Sünde, Sündopfer	298x
ḥaṭṭā't		S2403

רַע ▸ TAG 146 לֶחֶם ▸ TAG 167

וָאֶתְנַפַּל לִפְנֵי יְהוָה כָּרִאשֹׁנָה אַרְבָּעִים יוֹם וְאַרְבָּעִים לַיְלָה לֶחֶם לֹא אָכַלְתִּי וּמַיִם לֹא שָׁתִיתִי עַל כָּל־חַטַּאתְכֶם אֲשֶׁר חֲטָאתֶם לַעֲשׂוֹת הָרַע בְּעֵינֵי יְהוָה לְהַכְעִיסוֹ׃

Und ich fiel nieder vor dem Herrn	וָאֶתְנַפַּל לִפְנֵי יְהוָה
wie das erste Mal	כָּרִאשֹׁנָה
vierzig Tage	אַרְבָּעִים יוֹם
und vierzig Nächte	וְאַרְבָּעִים לַיְלָה
und aß kein **Brot**	לֶחֶם לֹא אָכַלְתִּי
und trank kein Wasser	וּמַיִם לֹא שָׁתִיתִי
um all eurer **Sünde** willen	עַל כָּל־חַטַּאתְכֶם
die ihr getan hattet	אֲשֶׁר חֲטָאתֶם
als ihr solches **Unrecht** tatet	לַעֲשׂוֹת הָרַע
vor dem Herrn	בְּעֵינֵי יְהוָה
um ihn zu erzürnen	לְהַכְעִיסוֹ

Und er rührte meinen Mund an und sprach: Siehe, **dies** (זֶה) hat deine Lippen berührt, dass deine Schuld **weiche** (סָר) und deine **Sünde** (חַטָּאתְךָ) gesühnt sei. (AÜ)

סור *sûr*	abbiegen, weichen, wegnehmen	298x S5493

זֶה ➤ TAG 37 חַטָּאת ➤ TAG 168

וַיַּגַּע עַל־פִּי וַיֹּאמֶר הִנֵּה נָגַע זֶה עַל־שְׂפָתֶיךָ וְסָר עֲוֺנֶךָ וְחַטָּאתְךָ תְּכֻפָּר׃

Und er rührte … an	וַיַּגַּע
meinen Mund	עַל־פִּי
und sprach	וַיֹּאמֶר
Siehe	הִנֵּה
dies hat … berührt	נָגַע זֶה
deine Lippen	עַל־שְׂפָתֶיךָ
dass … **weiche**	וְסָר
deine Schuld	עֲוֺנֶךָ
und deine **Sünde**	וְחַטָּאתְךָ
gesühnt sei.	תְּכֻפָּר

Und von der **Zeit** (עֵת) an, da Amazja von dem HERRN **wich** (סָר), machten sie eine Verschwörung gegen ihn in Jerusalem. Er aber floh nach Lachisch. Da **sandten sie** (וַיִּשְׁלְחוּ) hinter ihm her nach Lachisch und töteten ihn dort.

עֵת	Zeit	296x
ʿēt		S6256

שׁלח ▷ TAG 57 **סור** ▷ TAG 169

וּמֵעֵת אֲשֶׁר־סָר אֲמַצְיָהוּ מֵאַחֲרֵי יְהוָה וַיִּקְשְׁרוּ עָלָיו קֶשֶׁר בִּירוּשָׁלַםִ
וַיָּנָס לָכִישָׁה וַיִּשְׁלְחוּ אַחֲרָיו לָכִישָׁה וַיְמִיתֻהוּ שָׁם׃

Und von der **Zeit** an, da	וּמֵעֵת אֲשֶׁר־
Amazja … **wich**	סָר אֲמַצְיָהוּ
von dem HERRN	מֵאַחֲרֵי יְהוָה
machten sie eine Verschwörung	וַיִּקְשְׁרוּ … קֶשֶׁר
gegen ihn in Jerusalem	עָלָיו … בִּירוּשָׁלַםִ
Er aber floh nach Lachisch.	וַיָּנָס לָכִישָׁה
Da **sandten sie** hinter ihm her	וַיִּשְׁלְחוּ אַחֲרָיו
nach Lachisch	לָכִישָׁה
und töteten ihn	וַיְמִיתֻהוּ
dort	שָׁם

Und **Salomo** (שְׁלֹמֹה) hielt damals [wörtl.: zu jener **Zeit** (עֵת)] das Fest **sieben** (שִׁבְעַת) Tage lang und ganz Israel mit ihm, eine sehr große Gemeinde, von dort, wo es nach Hamat geht, bis an den Bach Ägyptens.

שְׁלֹמֹה	Salomo	293x
šĕlōmô		S8010

שֶׁבַע ▶ TAG 113 עֵת ▶ TAG 170

וַיַּעַשׂ שְׁלֹמֹה אֶת־הֶחָג בָּעֵת הַהִיא שִׁבְעַת יָמִים וְכָל־יִשְׂרָאֵל עִמּוֹ
קָהָל גָּדוֹל מְאֹד מִלְּבוֹא חֲמָת עַד־נַחַל מִצְרָיִם׃

Und **Salomo** hielt	וַיַּעַשׂ שְׁלֹמֹה
damals [wörtl.: zu jener **Zeit**]	בָּעֵת הַהִי
das Fest	אֶת־הֶחָג
sieben Tage lang	שִׁבְעַת יָמִים
und ganz Israel mit ihm	וְכָל־יִשְׂרָאֵל עִמּוֹ
eine sehr große Gemeinde	קָהָל גָּדוֹל מְאֹד
von dort, wo es nach Hamat geht,	מִלְּבוֹא חֲמָת
bis an den Bach Ägyptens	עַד־נַחַל מִצְרָיִם

Aber Adonija **fürchtete sich** (יָרֵא) vor **Salomo** (שְׁלֹמֹה) und machte sich auf, ging hin **und fasste** (וַיַּחֲזֵק) die Hörner des Altars.

חזק *ḥāzaq*	stark sein, stark werden, stark machen; anfassen, festhalten	290x S2388

ירא ▶ TAG 160   שְׁלֹמֹה ▶ TAG 171

וַאֲדֹנִיָּהוּ יָרֵא מִפְּנֵי שְׁלֹמֹה וַיָּקָם וַיֵּלֶךְ וַיַּחֲזֵק בְּקַרְנוֹת הַמִּזְבֵּחַ׃

Aber Adonija	וַאֲדֹנִיָּהוּ
fürchtete sich	יָרֵא
vor **Salomo**	מִפְּנֵי שְׁלֹמֹה
und machte sich auf	וַיָּקָם
ging hin	וַיֵּלֶךְ
und fasste	וַיַּחֲזֵק
die Hörner	בְּקַרְנוֹת
des Altars	הַמִּזְבֵּחַ

Simson aber rief den HERRN an und sprach: Herr HERR, denke [doch] an mich und **gib mir** [doch] **Kraft** (חַזְּקֵנִי), Gott, noch dies eine Mal, dass ich mich mit einem Mal für meine **beiden** (שְׁתֵי) Augen räche an den **Philistern** (פְּלִשְׁתִּים)!

פְּלִשְׁתִּי *pělištî*	Philister	290x S6430

שְׁנַיִם ▶ TAG 67 חזק ▶ TAG 172

וַיִּקְרָא שִׁמְשׁוֹן אֶל־יְהוָה וַיֹּאמַר אֲדֹנָי יֱהֹוִה זָכְרֵנִי נָא וְחַזְּקֵנִי נָא אַךְ הַפַּעַם הַזֶּה הָאֱלֹהִים וְאִנָּקְמָה נְקַם־אַחַת מִשְּׁתֵי עֵינַי מִפְּלִשְׁתִּים׃

Simson aber rief	וַיִּקְרָא שִׁמְשׁוֹן
den HERRN an	אֶל־יְהוָה
und sprach	וַיֹּאמַר
Herr HERR	אֲדֹנָי יֱהֹוִה
denke doch an mich	זָכְרֵנִי נָא
und **gib mir** [doch] **Kraft**	וְחַזְּקֵנִי נָא
noch dies eine Mal	אַךְ הַפַּעַם הַזֶּה
Gott	הָאֱלֹהִים
dass ich mich … räche an den **Philistern**	וְאִנָּקְמָה … מִפְּלִשְׁתִּים
mit einem Mal	נְקַם־אַחַת
für meine **beiden** Augen	מִשְּׁתֵי עֵינַי

Und so schlossen sie [wörtl.: **schnitten sie** (וַיִּכְרְתוּ)] den Bund zu Beerscheba. Da machte sich auf Abimelech und Pichol, der **Oberste** (שַׂר) seines Heeres, und sie kehrten zurück ins Land der **Philister** (פְּלִשְׁתִּים). (AÜ)

כרת	(ab)schneiden, vernichten, ausrotten	289x
kārat		S3772

שַׂר ➤ TAG 125 פְּלִשְׁתִּי ➤ TAG 173

וַיִּכְרְתוּ בְרִית בִּבְאֵר שָׁבַע וַיָּקָם אֲבִימֶלֶךְ וּפִיכֹל שַׂר־צְבָאוֹ וַיָּשֻׁבוּ אֶל־אֶרֶץ פְּלִשְׁתִּים׃

Und so schlossen sie [wörtl.: **schnitten sie**] den Bund	וַיִּכְרְתוּ בְרִית
zu Beerscheba	בִּבְאֵר שָׁבַע
Da machte sich auf	וַיָּקָם
Abimelech	אֲבִימֶלֶךְ
und Pichol, der **Oberste** seines Heeres	וּפִיכֹל שַׂר־צְבָאוֹ
und sie kehrten zurück	וַיָּשֻׁבוּ
ins Land	אֶל־אֶרֶץ
der **Philister**	פְּלִשְׁתִּים

Aber es **zog herauf** (וַיַּעַל) Nahasch, der Ammoniter, und belagerte Jabesch in Gilead. Und alle Männer von Jabesch sprachen zu Nahasch: Schließ [wörtl.: **schneide** (כְּרָת־)] einen Bund mit uns, so **wollen wir** dir **dienen** (נַעַבְדֶךָּ). (AÜ)

עבד *ʿāvad*	arbeiten, dienen	289x S5647

עלה ➤ TAG 52 **כרת** ➤ TAG 174

וַיַּעַל נָחָשׁ הָעַמּוֹנִי וַיִּחַן עַל־יָבֵישׁ גִּלְעָד וַיֹּאמְרוּ כָּל־אַנְשֵׁי יָבֵישׁ אֶל־
נָחָשׁ כְּרָת־לָנוּ בְרִית וְנַעַבְדֶךָּ׃

Aber es **zog herauf**	וַיַּעַל
Nahasch, der Ammoniter	נָחָשׁ הָעַמּוֹנִי
und belagerte	וַיִּחַן עַל־
Jabesch in Gilead	יָבֵשׁ גִּלְעָד
Und … sprachen zu Nahasch	וַיֹּאמְרוּ … אֶל־נָחָשׁ
alle Männer von Jabesch	כָּל־אַנְשֵׁי יָבֵישׁ
Schließ [wörtl.: **schneide**] einen Bund mit uns	כְּרָת־לָנוּ בְרִית
so **wollen wir** dir **dienen**	וְנַעַבְדֶךָּ

Mir **hast du** nicht die Schafe deines **Brandopfers** (עֹלֹתֶיךָ) **gebracht** (הֵבֵיאתָ) noch mich geehrt mit deinen Schlachtopfern. **Ich habe** dir nicht **Arbeit gemacht** (הֶעֱבַדְתִּיךָ) mit Opfergaben, habe dich auch nicht bemüht mit Weihrauch.

עֹלָה	Brandopfer	287x
ʿōlâ		S5930

בוא ▷ TAG 20 עבד ▷ TAG 175

לֹא־הֵבֵיאתָ לִּי שֵׂה עֹלֹתֶיךָ וּזְבָחֶיךָ לֹא כִבַּדְתָּנִי לֹא הֶעֱבַדְתִּיךָ
בְּמִנְחָה וְלֹא הוֹגַעְתִּיךָ בִּלְבוֹנָה׃

Mir **hast du** nicht … **gebracht**	לֹא־הֵבֵיאתָ לִּי
die Schafe deines **Brandopfers**	שֵׂה עֹלֹתֶיךָ
noch mich geehrt	לֹא כִבַּדְתָּנִי
mit deinen Schlachtopfern	וּזְבָחֶיךָ
Ich habe dir nicht **Arbeit gemacht**	לֹא הֶעֱבַדְתִּיךָ
mit Opfergaben	בְּמִנְחָה
habe dich auch nicht bemüht	וְלֹא הוֹגַעְתִּיךָ
mit Weihrauch	בִּלְבוֹנָה

Auch zu Zedekia, dem König von Juda, **redete ich** (דִּבַּרְתִּי) alle diese Worte und sprach: Beugt [wörtl.: bringt] eure Nacken unter das Joch des Königs von Babel und **dient** (עִבְדוּ) ihm und seinem Volk, so **sollt ihr am Leben bleiben** (חְיוּ). (AÜ)

חיה	leben, am Leben bleiben	284x
ḥāyâ		S2421

דבר ▸ TAG 39 **עבד** ▸ TAG 175

וְאֶל־צִדְקִיָּה מֶלֶךְ־יְהוּדָה דִּבַּרְתִּי כְּכָל־הַדְּבָרִים הָאֵלֶּה לֵאמֹר הָבִיאוּ
אֶת־צַוְּארֵיכֶם בְּעֹל מֶלֶךְ־בָּבֶל וְעִבְדוּ אֹתוֹ וְעַמּוֹ וִחְיוּ׃

Auch zu Zedekia	וְאֶל־צִדְקִיָּה
dem König von Juda	מֶלֶךְ־יְהוּדָה
redete ich … und sprach	דִּבַּרְתִּי ... לֵאמֹר
alle diese Worte]	כְּכָל־הַדְּבָרִים הָאֵלֶּה
Beugt [wörtl.: bringt]	הָבִיאוּ
eure Nacken	אֶת־צַוְּארֵיכֶם
unter das Joch	בְּעֹל
des Königs von Babel	מֶלֶךְ־בָּבֶל
und **dient**	וְעִבְדוּ
ihm und seinem Volk	אֹתוֹ וְעַמּוֹ
so **sollt ihr am Leben bleiben**	וִחְיוּ

Wenn ich mitten in der Angst wandle, so erquickst [wörtl.: **belebst**] **du mich** (תְּחַיֵּנִי) und reckst deine **Hand** (יָדֶךָ) gegen den Zorn meiner **Feinde** (אֹיְבַי) und hilfst mir mit deiner Rechten.

אֹיֵב	Feind, Gegner, Widersacher	284x
ʾōyēv		S341

יָד ▸ TAG 30 **חיה** ▸ TAG 177

אִם־אֵלֵךְ בְּקֶרֶב צָרָה תְּחַיֵּנִי עַל אַף אֹיְבַי תִּשְׁלַח יָדֶךָ וְתוֹשִׁיעֵנִי
יְמִינֶךָ׃

Wenn ich … wandle	אִם־אֵלֵךְ
mitten in der Angst	בְּקֶרֶב צָרָה
so erquickst [wörtl.: **belebst**] **du mich**	תְּחַיֵּנִי
und reckst deine **Hand**	תִּשְׁלַח יָדֶךָ
gegen den Zorn	עַל אַף
meiner **Feinde**	אֹיְבַי
und hilfst mir	וְתוֹשִׁיעֵנִי
mit deiner Rechten	יְמִינֶךָ

Und ich will das **Schwert** (חֶרֶב) über euch bringen, das meinen [wörtl.: den] **Bund** (בְּרִית) rächen soll. Und wenn ihr euch auch in eure Städte flüchtet, will ich doch die Pest unter euch senden und will euch in die Hand des **Feindes** (אוֹיֵב) geben. (AÜ)

בְּרִית	Bund	284x
bĕrît		S1285

חֶרֶב ▶ TAG 128 אֹיֵב ▶ TAG 178

וְהֵבֵאתִי עֲלֵיכֶם חֶרֶב נֹקֶמֶת נְקַם־בְּרִית וְנֶאֱסַפְתֶּם אֶל־עָרֵיכֶם
וְשִׁלַּחְתִּי דֶבֶר בְּתוֹכְכֶם וְנִתַּתֶּם בְּיַד־אוֹיֵב׃

Und ich will das **Schwert** … bringen	וְהֵבֵאתִי … חֶרֶב
über euch	עֲלֵיכֶם
das … rächen soll	נֹקֶמֶת נְקַם־
meinen [wörtl.: den] **Bund**	בְּרִית
Und wenn ihr euch auch … flüchtet	וְנֶאֱסַפְתֶּם
in eure Städte	אֶל־עָרֵיכֶם
will ich doch die Pest … senden	וְשִׁלַּחְתִּי דֶבֶר
unter euch	בְּתוֹכְכֶם
und will euch … geben	וְנִתַּתֶּם
in die Hand des **Feindes**	בְּיַד־אוֹיֵב

Und sie schlachteten das Passa am vierzehnten Tage des zweiten **Monats** (חֹדֶשׁ). Und die Priester und **Leviten** (לְוִיִּם) waren beschämt und heiligten sich und brachten die **Brandopfer** (עֹלוֹת) zum Hause des HERRN.

חֹדֶשׁ	Monat, Neumond	284x
ḥōdeš		S2320

לֵוִי ➤ TAG 148 עֹלָה ➤ TAG 176

וַיִּשְׁחֲטוּ הַפֶּסַח בְּאַרְבָּעָה עָשָׂר לַחֹדֶשׁ הַשֵּׁנִי וְהַכֹּהֲנִים וְהַלְוִיִּם
נִכְלְמוּ וַיִּתְקַדְּשׁוּ וַיָּבִיאוּ עֹלוֹת בֵּית יְהוָה׃

Und sie schlachteten	וַיִּשְׁחֲטוּ
das Passa	הַפֶּסַח
am vierzehnten Tage	בְּאַרְבָּעָה עָשָׂר
des zweiten **Monats**	לַחֹדֶשׁ הַשֵּׁנִי
Und die Priester und **Leviten**	וְהַכֹּהֲנִים וְהַלְוִיִּם
waren beschämt	נִכְלְמוּ
und heiligten sich	וַיִּתְקַדְּשׁוּ
und brachten	וַיָּבִיאוּ
die **Brandopfer**	עֹלוֹת
zum Hause des HERRN	בֵּית יְהוָה

Und sie geboten dem Volk: Wenn ihr die Lade des **Bundes** (בְּרִית) des HERRN, eures Gottes, seht und wie die levitischen Priester sie tragen, so brecht [**ihr** (אַתֶּם)] auf von eurem **Ort** (מְקוֹמְכֶם) und folgt ihr nach.

אַתֶּם	ihr *(m. pl.)*	283x
ʾattem		S859

מָקוֹם ➤ TAG 134 בְּרִית ➤ TAG 179

וַיְצַוּוּ אֶת־הָעָם לֵאמֹר כִּרְאוֹתְכֶם אֵת אֲרוֹן בְּרִית־יְהוָה אֱלֹהֵיכֶם וְהַכֹּהֲנִים הַלְוִיִּם נֹשְׂאִים אֹתוֹ וְאַתֶּם תִּסְעוּ מִמְּקוֹמְכֶם וַהֲלַכְתֶּם אַחֲרָיו׃

Und sie geboten dem Volk:	וַיְצַוּוּ אֶת־הָעָם לֵאמֹר
Wenn ihr … seht	כִּרְאוֹתְכֶם
die Lade des **Bundes**	אֵת אֲרוֹן בְּרִית־
des HERRN, eures Gottes	יְהוָה אֱלֹהֵיכֶם
und . . die levitischen Priester	וְהַכֹּהֲנִים הַלְוִיִּם
wie … sie tragen [wörtl.: tragend sie]	נֹשְׂאִים אֹתוֹ
so brecht **ihr** auf.	וְאַתֶּם תִּסְעוּ
von eurem **Ort**	מִמְּקוֹמְכֶם
und folgt ihr nach	וַהֲלַכְתֶּם אַחֲרָיו

Und sie sollen Sorge tragen für dich und [Sorge für] die ganze Stiftshütte. Doch zu dem **Gerät** (כְּלֵי) des Heiligtums und zu dem Altar **sollen sie sich** nicht **nahen** (יִקְרָבוּ), damit nicht beide sterben, sie und **ihr** (אַתֶּם).

קרב	sich nähern, herbringen	280x
qārav		S7126

כְּלִי ➢ TAG 156 אַתֶּם ➢ TAG 181

וְשָׁמְרוּ מִשְׁמַרְתְּךָ וּמִשְׁמֶרֶת כָּל־הָאֹהֶל אַךְ אֶל־כְּלֵי הַקֹּדֶשׁ וְאֶל־
הַמִּזְבֵּחַ לֹא יִקְרָבוּ וְלֹא־יָמֻתוּ גַם־הֵם גַּם־אַתֶּם׃

Und sie sollen Sorge tragen für dich	וְשָׁמְרוּ מִשְׁמַרְתְּךָ
und [Sorge für] die ganze Stiftshütte	וּמִשְׁמֶרֶת כָּל־הָאֹהֶל
Doch … **sollen sie sich** nicht **nahen**	אַךְ … לֹא יִקְרָבוּ
zu dem **Gerät** des Heiligtums	אֶל־כְּלֵי הַקֹּדֶשׁ
und zu dem Altar	וְאֶל־הַמִּזְבֵּחַ
damit nicht … sterben .	וְלֹא־יָמֻתוּ
beide …, sie	גַם־הֵם
und **ihr**	גַּם־אַתֶּם

Als **er** aber **nahe** zum Lager **kam** (קָרַב) und das Kalb und das Tanzen sah, entbrannte sein [wörtl.: Moses] **Zorn** (אַף), und er warf die Tafeln aus der Hand [wörtl.: seinen Händen] und zerbrach sie **unten** (תַּחַת) am Berge.

אַף	Nase, Zorn, Angesicht	277x
ʾaf		S639

תַּחַת ➤ TAG 101 **קרב** ➤ TAG 182

וַיְהִי כַּאֲשֶׁר קָרַב אֶל־הַמַּחֲנֶה וַיַּרְא אֶת־הָעֵגֶל וּמְחֹלֹת וַיִּחַר־אַף
מֹשֶׁה וַיַּשְׁלֵךְ מִיָּדָו אֶת־הַלֻּחֹת וַיְשַׁבֵּר אֹתָם תַּחַת הָהָר׃

Als … aber	וַיְהִי כַּאֲשֶׁר
er … **nahe** zum Lager **kam**	קָרַב אֶל־הַמַּחֲנֶה
und … sah	וַיַּרְא
das Kalb	אֶת־הָעֵגֶל
und das Tanzen	וּמְחֹלֹת
entbrannte Moses **Zorn**	וַיִּחַר־אַף מֹשֶׁה
und er warf die Tafeln	וַיַּשְׁלֵךְ … אֶת־הַלֻּחֹת
aus der Hand [wörtl.: seinen Händen]	מִיָּדָו
und zerbrach sie	וַיְשַׁבֵּר אֹתָם
unten am Berge	תַּחַת הָהָר

Nur [wörtl.: aber] **sechs(שֵׁשׁ)**hundert Mann wandten sich um und flohen zur Steppe hin zum Fels Rimmon und **blieben** (וַיֵּשְׁבוּ) auf dem Fels Rimmon vier **Monate** (חֳדָשִׁים).

שֵׁשׁ	sechs	274x
šēš		S8337

ישׁב ➤ TAG 41 **חֹדֶשׁ** ➤ TAG 180

וַיִּפְנוּ וַיָּנֻסוּ הַמִּדְבָּרָה אֶל־סֶלַע הָרִמּוֹן שֵׁשׁ מֵאוֹת אִישׁ וַיֵּשְׁבוּ בְּסֶלַע רִמּוֹן אַרְבָּעָה חֳדָשִׁים׃

Nur [wörtl.: aber] … wandten sich um	וַיִּפְנוּ
sechshundert Mann	שֵׁשׁ מֵאוֹת אִישׁ
und flohen zum Fels Rimmon	וַיָּנֻסוּ
zur Steppe hin	הַמִּדְבָּרָה
zum Fels Rimmon	אֶל־סֶלַע הָרִמּוֹן
und **blieben**	וַיֵּשְׁבוּ
auf dem Fels Rimmon	בְּסֶלַע רִמּוֹן
vier **Monate**	אַרְבָּעָה חֳדָשִׁים

Und der **Pharao** (פַּרְעֹה) **nahm** seinen Siegelring **ab** (וַיָּסַר) von seiner Hand und steckte [wörtl.: gab] ihn an die Hand Josefs, und er kleidete ihn in kostbares Leinen und legte ihm eine **goldene** (זָהָב) Kette um seinen Hals. (AÜ)

פַּרְעֹה	Pharao	274x
par'ô		S6547

זָהָב ▸ TAG 136 סור ▸ TAG 169

וַיָּסַר פַּרְעֹה אֶת־טַבַּעְתּוֹ מֵעַל יָדוֹ וַיִּתֵּן אֹתָהּ עַל־יַד יוֹסֵף וַיַּלְבֵּשׁ אֹתוֹ בִּגְדֵי־שֵׁשׁ וַיָּשֶׂם רְבִד הַזָּהָב עַל־צַוָּארוֹ׃

Und der **Pharao nahm** … **ab**	וַיָּסַר פַּרְעֹה
seinen Siegelring	אֶת־טַבַּעְתּוֹ
von seiner Hand	מֵעַל יָדוֹ
und steckte [wörtl.: gab] ihn	וַיִּתֵּן אֹתָהּ
an die Hand Josefs	עַל־יַד יוֹסֵף
und er erkleidete ihn	וַיַּלְבֵּשׁ אֹתוֹ
in kostbares Leinen	בִּגְדֵי־שֵׁשׁ
und legte (ihm) eine **goldene** Kette	וַיָּשֶׂם רְבִד הַזָּהָב
um seinen Hals	עַל־צַוָּארוֹ

Da kam Josef und **brichtete** (וַיַּגֵּד) dem **Pharao** (פַּרְעֹה) und sprach: Mein Vater und meine Brüder, ihr **Kleinvieh** (צֹאנָם) und Großvieh und alles, was sie haben, sind gekommen aus dem Lande Kanaan, und siehe, sie sind im Lande Goschen. (AÜ)

צֹאן	Schafe, Kleinvieh	274x
ṣōʾn		S6629

נגד ▸ TAG 143 **פַּרְעֹה** ▸ TAG 185

וַיָּבֹא יוֹסֵף וַיַּגֵּד לְפַרְעֹה וַיֹּאמֶר אָבִי וְאַחַי וְצֹאנָם וּבְקָרָם וְכָל־אֲשֶׁר
לָהֶם בָּאוּ מֵאֶרֶץ כְּנָעַן וְהִנָּם בְּאֶרֶץ גֹּשֶׁן׃

Da kam Josef	וַיָּבֹא יוֹסֵף
und **brichtete** dem **Pharao** und sprach	וַיַּגֵּד לְפַרְעֹה וַיֹּאמֶר
Mein Vater und meine Brüder,	אָבִי וְאַחַי
ihr **Kleinvieh** und Großvieh	וְצֹאנָם וּבְקָרָם
und alles, was sie haben	וְכָל־אֲשֶׁר לָהֶם
sind gekommen	בָּאוּ
aus dem Lande Kanaan	מֵאֶרֶץ כְּנָעַן
und siehe, sie sind	וְהִנָּם
im Lande Goschen	בְּאֶרֶץ גֹּשֶׁן

Und er sah sich um, und siehe, da war ein Brunnen auf dem **Felde** (שָׂדֶה); und siehe, drei Herden **Schafe** (צֹאן) lagen dabei, denn von dem Brunnen pflegten sie die Herden zu tränken. Und der **Stein** (אֶבֶן) auf der Öffnung des Brunnens war groß. (AÜ)

אֶבֶן	Stein, Gewichtstein	272x
ʾeven		S68

שָׂדֶה ➤ TAG 158 צֹאן ➤ TAG 186

וַיַּרְא וְהִנֵּה בְאֵר בַּשָּׂדֶה וְהִנֵּה־שָׁם שְׁלֹשָׁה עֶדְרֵי־צֹאן רֹבְצִים עָלֶיהָ כִּי מִן־הַבְּאֵר הַהִוא יַשְׁקוּ הָעֲדָרִים וְהָאֶבֶן גְּדֹלָה עַל־פִּי הַבְּאֵר׃

Und er sah sich um, und siehe	וַיַּרְא וְהִנֵּה
da war ein Brunnen auf dem **Felde**	בְאֵר בַּשָּׂדֶה
und siehe [da]	וְהִנֵּה־שָׁם
drei Herden **Schafe**	שְׁלֹשָׁה עֶדְרֵי־צֹאן
lagen dabei	רֹבְצִים עָלֶיהָ
denn von dem Brunnen	כִּי מִן־הַבְּאֵר הַהִוא
pflegten sie die Herden zu tränken	יַשְׁקוּ הָעֲדָרִים
Und der **Stein** … war groß	וְהָאֶבֶן גְּדֹלָה
auf der Öffnung des Brunnens	עַל־פִּי הַבְּאֵר

Ein volles und rechtes **Gewicht** (אֶבֶן) sollst du haben, und ein volles und rechtes Maß sollst du haben, **auf dass** (לְמַעַן) deine **Tage** (יָמֶיךָ) lange währen in dem Lande, das dir der HERR, dein Gott, geben wird.

לְמַעַן	dass, damit, wegen	272x
lĕmaʿan		S4616

יוֹם ▸ TAG 24   אֶבֶן ▸ TAG 187

אֶבֶן שְׁלֵמָה וָצֶדֶק יִהְיֶה־לָּךְ אֵיפָה שְׁלֵמָה וָצֶדֶק יִהְיֶה־לָּךְ לְמַעַן יַאֲרִיכוּ יָמֶיךָ עַל הָאֲדָמָה אֲשֶׁר־יְהוָה אֱלֹהֶיךָ נֹתֵן לָךְ׃

Ein … **Gewicht**	אֶבֶן
volles und rechtes	שְׁלֵמָה וָצֶדֶק
sollst du haben	יִהְיֶה־לָּךְ
(und) ein … Maß	אֵיפָה
volles und rechtes	שְׁלֵמָה וָצֶדֶק
sollst du haben	יִהְיֶה־לָּךְ
auf dass deine **Tage**	לְמַעַן … יָמֶיךָ
lange währen	יַאֲרִיכוּ
in dem Lande	עַל הָאֲדָמָה
das … der HERR, dein Gott	אֲשֶׁר־יְהוָה אֱלֹהֶיךָ
dir … geben wird	נֹתֵן לָךְ

Und weiter sprach Ruben zu ihnen: Vergießt nicht Blut, sondern werft ihn in die Grube hier in der **Wüste** (מִדְבָּר) und legt die Hand nicht an ihn! – **damit** (לְמַעַן) er ihn aus ihrer Hand errette, um ihn zu seinem Vater **zurückzubringen** (הֲשִׁיבוֹ). (AÜ)

מִדְבָּר *midbār*	Wüste, Steppe	271x S4057

שׁוּב ▸ TAG 44 לְמַעַן ▸ TAG 188

וַיֹּאמֶר אֲלֵהֶם רְאוּבֵן אַל־תִּשְׁפְּכוּ־דָם הַשְׁלִיכוּ אֹתוֹ אֶל־הַבּוֹר הַזֶּה אֲשֶׁר בַּמִּדְבָּר וְיָד אַל־תִּשְׁלְחוּ־בוֹ לְמַעַן הַצִּיל אֹתוֹ מִיָּדָם לַהֲשִׁיבוֹ אֶל־אָבִיו׃

Und weiter sprach Ruben zu ihnen	וַיֹּאמֶר אֲלֵהֶם רְאוּבֵן
Vergießt nicht Blut	אַל־תִּשְׁפְּכוּ־דָם
(sondern) werft ihn	הַשְׁלִיכוּ אֹתוֹ
in die Grube hier	אֶל־הַבּוֹר הַזֶּה
in der **Wüste**	אֲשֶׁר בַּמִּדְבָּר
und legt die Hand nicht an ihn	וְיָד אַל־תִּשְׁלְחוּ־בוֹ
damit er ihn … errette	לְמַעַן הַצִּיל אֹתוֹ
aus ihrer Hand	מִיָּדָם
um ihn … **zurückzubringen**	לַהֲשִׁיבוֹ
zu seinem Vater	אֶל־אָבִיו

Wären wir doch in Ägypten gestorben durch des HERRN Hand, als wir bei den **Fleisch**(בָּשָׂר)töpfen saßen und hatten Brot die Fülle zu essen. Denn **ihr habt** uns dazu **herausgeführt** (הוֹצֵאתֶם) in diese **Wüste** (מִדְבָּר), dass ihr diese ganze Gemeinde an Hunger sterben lasst. (AÜ)

בָּשָׂר	Fleisch	270x
bāśār		S1320

יצא ▸ TAG 43 **מִדְבָּר** ▸ TAG 189

מִי־יִתֵּן מוּתֵנוּ בְיַד־יְהוָה בְּאֶרֶץ מִצְרַיִם בְּשִׁבְתֵּנוּ עַל־סִיר הַבָּשָׂר בְּאָכְלֵנוּ לֶחֶם לָשֹׂבַע כִּי־הוֹצֵאתֶם אֹתָנוּ אֶל־הַמִּדְבָּר הַזֶּה לְהָמִית אֶת־כָּל־הַקָּהָל הַזֶּה בָּרָעָב׃

Wären wir doch … gestorben	מִי־יִתֵּן מוּתֵנוּ
durch des HERRN Hand	בְיַד־יְהוָה
in Ägypten	בְּאֶרֶץ מִצְרַיִם
als wir … saßen	בְּשִׁבְתֵּנוּ
bei den **Fleisch**töpfen	עַל־סִיר הַבָּשָׂר
und hatten Brot … zu essen	בְּאָכְלֵנוּ לֶחֶם
die Fülle	לָשֹׂבַע
Denn **ihr habt** uns … **herausgeführt**	כִּי־הוֹצֵאתֶם אֹתָנוּ
in diese **Wüste**	אֶל־הַמִּדְבָּר הַזֶּה
dazu …, dass ihr … an Hunger sterben lasst	לְהָמִית … בָּרָעָב
diese ganze Gemeinde	אֶת־כָּל־הַקָּהָל הַזֶּה

Sein [wörtl.: ein] Schall wird dringen bis an die Enden der Erde. Denn der HERR hat einen Rechtsstreit mit den **Völkern** (גּוֹיִם) und will mit allem **Fleisch** (בָּשָׂר) Gericht halten; die **Schuldigen** (רְשָׁעִים) wird er dem Schwert übergeben, spricht der HERR.

רָשָׁע *rāšāʿ*	frevelhaft, gottlos, schuldig	264x S7563

גּוֹי ➤ TAG 95 בָּשָׂר ➤ TAG 190

בָּא שָׁאוֹן עַד־קְצֵה הָאָרֶץ כִּי רִיב לַיהוָה בַּגּוֹיִם נִשְׁפָּט הוּא לְכָל־בָּשָׂר הָרְשָׁעִים נְתָנָם לַחֶרֶב נְאֻם־יְהוָה׃

Ein Schall wird dringen	בָּא שָׁאוֹן
bis an die Enden der Erde	עַד־קְצֵה הָאָרֶץ
Denn der HERR hat einen Rechtsstreit	כִּי רִיב לַיהוָה
mit den **Völkern**	בַּגּוֹיִם
und will … Gericht halten	נִשְׁפָּט הוּא
mit allem **Fleisch**	לְכָל־בָּשָׂר
die **Schuldigen**	הָרְשָׁעִים
wird er dem Schwert übergeben	נְתָנָם לַחֶרֶב
spricht der HERR	נְאֻם־יְהוָה

Aber **ich will stärken** (וְחִזַּקְתִּי) die Arme des Königs von **Babel** (בָּבֶל) und ihm mein Schwert in die Hand geben und will die Arme des **Pharao** (פַּרְעֹה) zerbrechen, dass er vor ihm stöhnen soll wie ein tödlich Verwundeter. (AÜ)

בָּבֶל	Babel, Babylon	262x
bāvel		S894

חזק ▸ TAG 172 **פַּרְעֹה** ▸ TAG 185

וְחִזַּקְתִּי אֶת־זְרֹעוֹת מֶלֶךְ בָּבֶל וְנָתַתִּי אֶת־חַרְבִּי בְּיָדוֹ וְשָׁבַרְתִּי אֶת־זְרֹעוֹת פַּרְעֹה וְנָאַק נַאֲקוֹת חָלָל לְפָנָיו׃

Aber **ich will stärken**	וְחִזַּקְתִּי
die Arme	אֶת־זְרֹעוֹת
des Königs von **Babel**	מֶלֶךְ בָּבֶל
und … mein Schwert … geben	וְנָתַתִּי אֶת־חַרְבִּי
ihm … in die Hand	בְּיָדוֹ
und will … zerbrechen	וְשָׁבַרְתִּי
die Arme des **Pharao**	אֶת־זְרֹעוֹת פַּרְעֹה
dass er … stöhnen soll	וְנָאַק
vor ihm	לְפָנָיו
wie ein tödlich Verwundeter [wörtl.: das Stöhnen eines tödlich Verwundeten]	נַאֲקוֹת חָלָל

So wahr ich **lebe** (חַי), spricht Gott der HERR: [Wahrhaftig!] An dem Ort des Königs, der ihn als König eingesetzt hat, dessen Eid er verachtet und dessen **Bund** (בְּרִיתוֹ) [mit ihm] er gebrochen hat, da soll er sterben, mitten in **Babel** (בָּבֶל).

חַי	lebendig, lebend	254x
ḥay		S2416

בְּרִית ➤ TAG 179 **בָּבֶל** ➤ TAG 192

חַי־אָנִי נְאֻם אֲדֹנָי יְהוִה אִם־לֹא בִּמְקוֹם הַמֶּלֶךְ הַמַּמְלִיךְ אֹתוֹ אֲשֶׁר בָּזָה אֶת־אָלָתוֹ וַאֲשֶׁר הֵפֵר אֶת־בְּרִיתוֹ אִתּוֹ בְתוֹךְ־בָּבֶל יָמוּת׃

So wahr ich **lebe**	חַי־אָנִי
spricht Gott der HERR	נְאֻם אֲדֹנָי יְהוִה
[Bekräftigung: Wahrhaftig!]	אִם־לֹא
An dem Ort des Königs	בִּמְקוֹם הַמֶּלֶךְ
der ihn als König eingesetzt hat	הַמַּמְלִיךְ אֹתוֹ
dessen Eid	אֲשֶׁר ... אֶת־אָלָתוֹ
er verachtet	בָּזָה
und dessen **Bund** [mit ihm]	וַאֲשֶׁר ... אֶת־בְּרִיתוֹ אִתּוֹ
er gebrochen hat	הֵפֵר
da soll er sterben, mitten in **Babel**	בְתוֹךְ־בָּבֶל יָמוּת

So (כֵּן) auch als die Botschafter der Fürsten von **Babel** (בָּבֶל) zu ihm gesandt waren, um nach dem Wunder zu fragen, das im Lande geschehen war, da verließ ihn Gott, um ihn zu versuchen, auf dass kundwürde alles, was in seinem **Herzen** (לְבָבוֹ) war. (AÜ)

לֵבָב	Herz, Verstand	252x
lēvāv		S3824

כֵּן ➤ TAG 75 בָּבֶל ➤ TAG 192

וְכֵן בִּמְלִיצֵי שָׂרֵי בָּבֶל הַמְשַׁלְּחִים עָלָיו לִדְרֹשׁ הַמּוֹפֵת אֲשֶׁר הָיָה בָאָרֶץ עֲזָבוֹ הָאֱלֹהִים לְנַסּוֹתוֹ לָדַעַת כָּל־בִּלְבָבוֹ׃

So auch	וְכֵן
als die Botschafter der Fürsten von **Babel**	בִּמְלִיצֵי שָׂרֵי בָּבֶל
zu ihm gesandt waren	הַמְשַׁלְּחִים עָלָיו
um nach … zu fragen	לִדְרֹשׁ
dem Wunder	הַמּוֹפֵת
das im Lande geschehen war	אֲשֶׁר הָיָה בָאָרֶץ
da verließ ihn Gott	עֲזָבוֹ הָאֱלֹהִים
um ihn zu versuchen	לְנַסּוֹתוֹ
auf dass kundwürde	לָדַעַת
alles, was in seinem **Herzen** war	כָּל־בִּלְבָבוֹ

Und jede Tochter, die ein Erbteil erlangt unter den **Stämmen** (מַטּוֹת) [der Söhne] Israels, soll heiraten einen von dem **Geschlecht** (מִשְׁפַּחַת) **des Stammes** (מַטֵּה) ihres Vaters, **damit** (לְמַעַן) ein jeder unter den Israeliten das Erbe seiner Väter behalte. (AÜ)

מַטֶּה	Stab, Stock, Zweig, Stamm	252x
maṭṭê		S4294

מִשְׁפָּחָה ▸ TAG 164 לְמַעַן ▸ TAG 188

וְכָל־בַּת יֹרֶשֶׁת נַחֲלָה מִמַּטּוֹת בְּנֵי יִשְׂרָאֵל לְאֶחָד מִמִּשְׁפַּחַת מַטֵּה
אָבִיהָ תִּהְיֶה לְאִשָּׁה לְמַעַן יִירְשׁוּ בְּנֵי יִשְׂרָאֵל אִישׁ נַחֲלַת אֲבֹתָיו׃

Und jede Tochter	וְכָל־בַּת
die … erlangt	יֹרֶשֶׁת
ein Erbteil … unter den **Stämmen**	נַחֲלָה מִמַּטּוֹת
[der Söhne] Israels	בְּנֵי יִשְׂרָאֵל
soll heiraten	תִּהְיֶה לְאִשָּׁה
einen von dem **Geschlecht**	לְאֶחָד מִמִּשְׁפַּחַת
des Stammes ihres Vaters	מַטֵּה אָבִיהָ
damit … unter den Israeliten	לְמַעַן … בְּנֵי יִשְׂרָאֵל
ein jeder … behalte	יִירְשׁוּ … אִישׁ
das Erbe seiner Väter	נַחֲלַת אֲבֹתָיו

Und der König David stand auf [auf seine **Füße** (רַגְלָיו)] und sprach: Hört mir zu, meine Brüder und mein Volk! Ich hatte mir vorgenommen [wörtl.: hatte in meinem **Herzen** (לְבָבִי)], ein Haus zu bauen als Ruhestätte für die Lade des **Bundes** (בְּרִית) des HERRN und für den Schemel der Füße unseres Gottes.

רֶגֶל	Fuß, Bein	251x
regel		S7272

בְּרִית ▷ TAG 179 לֵבָב ▷ TAG 194

וַיָּקָם דָּוִיד הַמֶּלֶךְ עַל־רַגְלָיו וַיֹּאמֶר שְׁמָעוּנִי אַחַי וְעַמִּי אֲנִי עִם־לְבָבִי
לִבְנוֹת בֵּית מְנוּחָה לַאֲרוֹן בְּרִית־יְהוָה וְלַהֲדֹם רַגְלֵי אֱלֹהֵינוּ

Und der König David stand auf	וַיָּקָם דָּוִיד הַמֶּלֶךְ
[auf seine **Füße**] und sprach	עַל־רַגְלָיו וַיֹּאמֶר
Hört mir zu	שְׁמָעוּנִי
meine Brüder und mein Volk	אַחַי וְעַמִּי
Ich hatte mir vorgenommen [wörtl.: hatte in meinem **Herzen**]	אֲנִי עִם־לְבָבִי
ein Haus zu bauen als Ruhestätte	לִבְנוֹת בֵּית מְנוּחָה
für die Lade des **Bundes** des HERRN	לַאֲרוֹן בְּרִית־יְהוָה
und für den Schemel der Füße unseres Gottes	וְלַהֲדֹם רַגְלֵי אֱלֹהֵינוּ

Da schwor Mose an jenem Tage und sprach: Wahrhaftig! Das Land, das dein **Fuß** (רַגְלְךָ) betreten hat, soll dir und deinen Nachkommen zum Erbteil werden für **immer** (עוֹלָם), weil du treulich gefolgt bist [wörtl.: **erfüllt hast** (מִלֵּאתָ) hinter] dem HERRN, meinem Gott. (AÜ)

מלא	voll sein, füllen; erfüllen	251x
mālē᾽		S4390

עוֹלָם ➤ TAG 119 רֶגֶל ➤ TAG 196

וַיִּשָּׁבַע מֹשֶׁה בַּיּוֹם הַהוּא לֵאמֹר אִם־לֹא הָאָרֶץ אֲשֶׁר דָּרְכָה רַגְלְךָ
בָּהּ לְךָ תִהְיֶה לְנַחֲלָה וּלְבָנֶיךָ עַד־עוֹלָם כִּי מִלֵּאתָ אַחֲרֵי יְהוָה אֱלֹהָי׃

Da schwor Mose … und sprach	וַיִּשָּׁבַע מֹשֶׁה … לֵאמֹר
an jenem Tage	בַּיּוֹם הַהוּא
Wahrhaftig! Das Land	אִם־לֹא הָאָרֶץ
das … betreten hat	אֲשֶׁר … דָּרְכָה בָּהּ
dein **Fuß**	רגְלְךָ
soll … zum Erbteil werden	תִהְיֶה לְנַחֲלָה
dir und deinen Nachkommen	לְךָ … וּלְבָנֶיךָ
für **immer**	עַד־עוֹלָם
weil du treulich gefolgt bist [wörtl.: weil du **erfüllt hast** hinter]	כִּי מִלֵּאתָ אַחֲרֵי
dem HERRN, meinem Gott	יְהוָה אֱלֹהָי

Und die [**Türzapfen** (אַמּוֹת) der] Schwellen bebten von der **Stimme** (קוֹל) ihres Rufens [wörtl.: des Rufenden] und das Haus **ward voll** (יִמָּלֵא) Rauch.

אַמָּה	Elle, Türzapfen	250x
ʾammâ		S520

קול ▸ TAG 103 מלא ▸ TAG 197

וַיָּנֻעוּ אַמּוֹת הַסִּפִּים מִקּוֹל הַקּוֹרֵא וְהַבַּיִת יִמָּלֵא עָשָׁן׃

Und … bebten	וַיָּנֻעוּ
die [**Türzapfen** der] Schwellen	אַמּוֹת הַסִּפִּים
von der **Stimme**	מִקּוֹל
ihres Rufens [wörtl.: des Rufenden]	הַקּוֹרֵא
und das Haus	וְהַבַּיִת
ward voll	יִמָּלֵא
Rauch	עָשָׁן

Er liebt Gerechtigkeit und **Recht** (מִשְׁפָּט); die Erde **ist voll** (מָלְאָה) der **Güte** (חֶסֶד) des HERRN.

חֶסֶד	Güte, Liebe, Freundlichkeit Barmherzigheit	249x
ḥesed		S2617

מִשְׁפָּט ➤ TAG 123 מלא ➤ TAG 197

אֹהֵב צְדָקָה וּמִשְׁפָּט חֶסֶד יְהוָה מָלְאָה הָאָרֶץ׃

Er liebt	אֹהֵב
Gerechtigkeit	צְדָקָה
und **Recht**	וּמִשְׁפָּט
die Erde	הָאָרֶץ
ist voll	מָלְאָה
der **Güte** des HERRN	חֶסֶד יְהוָה

… [und] der den **Pharao** (פַּרְעֹה) und sein **Heer** (חֵילוֹ) ins Schilfmeer stieß, denn seine **Güte** (חַסְדּוֹ) währet ewiglich.

חַיִל *ḥayil*	Kraft, Tüchtigkeit, Vermögen, Streitmacht, Heer	245x S2428

פַּרְעֹה ➢ TAG 185 חֶסֶד ➢ TAG 199

וְנִעֵר פַּרְעֹה וְחֵילוֹ בְיַם־סוּף כִּי לְעוֹלָם חַסְדּוֹ׃

[und] der … stieß	וְנִעֵר
den **Pharao**	פַּרְעֹה
und sein **Heer**	וְחֵילוֹ
ins Schilfmeer	בְיַם־סוּף
denn	כִּי
seine **Güte**	חַסְדּוֹ
währet ewiglich	לְעוֹלָם

Ich will dein **Gut** (חֵילְךָ) und deine Schätze zum Raube geben als Lohn [wörtl.: nicht gegen Bezahlung, sondern] für alle deine **Sünden** (חַטֹּאותֶיךָ), die du in deinem ganzen **Gebiet** (גְּבוּלֶיךָ) begangen hast [wörtl.: und in deinem ganzen **Gebiet**].

גְּבוּל	Grenze, Gebiet	241x
gĕvûl		S1366

חַטָּאת ▸ TAG 168 חַיִל ▸ TAG 200

חֵילְךָ וְאוֹצְרוֹתֶיךָ לָבַז אֶתֵּן לֹא בִמְחִיר וּבְכָל־חַטֹּאותֶיךָ
וּבְכָל־גְּבוּלֶיךָ׃

dein **Gut**	חֵילְךָ
und deine Schätze	וְאוֹצְרוֹתֶיךָ
Ich will … geben	אֶתֵּן
zum Raube	לָבַז
als Lohn [wörtl.: nicht gegen Bezahlung]	לֹא בִמְחִיר
[sondern] für alle deine **Sünden**	וּבְכָל־חַטֹּאותֶיךָ
die du in deinem ganzen **Gebiet** begangen hast [wörtl.: und in deinem ganzen **Gebiet**]	וּבְכָל־גְּבוּלֶיךָ

Absalom aber gebot seinen **Leuten** (נְעָרָיו): Seht darauf, wenn Amnon guter Dinge wird vom Wein und ich zu euch spreche: Schlagt Amnon nieder!, so sollt ihr ihn töten. **Fürchtet euch** (תִּירָאוּ) nicht, denn habe nicht ich euch es euch geboten? Seid mutig und geht tapfer dran [wörtl.: seid Söhne der **Tüchtigkeit** (חָיִל)]! (AÜ)

נַעַר	Knabe, junger Mann, Bursche, Diener,	240x
na'ar		S5288

ירא ▸ TAG 160 **חַיִל** ▸ TAG 200

וַיְצַו אַבְשָׁלוֹם אֶת־נְעָרָיו לֵאמֹר רְאוּ נָא כְּטוֹב לֵב־אַמְנוֹן בַּיַּיִן
וְאָמַרְתִּי אֲלֵיכֶם הַכּוּ אֶת־אַמְנוֹן וַהֲמִתֶּם אֹתוֹ אַל־תִּירָאוּ הֲלוֹא כִּי
אָנֹכִי צִוִּיתִי אֶתְכֶם חִזְקוּ וִהְיוּ לִבְנֵי־חָיִל׃

Absalom aber gebot seinen **Leuten**	וַיְצַו אַבְשָׁלוֹם אֶת־נְעָרָיו
[folgendermaßen:] Seht darauf	לֵאמֹר רְאוּ נָא
wenn Amnon guter Dinge wird vom Wein	כְּטוֹב לֵב־אַמְנוֹן בַּיַּיִן
und ich zu euch spreche	וְאָמַרְתִּי אֲלֵיכֶם
Schlagt Amnon nieder	הַכּוּ אֶת־אַמְנוֹן
so sollt ihr ihn töten	וַהֲמִתֶּם אֹתוֹ
Fürchtet euch nicht	אַל־תִּירָאוּ
denn habe nicht ich es euch geboten?	הֲלוֹא כִּי אָנֹכִי צִוִּיתִי אֶתְכֶם
Seid mutig und geht tapfer dran [wörtl.: seid Söhne der **Tüchtigkeit**]	חִזְקוּ וִהְיוּ לִבְנֵי־חָיִל

Es soll kein Kind mehr da sein, das nur einige Tage lebt, oder ein Alter, der seine Tage nicht **erfüllt** (יְמַלֵּא), sondern als **Knabe** (נַעַר) gilt, wer hundert Jahre alt stirbt, und wer die hundert Jahre **nicht erreicht** (חוֹטֶא), gilt als verflucht. (AÜ)

חטא	sündigen, das Ziel verfehlen	239x
ḥāṭā'		S2398

מלא ▸ TAG 197 נַעַר ▸ TAG 202

לֹא־יִהְיֶה מִשָּׁם עוֹד עוּל יָמִים וְזָקֵן אֲשֶׁר לֹא־יְמַלֵּא אֶת־יָמָיו כִּי
הַנַּעַר בֶּן־מֵאָה שָׁנָה יָמוּת וְהַחוֹטֶא בֶּן־מֵאָה שָׁנָה יְקֻלָּל׃

Es soll nicht … mehr da sein	לֹא־יִהְיֶה מִשָּׁם עוֹד
ein Kind, … das nur einige Tage lebt	עוּל יָמִים
oder ein Alter, der	וְזָקֵן אֲשֶׁר
seine Tage nicht **erfüllt**	לֹא־יְמַלֵּא אֶת־יָמָיו
sondern …, wer … stirbt	כִּי … יָמוּת
hundert Jahre alt	בֶּן־מֵאָה שָׁנָה
als **Knabe** gilt	הַנַּעַר
und wer … **nicht erreicht**	וְהַחוֹטֶא
die hundert Jahre	בֶּן־מֵאָה שָׁנָה
gilt als verflucht	יְקֻלָּל

Sie fielen aber auf ihr Angesicht und sprachen: Ach, **Gott** (אֵל), der du bist der Gott des Lebensodems für alles **Fleisch** (בָּשָׂר), wenn ein einziger Mann **gesündigt hat** (יֶחֱטָא), willst du darum gegen die ganze Gemeinde wüten?

אֵל	Gott	237x
ʾēl		S410

בָּשָׂר ▸ TAG 190   חטא ▸ TAG 203

וַיִּפְּלוּ עַל־פְּנֵיהֶם וַיֹּאמְרוּ אֵל אֱלֹהֵי הָרוּחֹת לְכָל־בָּשָׂר הָאִישׁ אֶחָד יֶחֱטָא וְעַל כָּל־הָעֵדָה תִּקְצֹף׃

Sie fielen aber	וַיִּפְּלוּ
auf ihr Angesicht	עַל־פְּנֵיהֶם
und sprachen	וַיֹּאמְרוּ
(Ach,) **Gott**	אֵל
(der du bist) der Gott des Lebensodems	אֱלֹהֵי הָרוּחֹת
für alles **Fleisch**	לְכָל־בָּשָׂר
(wenn) ein einziger Mann **gesündigt hat**	הָאִישׁ אֶחָד יֶחֱטָא
willst du (darum) … wüten	תִּקְצֹף
gegen die ganze Gemeinde?	וְעַל כָּל־הָעֵדָה

Denn uns **ist** ein Kind **geboren** (יֻלַּד), ein Sohn ist uns gegeben, und die Herrschaft ist auf seiner Schulter; und er heißt Wunder-Rat, **Gott**(אֵל)-Held, Ewig-Vater, **Friede**(שָׁלוֹם)-Fürst.

שָׁלוֹם	Unversehrtheit, Heil, Wohlbefinden, Friede	237x
šālôm		S7965

ילד ▸ TAG 109 אֵל ▸ TAG 204

כִּי־יֶלֶד יֻלַּד־לָנוּ בֵּן נִתַּן־לָנוּ וַתְּהִי הַמִּשְׂרָה עַל־שִׁכְמוֹ וַיִּקְרָא שְׁמוֹ
פֶּלֶא יוֹעֵץ אֵל גִּבּוֹר אֲבִיעַד שַׂר־שָׁלוֹם׃

Denn uns	כִּי־ ... לָנוּ
ist ein Kind **geboren**	יֶלֶד יֻלַּד־
ein Sohn ist uns gegeben	בֵּן נִתַּן־לָנוּ
und die Herrschaft ist	וַתְּהִי הַמִּשְׂרָה
auf seiner Schulter	עַל־שִׁכְמוֹ
und er heißt	וַיִּקְרָא שְׁמוֹ
Wunder-Rat	פֶּלֶא יוֹעֵץ
Gott-Held	אֵל גִּבּוֹר
Ewig-Vater	אֲבִיעַד
Friede-Fürst	שַׂר־שָׁלוֹם

HERR, du wirst für uns **Frieden** (שָׁלוֹם) schaffen; denn **auch** (גַּם) alles, was wir ausrichten [wörtl.: unsere **Taten** (מַעֲשֵׂינוּ)], das hast du für uns getan. (AÜ)

מַעֲשֶׂה	Tat, Handlung, Arbeit, Produkt	235x
ma'ăśê		S4639

גַּם ➤ TAG 66 שָׁלוֹם ➤ TAG 205

יְהוָה תִּשְׁפֹּת שָׁלוֹם לָנוּ כִּי גַּם כָּל־מַעֲשֵׂינוּ פָּעַלְתָּ לָּנוּ׃

HERR	יְהוָה
du wirst … schaffen	תִּשְׁפֹּת
Frieden	שָׁלוֹם
für uns	לָנוּ
denn **auch**	כִּי גַּם
alles, was wir ausrichten [wörtl.: alle unsere **Taten**]	כָּל־מַעֲשֵׂינוּ
(das) hast du … getan	פָּעַלְתָּ
für uns	לָּנוּ

Aber nach allem, was über uns gekommen ist um unserer bösen **Werke** (מַעֲשֵׂינוּ) und großen Schuld willen – doch du, unser Gott, hast uns weniger bestraft, als unsere **Sünden** (עֲוֹנֵנוּ) es verdient hätten, und hast uns **diese** (זֹאת) Schar von Erretteten gegeben.
(AÜ)

עָוֹן	Sünde, Vergehen, Strafe	233x
ʿāvōn		S5771

זֹאת ➤ TAG 86 מַעֲשֶׂה ➤ TAG 206

וְאַחֲרֵי כָּל־הַבָּא עָלֵינוּ בְּמַעֲשֵׂינוּ הָרָעִים וּבְאַשְׁמָתֵנוּ הַגְּדֹלָה כִּי
אַתָּה אֱלֹהֵינוּ חָשַׂכְתָּ לְמַטָּה מֵעֲוֹנֵנוּ וְנָתַתָּה לָּנוּ פְּלֵיטָה כָּזֹאת׃

Aber nach allem	וְאַחֲרֵי כָּל־
was über uns gekommen ist	הַבָּא עָלֵינוּ
um unserer bösen **Werke**	בְּמַעֲשֵׂינוּ הָרָעִים
und großen Schuld willen	וּבְאַשְׁמָתֵנוּ הַגְּדֹלָה
– doch du, unser Gott	כִּי אַתָּה אֱלֹהֵינוּ
hast uns weniger bestraft	חָשַׂכְתָּ לְמַטָּה
als unsere **Sünden** (es verdient hätten)	מֵעֲוֹנֵנוּ
und hast uns … gegeben	וְנָתַתָּה לָּנוּ
diese	כָּזֹאת
Schar von Erretteten	פְּלֵיטָה

Richtet die Schlachtbank zu für seine Söhne um der **Missetat** (עֲוֹן) ihrer Väter willen, dass sie nicht wieder hochkommen und die Welt **erobern** (וְיָרְשׁוּ) und den Erdkreis mit Städten **füllen** (וּמָלְאוּ).

ירשׁ	in Besitz nehmen, jmd. vertreiben, vernichten	232x
yāraš		S3423

מלא ➤ TAG 197 **עָוֹן** ➤ TAG 207

הָכִינוּ לְבָנָיו מַטְבֵּחַ בַּעֲוֹן אֲבוֹתָם בַּל־יָקֻמוּ וְיָרְשׁוּ אָרֶץ וּמָלְאוּ פְנֵי־
תֵבֵל עָרִים׃

Richtet die Schlachtbank zu	הָכִינוּ … מַטְבֵּחַ
für seine Söhne	לְבָנָיו
um der **Missetat** … willen	בַּעֲוֹן
ihrer Väter	אֲבוֹתָם
dass sie nicht wieder hochkommen	בַּל־יָקֻמוּ
und die Welt **erobern**	וְיָרְשׁוּ אָרֶץ
und … **füllen**	וּמָלְאוּ
den Erdkreis	פְנֵי־תֵבֵל
mit Städten	עָרִים

Denn Mordechai, der Jude, war der zweite Mann nach König Ahasveros und **groß** (גָּדוֹל) unter den Juden und beliebt unter der Menge seiner Brüder, weil er für sein Volk Gutes suchte und redete zum **Wohl** (שָׁלוֹם) für sein ganzes **Geschlecht** (זַרְעוֹ). (AÜ)

זֶרַע *zeraʿ*	Samen, Nachkomme(nschaft), Geschlecht	229x S2233

גָּדוֹל ▹ TAG 99 שָׁלוֹם ▹ TAG 205

כִּי מָרְדֳּכַי הַיְּהוּדִי מִשְׁנֶה לַמֶּלֶךְ אֲחַשְׁוֵרוֹשׁ וְגָדוֹל לַיְּהוּדִים וְרָצוּי
לְרֹב אֶחָיו דֹּרֵשׁ טוֹב לְעַמּוֹ וְדֹבֵר שָׁלוֹם לְכָל־זַרְעוֹ׃

Denn Mordechai, der Jude	כִּי מָרְדֳּכַי הַיְּהוּדִי
war der zweite (Mann)	מִשְׁנֶה
nach König Ahasveros	לַמֶּלֶךְ אֲחַשְׁוֵרוֹשׁ
und **groß** unter den Juden	וְגָדוֹל לַיְּהוּדִים
und beliebt	וְרָצוּי
unter der Menge seiner Brüder	לְרֹב אֶחָיו
weil er … Gutes suchte	דֹּרֵשׁ טוֹב
für sein Volk	לְעַמּוֹ
und redete zum **Wohl**	וְדֹבֵר שָׁלוֹם
für sein ganzes **Geschlecht**	לְכָל־זַרְעוֹ

Denn ich will ich dich segnen und deine **Nachkommen** (זַרְעֲךָ) [**überaus**] **mehren** (הַרְבָּה אַרְבֶּה) wie die Sterne am Himmel und wie den Sand am Ufer des Meeres, und deine **Nachkommen** (זַרְעֲךָ) **sollen** die Tore ihrer Feinde **besitzen** (יִרַשׁ).

רבה	groß/viel sein; vergrößern, vermehren	229x
rāvâ		S7235

ירשׁ ➤ TAG 208 **זֶרַע** ➤ TAG 209

כִּי־בָרֵךְ אֲבָרֶכְךָ וְהַרְבָּה אַרְבֶּה אֶת־זַרְעֲךָ כְּכוֹכְבֵי הַשָּׁמַיִם וְכַחוֹל
אֲשֶׁר עַל־שְׂפַת הַיָּם וְיִרַשׁ זַרְעֲךָ אֵת שַׁעַר אֹיְבָיו׃

Denn	כִּי־
ich will ich dich segnen	בָרֵךְ אֲבָרֶכְךָ
und … [**überaus**] **mehren**	וְהַרְבָּה אַרְבֶּה
deine **Nachkommen**	אֶת־זַרְעֲךָ
wie die Sterne am Himmel	כְּכוֹכְבֵי הַשָּׁמַיִם
und wie den Sand	וְכַחוֹל
am Ufer des Meeres	אֲשֶׁר עַל־שְׂפַת הַיָּם
und deine **Nachkommen** **sollen** … **besitzen**	וְיִרַשׁ זַרְעֲךָ
die Tore ihrer Feinde	אֵת שַׁעַר אֹיְבָיו

Und der HERR erschien ihm in derselben **Nacht** (לַיְלָה) und sprach: Ich bin der Gott deines Vaters Abraham … und will dich segnen und deine **Nachkommen** (זַרְעֲךָ) **mehren** (וְהִרְבֵּיתִי) um meines Knechtes Abraham willen.

לַיְלָה	Nacht	227x
laylâ		S3915

זֶרַע ▶ TAG 209 רבה ▶ TAG 210

וַיֵּרָא אֵלָיו יְהוָה בַּלַּיְלָה הַהוּא וַיֹּאמֶר אָנֹכִי אֱלֹהֵי אַבְרָהָם אָבִיךָ
. . . וּבֵרַכְתִּיךָ וְהִרְבֵּיתִי אֶת־זַרְעֲךָ בַּעֲבוּר אַבְרָהָם עַבְדִּי׃

Und der HERR erschien ihm	וַיֵּרָא אֵלָיו יְהוָה
in derselben **Nacht**	בַּלַּיְלָה הַהוּא
und sprach	וַיֹּאמֶר
Ich bin der Gott	אָנֹכִי אֱלֹהֵי
deines Vaters Abraham …	אַבְרָהָם אָבִיךָ …
und will dich segnen	וּבֵרַכְתִּיךָ
und deine **Nachkommen mehren**	וְהִרְבֵּיתִי אֶת־זַרְעֲךָ
um … willen	בַּעֲבוּר
meines Knechtes Abraham	אַבְרָהָם עַבְדִּי

Meine Seele verlangt nach dir in der **Nacht** (לַיְלָה), ja, mit meinem Geist in meinem **Inneren** (קִרְבִּי) suche ich dich. Denn wenn deine **Gerichte** (מִשְׁפָּטֶיךָ) über die Erde kommen, so lernen die Bewohner des Erdkreises Gerechtigkeit. (AÜ)

קֶרֶב	Inneres, Mitte, Zentrum	227x
qerev		S7130

מִשְׁפָּט ➤ TAG 123 לַיְלָה ➤ TAG 211

נַפְשִׁי אִוִּיתִיךָ בַּלַּיְלָה אַף־רוּחִי בְקִרְבִּי אֲשַׁחֲרֶךָּ כִּי כַּאֲשֶׁר מִשְׁפָּטֶיךָ לָאָרֶץ צֶדֶק לָמְדוּ יֹשְׁבֵי תֵבֵל׃

Meine Seele	נַפְשִׁי
verlangt nach dir	אִוִּיתִיךָ
in der **Nacht**	בַּלַּיְלָה
ja, mit meinem Geist in meinem **Inneren**	אַף־רוּחִי בְקִרְבִּי
suche ich dich	אֲשַׁחֲרֶךָּ
Denn wenn	כִּי כַּאֲשֶׁר
deine **Gerichte**	מִשְׁפָּטֶיךָ
über die Erde (kommen)	לָאָרֶץ
so lernen	לָמְדוּ
die Bewohner des Erdkreises	יֹשְׁבֵי תֵבֵל
Gerechtigkeit	צֶדֶק

Des **Nachts** (לֵילוֹת) auf meinem Lager **suchte ich** (בִּקַּשְׁתִּי) den meine Seele liebt. **Ich suchte** (בִּקַּשְׁתִּיו) [ihn], aber **ich fand** (מְצָאתִיו) ihn nicht.

בקשׁ	suchen, nachforschen, erbitten	225x
bāqaš		S1245

מצא ▸ TAG 117 **לַיְלָה** ▸ TAG 211

עַל־מִשְׁכָּבִי בַּלֵּילוֹת בִּקַּשְׁתִּי אֵת שֶׁאָהֲבָה נַפְשִׁי בִּקַּשְׁתִּיו וְלֹא מְצָאתִיו׃

auf meinem Lager	עַל־מִשְׁכָּבִי
Des **Nachts**	בַּלֵּילוֹת
suchte ich	בִּקַּשְׁתִּי
den meine Seele liebt	אֵת שֶׁאָהֲבָה נַפְשִׁי
Ich suchte [ihn]	בִּקַּשְׁתִּיו
aber **ich fand** ihn nicht	וְלֹא מְצָאתִיו

Sie aber trieb ihre Hurerei immer schlimmer [wörtl.: **vermehrte** (וַתַּרְבֶּה) ihre Hurerei] und **dachte an** (לִזְכֹּר) die Zeit ihrer Jugend, als sie in **Ägypten**land (מִצְרָיִם) Hurerei getrieben hatte.

זכר	sich erinnern an, gedenken, erwähnen	225x
zāḵar		S2142

מִצְרַיִם ▸ TAG 80 רבה ▸ TAG 210

וַתַּרְבֶּה אֶת־תַּזְנוּתֶיהָ לִזְכֹּר אֶת־יְמֵי נְעוּרֶיהָ אֲשֶׁר זָנְתָה בְּאֶרֶץ מִצְרָיִם׃

Sie aber trieb … immer schlimmer [wörtl.: **vermehrte**]	וַתַּרְבֶּה
ihre Hurerei	אֶת־תַּזְנוּתֶיהָ
und **dachte an**	לִזְכֹּר
die Zeit ihrer Jugend	אֶת־יְמֵי נְעוּרֶיהָ
als sie	אֲשֶׁר
Hurerei getrieben hatte	זָנְתָה
in **Ägypten**land	בְּאֶרֶץ מִצְרָיִם

Und als **man** die Angelegenheit **untersuchte** (וַיְבֻקַּשׁ), wurde es als richtig befunden, und sie wurden beide an den **Galgen** (עֵץ) gehängt. Und **es wurde** vor dem König in die Chronik **geschrieben** (וַיִּכָּתֵב).

כתב	schreiben	225x
kātav		S3789

עֵץ ▶ TAG 155 בקשׁ ▶ TAG 213

וַיְבֻקַּשׁ הַדָּבָר וַיִּמָּצֵא וַיִּתָּלוּ שְׁנֵיהֶם עַל־עֵץ וַיִּכָּתֵב בְּסֵפֶר דִּבְרֵי הַיָּמִים לִפְנֵי הַמֶּלֶךְ׃

Und als **man** die Angelegenheit **untersuchte**	וַיְבֻקַּשׁ הַדָּבָר
wurde es als richtig befunden	וַיִּמָּצֵא
und sie wurden beide … gehängt	וַיִּתָּלוּ שְׁנֵיהֶם
an den **Galgen**	עַל־עֵץ
Und **es wurde** … **geschrieben**	וַיִּכָּתֵב
in die Chronik	בְּסֵפֶר דִּבְרֵי הַיָּמִים
vor dem König	לִפְנֵי הַמֶּלֶךְ

Wenn nun der HERR, dein Gott, dich vor allen deinen Feinden **ringsumher** (סָבִיב) zur Ruhe bringt im Lande, das dir der HERR, dein Gott, zum **Erbe** (נַחֲלָה) gibt, **es einzunehmen** (רִשְׁתָּהּ), …

נַחֲלָה	Erbe, Erbteil, (Erb)besitz	223x
naḥălâ		S5159

סָבִיב ➤ TAG 152 ירשׁ ➤ TAG 208

וְהָיָה בְּהָנִיחַ יְהוָה אֱלֹהֶיךָ לְךָ מִכָּל־אֹיְבֶיךָ מִסָּבִיב בָּאָרֶץ אֲשֶׁר יְהוָה־אֱלֹהֶיךָ נֹתֵן לְךָ נַחֲלָה לְרִשְׁתָּהּ

Wenn nun der HERR, dein Gott, dich … zur Ruhe bringt	וְהָיָה בְּהָנִיחַ יְהוָה אֱלֹהֶיךָ לְךָ
vor allen deinen Feinden	מִכָּל־אֹיְבֶיךָ
ringsumher	מִסָּבִיב
im Lande, das	בָּאָרֶץ אֲשֶׁר
der HERR, dein Gott,	יְהוָה־אֱלֹהֶיךָ
dir … gibt	נֹתֵן לְךָ
zum **Erbe** … , **es einzunehmen**	נַחֲלָה לְרִשְׁתָּהּ

Den Söhnen Levi aber [siehe] habe ich alle Zehnten gegeben in Israel als **Erbteil** (נַחֲלָה) für ihren Dienst, den sie **tun** (עֹבְדִים), den Dienst an der Stiftshütte [wörtl.: am Zelt der **Begegnung** (מוֹעֵד)].

(AÜ)

מוֹעֵד *mōʿēd*	Verabredung, Begegnung, Versammlung, Fest	223x S4150

עבד ➤ TAG 175 **נַחֲלָה** ➤ TAG 216

וְלִבְנֵי לֵוִי הִנֵּה נָתַתִּי כָּל־מַעֲשֵׂר בְּיִשְׂרָאֵל לְנַחֲלָה חֵלֶף עֲבֹדָתָם
אֲשֶׁר־הֵם עֹבְדִים אֶת־עֲבֹדַת אֹהֶל מוֹעֵד׃

Den Söhnen Levi aber	וְלִבְנֵי לֵוִי
[siehe] habe ich … gegeben	הִנֵּה נָתַתִּי
alle Zehnten	כָּל־מַעֲשֵׂר
in Israel	בְּיִשְׂרָאֵל
als **Erbteil**	לְנַחֲלָה
für ihren Dienst	חֵלֶף עֲבֹדָתָם
den sie **tun**	אֲשֶׁר־הֵם עֹבְדִים
den Dienst	אֶת־עֲבֹדַת
an der Stiftshütte [wörtl.: am Zelt der **Begegnung**]	אֹהֶל מוֹעֵד

Und der HERR sprach zu Mose: Komm herauf zu mir auf den Berg und bleib daselbst, dass ich dir gebe die **steinernen** (אֶבֶן) Tafeln, **Gesetz** (תּוֹרָה) und Gebot, die **ich geschrieben habe** (כָּתַבְתִּי), um sie zu unterweisen.

תּוֹרָה	Gesetz, Lehre, Weisung	223x
tôrâ		S8451

אֶבֶן ▷ TAG 187 **כתב** ▷ TAG 215

וַיֹּאמֶר יְהוָה אֶל־מֹשֶׁה עֲלֵה אֵלַי הָהָרָה וֶהְיֵה־שָׁם וְאֶתְּנָה לְךָ אֶת־
לֻחֹת הָאֶבֶן וְהַתּוֹרָה וְהַמִּצְוָה אֲשֶׁר כָּתַבְתִּי לְהוֹרֹתָם׃

Und der HERR sprach	וַיֹּאמֶר יְהוָה
zu Mose	אֶל־מֹשֶׁה
Komm herauf zu mir	עֲלֵה אֵלַי
auf den Berg	הָהָרָה
und bleib daselbst	וֶהְיֵה־שָׁם
dass ich dir gebe	וְאֶתְּנָה לְךָ
die **steinernen** Tafeln	אֶת־לֻחֹת הָאֶבֶן
Gesetz	וְהַתּוֹרָה
und Gebot	וְהַמִּצְוָה
die **ich geschrieben habe**	אֲשֶׁר כָּתַבְתִּי
um sie zu unterweisen	לְהוֹרֹתָם

Und ich will den **Fuß** (רֶגֶל) Israels nicht mehr weichen lassen von dem **Lande** (אֲדָמָה), das ich ihren Vätern gegeben habe, sofern sie alles halten und tun, was ich [ihnen] geboten habe, und das ganze **Gesetz** (תּוֹרָה) …

אֲדָמָה	Erdboden, Erde, Grund und Boden, Land	222x
ʾădāmâ		S127

רֶגֶל ▸ TAG 196 **תּוֹרָה** ▸ TAG 218

וְלֹא אֹסִיף לְהָנִיד רֶגֶל יִשְׂרָאֵל מִן־הָאֲדָמָה אֲשֶׁר נָתַתִּי לַאֲבוֹתָם רַק
אִם־יִשְׁמְרוּ לַעֲשׂוֹת כְּכֹל אֲשֶׁר צִוִּיתִים וּלְכָל־הַתּוֹרָה

Und ich will … nicht mehr	וְלֹא אֹסִיף
weichen lassen	לְהָנִיד
den **Fuß** Israels	רֶגֶל יִשְׂרָאֵל
von dem **Lande,** das	מִן־הָאֲדָמָה אֲשֶׁר
ich ihren Vätern gegeben habe	נָתַתִּי לַאֲבוֹתָם
sofern	רַק אִם־
sofern sie alles halten und tun	יִשְׁמְרוּ לַעֲשׂוֹת כְּכֹל
was ich [ihnen] geboten habe	אֲשֶׁר צִוִּיתִים
und das ganze **Gesetz**	וּלְכָל־הַתּוֹרָה

Du sollst deinen Vater und deine **Mutter** (אִמֶּךָ) ehren, **auf dass** (לְמַעַן) du lange lebest [wörtl.: lange währen deine Tage] in dem **Lande** (אֲדָמָה), das dir der HERR, dein Gott, geben wird.

אֵם	Mutter	220x
ʾēm		S517

לְמַעַן ➢ TAG 188 אֲדָמָה ➢ TAG 219

כַּבֵּד אֶת־אָבִיךָ וְאֶת־אִמֶּךָ לְמַעַן יַאֲרִכוּן יָמֶיךָ עַל הָאֲדָמָה אֲשֶׁר־
יְהוָה אֱלֹהֶיךָ נֹתֵן לָךְ׃

Du sollst … ehren	כַּבֵּד
deinen Vater	אֶת־אָבִיךָ
und deine **Mutter**	וְאֶת־אִמֶּךָ
auf dass du lange lebest [wörtl.: lange währen deine Tage]	לְמַעַן יַאֲרִכוּן יָמֶיךָ
in dem **Lande**	עַל הָאֲדָמָה
das … der HERR, dein Gott	אֲשֶׁר־יְהוָה אֱלֹהֶיךָ
dir … geben wird	נֹתֵן לָךְ

Wer Betrug ausübt, darf nicht im **Inneren** (קֶרֶב) meines Hauses bleiben, wer Lügen redet, **besteht** (יִכּוֹן) nicht vor meinen **Augen** (עֵינָי). (AÜ)

כון	bestehen, fest sein, aufstellen,	219x
kûn	einsetzen, gründen	S3559

עַיִן ▶ TAG 51 קֶרֶב ▶ TAG 212

לֹא־יֵשֵׁב בְּקֶרֶב בֵּיתִי עֹשֵׂה רְמִיָּה דֹּבֵר שְׁקָרִים לֹא־יִכּוֹן לְנֶגֶד עֵינָי׃

Wer … ausübt	עֹשֵׂה
Betrug	רְמִיָּה
darf nicht … bleiben	לֹא־יֵשֵׁב
im **Inneren** meines Hauses	בְּקֶרֶב בֵּיתִי
wer … redet	דֹּבֵר
Lügen	שְׁקָרִים
besteht nicht	לֹא־יִכּוֹן
vor meinen **Augen**	לְנֶגֶד עֵינָי

Da rief **Josua** (יְהוֹשֻׁעַ) die zwölf [wörtl.: zwei-(und-)**zehn** (עָשָׂר)] Männer, die **er bestellt hatte** (הֵכִין) von den Israeliten, aus jedem Stamm einen [Mann].

יְהוֹשׁוּעַ	Josua, Jeschua, Jehoschua	218x
yĕhôšûaʿ		S3091

עָשָׂר ▸ TAG 153 כון ▸ TAG 221

וַיִּקְרָא יְהוֹשֻׁעַ אֶל־שְׁנֵים הֶעָשָׂר אִישׁ אֲשֶׁר הֵכִין מִבְּנֵי יִשְׂרָאֵל אִישׁ־אֶחָד אִישׁ־אֶחָד מִשָּׁבֶט׃

Da rief **Josua**	וַיִּקְרָא יְהוֹשֻׁעַ
die zwölf [wörtl.: zwei-(und-)**zehn**]	אֶל־שְׁנֵים הֶעָשָׂר
Männer	אִישׁ
die **er bestellt hatte**	אֲשֶׁר הֵכִין
von den Israeliten	מִבְּנֵי יִשְׂרָאֵל
aus jedem Stamm einen [Mann]	אִישׁ־אֶחָד אִישׁ־אֶחָד מִשָּׁבֶט

Jeschua (וִיהוֹשֻׁעַ) aber hatte unreine **Kleider** (בְּגָדִים) an und **stand** (עֹמֵד) vor dem Engel.

בֶּגֶד	Gewand, Decke, Kleidung	217x
beged		S899

עמד ▶ TAG 100 יְהוֹשׁוּעַ ▶ TAG 222

וִיהוֹשֻׁעַ הָיָה לָבֻשׁ בְּגָדִים צוֹאִים וְעֹמֵד לִפְנֵי הַמַּלְאָךְ׃

Jeschua aber	וִיהוֹשֻׁעַ
hatte … an	הָיָה לָבֻשׁ
unreine **Kleider**	בְּגָדִים צוֹאִים
und **stand**	וְעֹמֵד
vor dem Engel	לִפְנֵי הַמַּלְאָךְ

Da ging er hin und **holte** (וַיִּקַּח) und brachte es seiner **Mutter** (אִמּוֹ). Da machte seine **Mutter** (אִמּוֹ) ein Essen, wie es sein Vater **gerne hatte** (אָהֵב).

אהב	lieben, gerne haben	217x
ʾāhav		S157

לקח ▷ TAG 49 **אֵם** ▷ TAG 220

וַיֵּלֶךְ וַיִּקַּח וַיָּבֵא לְאִמּוֹ וַתַּעַשׂ אִמּוֹ מַטְעַמִּים כַּאֲשֶׁר אָהֵב אָבִיו׃

Da ging er hin	וַיֵּלֶךְ
und **holte**	וַיִּקַּח
und brachte es	וַיָּבֵא
seiner **Mutter**	לְאִמּוֹ
Da machte seine **Mutter**	וַתַּעַשׂ אִמּוֹ
ein Essen	מַטְעַמִּים
wie	כַּאֲשֶׁר
es sein Vater **gerne hatte**	אָהֵב אָבִיו

Und sie waren dort bei David **drei** (שְׁלוֹשָׁה) Tage, aßen und **tranken** (שׁוֹתִים); denn ihre Brüder **hatten** für sie **gesorgt** (הֵכִינוּ).

שׁתה *šātâ*	trinken	217x S8354

שָׁלֹשׁ ▸ TAG 85   כון ▸ TAG 221

וַיִּהְיוּ־שָׁם עִם־דָּוִיד יָמִים שְׁלוֹשָׁה אֹכְלִים וְשׁוֹתִים כִּי־הֵכִינוּ לָהֶם אֲחֵיהֶם׃

Und sie waren dort	וַיִּהְיוּ־שָׁם
bei David	עִם־דָּוִיד
drei Tage	יָמִים שְׁלוֹשָׁה
aßen	אֹכְלִים
und **tranken**	וְשׁוֹתִים
denn ihre Brüder	כִּי־ ... אֲחֵיהֶם
hatten für sie **gesorgt**	הֵכִינוּ לָהֶם

Und auf gepfändeten **Kleidern** (בְּגָדִים) **strecken sie sich aus** (יַטּוּ) neben allen Altären und [**sie**] **trinken** (יִשְׁתּוּ) Wein vom Gelde der Bestraften im Hause ihres Gottes. (AÜ)

נטה *nāṭâ*	ausstrecken, ausspannen, (sich) neigen, beugen, abbiegen	216x S5186

בֶּגֶד ➤ TAG 223 שׁתה ➤ TAG 225

וְעַל־בְּגָדִים חֲבֻלִים יַטּוּ אֵצֶל כָּל־מִזְבֵּחַ וְיֵין עֲנוּשִׁים יִשְׁתּוּ בֵּית אֱלֹהֵיהֶם׃

Und auf	וְעַל־
gepfändeten **Kleidern**	בְּגָדִים חֲבֻלִים
strecken sie sich aus	יַטּוּ
neben	אֵצֶל
allen Altären	כָּל־מִזְבֵּחַ
und … Wein vom Gelde der Bestraften	וְיֵין עֲנוּשִׁים
[sie] **trinken**	יִשְׁתּוּ
im Hause ihres Gottes	בֵּית אֱלֹהֵיהֶם

Denn wir sind Knechte, aber unser Gott **hat** uns nicht **verlassen** (עֲזָבָנוּ) in unserer Knechtschaft und **hat** uns die **Gunst** (חֶסֶד) der Könige von Persien **zugewandt** (וַיַּט), dass er uns wieder aufleben ließ [wörtl.: Belebung gab], um das Haus unseres Gottes aufzubauen.

עזב	verlassen, zurücklassen, aufgeben	215x
ʿāzav		S5800

חֶסֶד ➤ TAG 199 נטה ➤ TAG 226

כִּי־עֲבָדִים אֲנַחְנוּ וּבְעַבְדֻתֵנוּ לֹא עֲזָבָנוּ אֱלֹהֵינוּ וַיַּט־עָלֵינוּ חֶסֶד לִפְנֵי מַלְכֵי פָרַס לָתֶת־לָנוּ מִחְיָה לְרוֹמֵם אֶת־בֵּית אֱלֹהֵינוּ

Denn wir sind Knechte	כִּי־עֲבָדִים אֲנַחְנוּ
aber … in unserer Knechtschaft	וּבְעַבְדֻתֵנוּ
unser Gott	אֱלֹהֵינוּ
hat uns nicht **verlassen**	לֹא עֲזָבָנוּ
und **hat** uns die **Gunst** … **zugewandt**	וַיַּט־עָלֵינוּ חֶסֶד
der Könige von Persien	לִפְנֵי מַלְכֵי פָרַס
dass er uns … ließ [wörtl.: gab]	לָתֶת־לָנוּ
wieder aufleben [wörtl.: Belebung]	מִחְיָה
um … aufzubauen	לְרוֹמֵם
das Haus unseres Gottes	אֶת־בֵּית אֱלֹהֵינוּ

Und sie machten sich auf und flohen in der Dämmerung und **ließen** (וַיַּעַזְבוּ) ihre **Zelte** (אָהֳלֵיהֶם), [und ihre] Rosse und [ihre] Esel im **Lager** (מַחֲנֶה), wie es stand, und flohen, um ihr Leben zu retten.

מַחֲנֶה	Lager, Kriegslager, Heer	215x
maḥănê		S4264

אֹהֶל ▸ TAG 149 עזב ▸ TAG 227

וַיָּקוּמוּ וַיָּנוּסוּ בַנֶּשֶׁף וַיַּעַזְבוּ אֶת־אָהֳלֵיהֶם וְאֶת־סוּסֵיהֶם וְאֶת־
חֲמֹרֵיהֶם הַמַּחֲנֶה כַּאֲשֶׁר־הִיא וַיָּנֻסוּ אֶל־נַפְשָׁם׃

Und sie machten sich auf	וַיָּקוּמוּ
und flohen	וַיָּנוּסוּ
in der Dämmerung	בַנֶּשֶׁף
und **verließen**	וַיַּעַזְבוּ
ihre **Zelte**	אֶת־אָהֳלֵיהֶם
[und ihre] Rosse	וְאֶת־סוּסֵיהֶם
und [ihre] Esel	וְאֶת־חֲמֹרֵיהֶם
im **Lager**	הַמַּחֲנֶה
wie es stand	כַּאֲשֶׁר־הִיא
und flohen	וַיָּנֻסוּ
um ihr Leben (zu retten)	אֶל־נַפְשָׁם

Auch ich **will** nicht **fortfahren** (**אוֹסִיף**), noch irgendwen vor ihnen zu vertreiben, von den Völkern, die **Josua** (**יְהוֹשׁוּעַ**) **übrig gelassen hat** (**עָזַב**), als er starb. (AÜ)

יסף *yāsaf*	hinzufügen, weitermachen, fortfahren	214x S3254

יְהוֹשׁוּעַ ▸ TAG 222 **עזב** ▸ TAG 227

גַּם־אֲנִי לֹא אוֹסִיף לְהוֹרִישׁ אִישׁ מִפְּנֵיהֶם מִן־הַגּוֹיִם אֲשֶׁר־עָזַב יְהוֹשֻׁעַ וַיָּמֹת׃

Auch ich	גַּם־אֲנִי
will nicht **fortfahren**, … (noch) … zu vertreiben	לֹא אוֹסִיף לְהוֹרִישׁ
vor ihnen	מִפְּנֵיהֶם
irgendwen … von den Völkern	אִישׁ … מִן־הַגּוֹיִם
die **Josua übrig gelassen hat**	אֲשֶׁר־עָזַב יְהוֹשֻׁעַ
als er starb	וַיָּמֹת

Gott tue den **Feinden (אֹיְבֵי)** Davids dies [wörtl.: so] und noch mehr [wörtl.: und so **soll er hinzufügen** (יֹסִיף)], wenn ich ihm bis zum lichten **Morgen** einen Einzigen übrig lasse, der an die Wand pisst, von allem, was er hat. (AÜ)

בֹּקֶר	Morgen	214x
bōqer		S1242

אֹיֵב ➢ TAG 178 **יסף** ➢ TAG 229

כֹּה־יַעֲשֶׂה אֱלֹהִים לְאֹיְבֵי דָוִד וְכֹה יֹסִיף אִם־אַשְׁאִיר מִכָּל־אֲשֶׁר־לוֹ
עַד־הַבֹּקֶר מַשְׁתִּין בְּקִיר׃

Gott tue … dies [wörtl.: so]	כֹּה־יַעֲשֶׂה אֱלֹהִים
den **Feinden** Davids	לְאֹיְבֵי דָוִד
und noch mehr [wörtl.: und so **soll er hinzufügen**]	וְכֹה יֹסִיף
wenn ich (ihm) … übrig lasse	אִם־אַשְׁאִיר
bis zum (lichten) Morgen	עַד־הַבֹּקֶר
einen (Einzigen) …, der an die Wand pisst	מַשְׁתִּין בְּקִיר
von allem, was er hat	מִכָּל־אֲשֶׁר־לוֹ

Und **sie nannte** (וַתִּקְרָא) ihn [wörtl.: seinen Namen] **Josef** (יוֹסֵף) und sprach: Der HERR **wolle** mir noch einen [weiteren] Sohn **dazugeben** (יֹסֵף)!

יוֹסֵף	Josef	213x
yôsēf		S3130

קרא ➢ TAG 76 **יסף** ➢ TAG 229

וַתִּקְרָא אֶת־שְׁמוֹ יוֹסֵף לֵאמֹר יֹסֵף יְהוָה לִי בֵּן אַחֵר׃

Und **sie nannte**	וַתִּקְרָא
ihn [wörtl.: seinen **Namen**]	אֶת־שְׁמוֹ
Josef	יוֹסֵף
und sprach	לֵאמֹר
Der HERR **wolle** mir noch … **dazugeben**	יֹסֵף יְהוָה לִי
einen [weiteren] Sohn	בֵּן אַחֵר

Saul sandte aber **Boten** (מַלְאָכִים) zu Davids Haus, ihn zu bewachen und am **Morgen** (בֹּקֶר) zu töten. Aber Michal, seine **Frau** (אִשְׁתּוֹ), sagte es David und sprach: Wirst du nicht diese Nacht dein Leben retten, so musst du morgen sterben. (AÜ)

מַלְאָךְ	Engel, Bote	213x
mal'āḵ		S4397

אִשָּׁה ➢ TAG 64 בֹּקֶר ➢ TAG 230

וַיִּשְׁלַח שָׁאוּל מַלְאָכִים אֶל־בֵּית דָּוִד לְשָׁמְרוֹ וְלַהֲמִיתוֹ בַּבֹּקֶר וַתַּגֵּד
לְדָוִד מִיכַל אִשְׁתּוֹ לֵאמֹר אִם־אֵינְךָ מְמַלֵּט אֶת־נַפְשְׁךָ הַלַּיְלָה מָחָר
אַתָּה מוּמָת׃

Saul sandte aber **Boten**	וַיִּשְׁלַח שָׁאוּל מַלְאָכִים
zu Davids Haus	אֶל־בֵּית דָּוִד
ihn zu bewachen	לְשָׁמְרוֹ
und [ihn] am **Morgen** zu töten	וְלַהֲמִיתוֹ בַּבֹּקֶר
Aber Michal, seine **Frau**, sagte es David und sprach	וַתַּגֵּד לְדָוִד מִיכַל אִשְׁתּוֹ לֵאמֹר
Wirst du nicht … dein Leben retten	אִם־אֵינְךָ מְמַלֵּט אֶת־נַפְשְׁךָ
diese Nacht	הַלַּיְלָה
so musst du morgen sterben	מָחָר אַתָּה מוּמָת

Denn der HERR, dein Gott, zieht mit dir inmitten deines **Lagers** (מַחֲנֶךָ), um dich **zu erretten** (הַצִּילְךָ) und deine **Feinde** (אֹיְבֶיךָ) vor dir dahinzugeben. Darum soll dein **Lager** (מַחֲנֶיךָ) heilig sein, …

נצל	wegnehmen, retten, erretten,	213x
nāṣal		S5337

אֹיֵב ▸ TAG 178 מַחֲנֶה ▸ TAG 228

כִּי יְהוָה אֱלֹהֶיךָ מִתְהַלֵּךְ בְּקֶרֶב מַחֲנֶךָ לְהַצִּילְךָ וְלָתֵת אֹיְבֶיךָ לְפָנֶיךָ
וְהָיָה מַחֲנֶיךָ קָדוֹשׁ

Denn	כִּי
der HERR, dein Gott	יְהוָה אֱלֹהֶיךָ
zieht mit dir	מִתְהַלֵּךְ
inmitten deines **Lagers**	בְּקֶרֶב מַחֲנֶךָ
um dich **zu erretten**	לְהַצִּילְךָ
und deine **Feinde** … dahinzugeben	וְלָתֵת אֹיְבֶיךָ
vor dir	לְפָנֶיךָ
Darum soll dein **Lager** heilig sein	וְהָיָה מַחֲנֶיךָ קָדוֹשׁ

Und David sandte **Boten** (מַלְאָכִים) hin und ließ sie holen [wörtl.: und **nahm** (וַיִּקָּחֶהָ) sie]. Und als sie zu ihm kam, schlief [wörtl.: **lag** (וַיִּשְׁכַּב)] er bei ihr; sie aber hatte sich gerade gereinigt von ihrer Unreinheit. Und sie kehrte in ihr Haus zurück.

שׁכב	sich legen, liegen	213x
šā<u>k</u>av		S7901

לקח ▸ TAG 49 מַלְאָךְ ▸ TAG 232

וַיִּשְׁלַח דָּוִד מַלְאָכִים וַיִּקָּחֶהָ וַתָּבוֹא אֵלָיו וַיִּשְׁכַּב עִמָּהּ וְהִיא
מִתְקַדֶּשֶׁת מִטֻּמְאָתָהּ וַתָּשָׁב אֶל־בֵּיתָהּ׃

Und David sandte … hin	וַיִּשְׁלַח דָּוִד
Boten	מַלְאָכִים
und ließ sie holen [wörtl.: und **nahm** sie]	וַיִּקָּחֶהָ
Und als sie zu ihm kam	וַתָּבוֹא אֵלָיו
schlief [wörtl.: **lag**] er bei ihr	וַיִּשְׁכַּב עִמָּהּ
sie aber hatte sich gerade gereinigt	וְהִיא מִתְקַדֶּשֶׁת
von ihrer Unreinheit	מִטֻּמְאָתָהּ
Und sie kehrte … zurück.	וַתָּשָׁב
in ihr Haus	אֶל־בֵּיתָהּ

Sie aber **stellten** (וַיָּכִינוּ) das **Geschenk** (מִנְחָה) **bereit**, bis **Josef** (יוֹסֵף) mittags käme; denn sie hatten gehört, dass sie dort essen sollten. (AÜ)

מִנְחָה *minḥâ*	Geschenk, Opfergabe	211x S4503

כון ▸ TAG 221 יוֹסֵף ▸ TAG 231

וַיָּכִינוּ אֶת־הַמִּנְחָה עַד־בּוֹא יוֹסֵף בַּצָּהֳרָיִם כִּי שָׁמְעוּ כִּי־שָׁם יֹאכְלוּ לָחֶם׃

Sie aber **stellten** … **bereit**	וַיָּכִינוּ
das **Geschenk**	אֶת־הַמִּנְחָה
bis **Josef** … käme	עַד־בּוֹא יוֹסֵף
mittags	בַּצָּהֳרָיִם
denn sie hatten gehört, dass	כִּי שָׁמְעוּ כִּי־
dort	שָׁם
sie … essen sollten	יֹאכְלוּ לָחֶם

Denn wenn sie auch fasten, so will ich doch ihr Flehen nicht erhören; und wenn sie auch **Brandopfer** (עֹלָה) und **Speisopfer** (מִנְחָה) darbringen, so gefallen sie mir doch nicht, sondern ich **will** sie durch Schwert, Hunger und Pest **aufreiben** (מְכַלֶּה).

כלה *kālâ*	aufhören, vergehen; vollenden, ein Ende machen, aufreiben, vernichten	208x S3615

עֹלָה ▸ TAG 176 מִנְחָה ▸ TAG 235

כִּי יָצֻמוּ אֵינֶנִּי שֹׁמֵעַ אֶל־רִנָּתָם וְכִי יַעֲלוּ עֹלָה וּמִנְחָה אֵינֶנִּי רֹצָם כִּי בַּחֶרֶב וּבָרָעָב וּבַדֶּבֶר אָנֹכִי מְכַלֶּה אוֹתָם׃

Denn wenn sie auch fasten	כִּי יָצֻמוּ
so will ich doch ihr Flehen nicht erhören	אֵינֶנִּי שֹׁמֵעַ אֶל־רִנָּתָם
und wenn sie auch … darbringen	וְכִי יַעֲלוּ
Brandopfer	עֹלָה
und **Speisopfer**	וּמִנְחָה
so gefallen sie mir doch nicht	אֵינֶנִּי רֹצָם
sondern ich **will** sie … **aufreiben**	כִּי … אָנֹכִי מְכַלֶּה אוֹתָם
durch Schwert	בַּחֶרֶב
durch Hunger	וּבָרָעָב
und durch Pest	וּבַדֶּבֶר

Der **Gerechte** (צַדִּיק) muss viel leiden [wörtl.: hat viele/vielfältige **Bedrängnisse** (רָעוֹת)], aber aus alledem **rettet** (יַצִּילֶנּוּ) ihn der HERR.

צַדִּיק	gerecht, Gerechter	206x
*ṣad**dîq***		S6662

רָעָה ▷ TAG 163 נצל ▷ TAG 233

רַבּוֹת רָעוֹת צַדִּיק וּמִכֻּלָּם יַצִּילֶנּוּ יְהוָה׃

Der **Gerechte**	צַדִּיק
muss … leiden [wörtl.: hat … **Bedrängnisse**]	רָעוֹת
viel [wörtl.: viele/vielfältige]	רַבּוֹת
aber aus alledem	וּמִכֻּלָּם
rettet ihn	יַצִּילֶנּוּ
der HERR	יְהוָה׃

Du, Tochter Zion, freue dich **sehr** (מְאֹד), und du, Tochter Jerusalem, jauchze! Siehe, dein König kommt zu dir, **ein Gerechter** (צַדִּיק) und **ein Helfer** (נוֹשָׁע) [ist er], arm und reitet auf einem Esel, auf einem Füllen[, einem Jungen] der Eselin.

ישׁע	retten, helfen, befreien	205x
yāšaʿ		S3467

מְאֹד ▸ TAG 166 **צַדִּיק** ▸ TAG 237

גִּילִי מְאֹד בַּת־צִיּוֹן הָרִיעִי בַּת יְרוּשָׁלַםִ הִנֵּה מַלְכֵּךְ יָבוֹא לָךְ צַדִּיק
וְנוֹשָׁע הוּא עָנִי וְרֹכֵב עַל־חֲמוֹר וְעַל־עַיִר בֶּן־אֲתֹנוֹת׃

(Du,) Tochter Zion	בַּת־צִיּוֹן
freue dich **sehr**	גִּילִי מְאֹד
(und du,) Tochter Jerusalem	בַּת יְרוּשָׁלַםִ
jauchze!	הָרִיעִי
Siehe	הִנֵּה
dein König kommt zu dir	מַלְכֵּךְ יָבוֹא לָךְ
ein Gerechter und **ein Helfer** [ist er]	צַדִּיק וְנוֹשָׁע הוּא
arm	עָנִי
und reitet auf einem Esel	וְרֹכֵב עַל־חֲמוֹר
auf einem Füllen	וְעַל־עַיִר
[einem Jungen] der Eselin	בֶּן־אֲתֹנוֹת

Denn (כִּי) der HERR ist unser **Richter** (שֹׁפְטֵנוּ), der HERR ist unser Meister, der HERR ist unser König; der **hilft** (יוֹשִׁיעֵנוּ) uns!

שׁפט	richten, Recht sprechen	204x
šāfaṭ		S8199

כִּי ➤ TAG 15 ישׁע ➤ TAG 238

כִּי יְהוָה שֹׁפְטֵנוּ יְהוָה מְחֹקְקֵנוּ יְהוָה מַלְכֵּנוּ הוּא יוֹשִׁיעֵנוּ׃

Denn	כִּי
der HERR	יְהוָה
ist unser **Richter**	שֹׁפְטֵנוּ
der HERR	יְהוָה
ist unser Meister	מְחֹקְקֵנוּ
der HERR	יְהוָה
ist unser König	מַלְכֵּנוּ
der	הוּא
hilft uns	יוֹשִׁיעֵנוּ

Als er aber die **Lade** (אֲרוֹן) Gottes nannte, fiel Eli [wörtl.: er] rücklings vom Stuhl am **Tor** (שַׁעַר) und brach sich den Hals und starb, denn er war alt und ein schwerer Mann. Er **richtete** (שָׁפַט) aber Israel vierzig Jahre.

אֲרוֹן	Arche, Kasten, Lade	202x
ʾărôn		S727

שַׁעַר ▷ TAG 142 **שפט** ▷ TAG 239

וַיְהִי כְּהַזְכִּירוֹ אֶת־אֲרוֹן הָאֱלֹהִים וַיִּפֹּל מֵעַל־הַכִּסֵּא אֲחֹרַנִּית בְּעַד יַד הַשַּׁעַר וַתִּשָּׁבֵר מַפְרַקְתּוֹ וַיָּמֹת כִּי־זָקֵן הָאִישׁ וְכָבֵד וְהוּא שָׁפַט אֶת־יִשְׂרָאֵל אַרְבָּעִים שָׁנָה׃

Als er aber … nannte	וַיְהִי כְּהַזְכִּירוֹ
die **Lade** Gottes	אֶת־אֲרוֹן הָאֱלֹהִים
fiel Eli [wörtl.: er] rücklings	וַיִּפֹּל אֲחֹרַנִּית
vom Stuhl	מֵעַל־הַכִּסֵּא
am **Tor**	בְּעַד יַד הַשַּׁעַר
und brach sich den Hals	וַתִּשָּׁבֵר מַפְרַקְתּוֹ
und starb	וַיָּמֹת
denn er war alt und ein schwerer Mann	כִּי־זָקֵן הָאִישׁ וְכָבֵד
Er **richtete** aber Israel	וְהוּא שָׁפַט אֶת־יִשְׂרָאֵל
vierzig Jahre	אַרְבָּעִים שָׁנָה

Und sie sandten hin und **versammelten** (וַיַּאַסְפוּ) alle Fürsten der **Philister** (פְּלִשְׁתִּים) zu sich und sprachen: Was sollen wir mit der **Lade** (אֲרוֹן) des Gottes Israels machen? Da antworteten sie: Lasst die **Lade** (אֲרוֹן) des Gottes Israels nach Gat tragen.

אסף	einsammeln, versammeln	200x
ʾāsaf		S622

פְּלִשְׁתִּי ➤ TAG 173 אֲרוֹן ➤ TAG 240

וַיִּשְׁלְחוּ וַיַּאַסְפוּ אֶת־כָּל־סַרְנֵי פְלִשְׁתִּים אֲלֵיהֶם וַיֹּאמְרוּ מַה־נַּעֲשֶׂה
לַאֲרוֹן אֱלֹהֵי יִשְׂרָאֵל וַיֹּאמְרוּ גַּת יִסֹּב אֲרוֹן אֱלֹהֵי יִשְׂרָאֵל

Und sie sandten hin	וַיִּשְׁלְחוּ
und **versammelten** … zu sich	וַיַּאַסְפוּ … אֲלֵיהֶם
alle Fürsten der **Philister**	אֶת־כָּל־סַרְנֵי פְלִשְׁתִּים
und sprachen	וַיֹּאמְרוּ
Was sollen wir … machen?	מַה־נַּעֲשֶׂה
mit der **Lade** des Gottes Israels?	לַאֲרוֹן אֱלֹהֵי יִשְׂרָאֵל
Da antworteten sie	וַיֹּאמְרוּ
Lasst … tragen	יִסֹּב
die **Lade** des Gottes Israels	אֲרוֹן אֱלֹהֵי יִשְׂרָאֵל
nach Gat	גַּת

Dann wird dein Licht hervorbrechen wie die Morgenröte, und deine Heilung wird schnell voranschreiten, und deine Gerechtigkeit **wird** vor dir her **gehen** (וְהָלַךְ), und die **Herrlichkeit** (כְּבוֹד) des HERRN wird deinen Zug beschließen [wörtl.: **wird** dich **einsammeln** (יַאַסְפֶךָ)].

כָּבוֹד	Ehre, Herrlichkeit	200x
kāvôd		S3519

הלך ▶ TAG 31 אסף ▶ TAG 241

אָז יִבָּקַע כַּשַּׁחַר אוֹרֶךָ וַאֲרֻכָתְךָ מְהֵרָה תִצְמָח וְהָלַךְ לְפָנֶיךָ צִדְקֶךָ
כְּבוֹד יְהוָה יַאַסְפֶךָ׃

Dann … dein Licht	אָז ... אוֹרֶךָ
wird … hervorbrechen	יִבָּקַע
wie die Morgenröte	כַּשַּׁחַר
und deine Heilung	וַאֲרֻכָתְךָ
wird … voranschreiten	תִצְמָח
schnell	מְהֵרָה
und deine Gerechtigkeit **wird** vor dir her **gehen**	וְהָלַךְ לְפָנֶיךָ צִדְקֶךָ
und die **Herrlichkeit** des HERRN	כְּבוֹד יְהוָה
wird deinen Zug beschließen [wörtl.: **wird** dich **einsammeln**]	יַאַסְפֶךָ

Der HERR **ist hoch** (רָם) über alle **Völker** (גּוֹיִם); seine **Herrlichkeit** (כְּבוֹדוֹ) reicht, so weit der Himmel ist [wörtl.: über den Himmel].

רום	hoch sein, sich erheben; erhöhen	196x
rûm		S7311

גּוֹי ▹ TAG 95 כָּבוֹד ▹ TAG 242

רָם עַל־כָּל־גּוֹיִם יְהוָה עַל הַשָּׁמַיִם כְּבוֹדוֹ׃

Der HERR	יְהוָה
ist hoch	רָם
über alle **Völker**	עַל־כָּל־גּוֹיִם
seine **Herrlichkeit**	כְּבוֹדוֹ
reicht, so weit der Himmel ist [wörtl.: über den Himmel]	עַל הַשָּׁמַיִם

Wenn dann meine **Herrlichkeit** (כְּבֹדִי) **vorübergeht** (עֲבֹר), will ich dich in die Felskluft stellen und meine **Hand** (כַּפִּי) über dir halten, bis ich **vorübergegangen bin** (עָבְרִי).

כַּף	(hohle) Hand, Handfläche, Fußsohle	195x
kaf		S3709

עבר ▸ TAG 97 כָּבוֹד ▸ TAG 242

וְהָיָה בַּעֲבֹר כְּבֹדִי וְשַׂמְתִּיךָ בְּנִקְרַת הַצּוּר וְשַׂכֹּתִי כַפִּי עָלֶיךָ עַד־עָבְרִי׃

Wenn dann meine **Herrlichkeit vorübergeht**	וְהָיָה בַּעֲבֹר כְּבֹדִי
will ich dich … stellen	וְשַׂמְתִּיךָ
in die Felskluft	בְּנִקְרַת הַצּוּר
und … über dir halten	וְשַׂכֹּתִי … עָלֶיךָ
meine **Hand**	כַפִּי
bis ich **vorübergegangen bin**	עַד־עָבְרִי

Und als **er sah** (וַיַּרְא), dass **er** ihn nicht **übermochte**(כִּי), rührte er an das **Gelenk** (כַּף) seiner Hüfte, und das **Gelenk** (כַּף) der Hüfte Jakobs wurde über dem Ringen mit ihm verrenkt.

יכל	können, vermögen	194x
yāḵal		S3201

ראה ▸ TAG 34 כַּף ▸ TAG 244

וַיַּרְא כִּי לֹא יָכֹל לוֹ וַיִּגַּע בְּכַף־יְרֵכוֹ וַתֵּקַע כַּף־יֶרֶךְ יַעֲקֹב בְּהֵאָבְקוֹ עִמּוֹ׃

Und als **er sah**, dass	וַיַּרְא כִּי
er ihn nicht **übermochte**	לֹא יָכֹל לוֹ
rührte er	וַיִּגַּע
an das **Gelenk** seiner Hüfte	בְּכַף־יְרֵכוֹ
und … wurde … verrenkt	וַתֵּקַע
das **Gelenk** der Hüfte Jakobs	כַּף־יֶרֶךְ יַעֲקֹב
über dem Ringen mit ihm	בְּהֵאָבְקוֹ עִמּוֹ

Dann soll er [wörtl.:der **Priester** (כֹּהֵן)] von dem Becher **Öl** (שָׁמֶן) nehmen und es in seine eigene [wörtl.: in des **Priesters** (כֹּהֵן)] linke **Hand** (כַּף) gießen.

שֶׁמֶן	Öl, Fett	193x
šemen		S8081

כֹּהֵן ➢ TAG 71 כַּף ➢ TAG 244

וְלָקַח הַכֹּהֵן מִלֹּג הַשָּׁמֶן וְיָצַק עַל־כַּף הַכֹּהֵן הַשְּׂמָאלִית׃

Dann soll er [wörtl.: der **Priester**] … nehmen	וְלָקַח הַכֹּהֵן
von dem Becher	מִלֹּג
Öl	הַשָּׁמֶן
und es … gießen	וְיָצַק
in seine eigene [wörtl.: in des **Priesters**] linke **Hand**	עַל־כַּף הַכֹּהֵן הַשְּׂמָאלִית

Salbe (שֶׁמֶן) und Räucherwerk erfreuen [wörtl.: erfreut] das Herz, und süß ist der [wörtl.: sein] **Freund** (רֵעֵהוּ), der wohlgemeinten Rat [wörtl.: Rat der **Seele** (עֲצַת־נָפֶשׁ)] gibt.

רֵעַ	Stammesgenosse, Nachbar, Freund	191x
*rēa*ʿ		S7453

נֶפֶשׁ ➢ TAG 69 שֶׁמֶן ➢ TAG 246

שֶׁמֶן וּקְטֹרֶת יְשַׂמַּח־לֵב וּמֶתֶק רֵעֵהוּ מֵעֲצַת־נָפֶשׁ׃

Salbe	שֶׁמֶן
und Räucherwerk	וּקְטֹרֶת
erfreuen [wörtl.: erfreut]	יְשַׂמַּח־
das Herz	לֵב
und süß ist	וּמֶתֶק
der [wörtl.: sein] **Freund**	רֵעֵהוּ
der wohlgemeinten Rat [wörtl.: Rat der **Seele**] gibt	מֵעֲצַת־נָפֶשׁ

Und die **Herrlichkeit** (כְּבוֹד) des HERRN **erhob sich** (וַיָּרָם) von dem Cherub zur Schwelle des Hauses, und das Haus wurde erfüllt mit der Wolke und der **Vorhof** (חָצֵר) [war erfüllt] mit dem Glanz der **Herrlichkeit** (כְּבוֹד) des HERRN.

חָצֵר	Einfriedung, Hofraum, Vorhof	191x
ḥāṣēr		S2691

כָּבוֹד ➤ TAG 242 רום ➤ TAG 243

וַיָּרָם כְּבוֹד־יְהוָה מֵעַל הַכְּרוּב עַל מִפְתַּן הַבָּיִת וַיִּמָּלֵא הַבַּיִת אֶת־
הֶעָנָן וְהֶחָצֵר מָלְאָה אֶת־נֹגַהּ כְּבוֹד יְהוָה׃

Und die **Herrlichkeit** des HERRN **erhob sich**	וַיָּרָם כְּבוֹד־יְהוָה
von dem Cherub	מֵעַל הַכְּרוּב
zur Schwelle des Hauses	עַל מִפְתַּן הַבָּיִת
und das Haus wurde erfüllt	וַיִּמָּלֵא הַבַּיִת
mit der Wolke	אֶת־הֶעָנָן
und der **Vorhof** [war erfüllt]	וְהֶחָצֵר מָלְאָה
mit dem Glanz	אֶת־נֹגַהּ
der **Herrlichkeit** des HERRN	כְּבוֹד יְהוָה

Wenn jemand seinem **Nächsten** (רֵעֵהוּ) einen Esel oder ein Rind oder ein Schaf oder irgendein **Stück Vieh** (בְּהֵמָה) in Obhut gibt und **es stirbt** (וּמֵת) ihm oder kommt zu Schaden oder wird ihm weggetrieben, ohne dass es jemand sieht, …

בְּהֵמָה	Tier, Getier, Haustier, Vieh	190x
běhēmâ		S929

מוּת ▶ TAG 58 רֵעַ ▶ TAG 247

כִּי־יִתֵּן אִישׁ אֶל־רֵעֵהוּ חֲמוֹר אוֹ־שׁוֹר אוֹ־שֶׂה וְכָל־בְּהֵמָה לִשְׁמֹר
וּמֵת אוֹ־נִשְׁבַּר אוֹ־נִשְׁבָּה אֵין רֹאֶה׃

Wenn jemand … gibt	כִּי־יִתֵּן אִישׁ
seinem **Nächsten**	אֶל־רֵעֵהוּ
einen Esel	חֲמוֹר
oder ein Rind	אוֹ־שׁוֹר
oder ein Schaf	אוֹ־שֶׂה
oder irgendein **Stück Vieh**	וְכָל־בְּהֵמָה
in Obhut	לִשְׁמֹר
und **es stirbt** (ihm)	וּמֵת
oder kommt zu Schaden	אוֹ־נִשְׁבַּר
oder wird (ihm) weggetrieben,	אוֹ־נִשְׁבָּה
ohne dass es jemand sieht	אֵין רֹאֶה

Josua **versammelte** (וַיֶּאֱסֹף) alle **Stämme** (שִׁבְטֵי) Israels nach Sichem und berief die Ältesten von Israel, seine Obersten, seine **Richter** (שֹׁפְטָיו) und seine Amtleute. Und sie traten vor Gott. (AÜ)

שֵׁבֶט	Stock, Stab, Stamm	190x
šēveṭ		S7626

שפט ▸ TAG 239 אסף ▸ TAG 241

וַיֶּאֱסֹף יְהוֹשֻׁעַ אֶת־כָּל־שִׁבְטֵי יִשְׂרָאֵל שְׁכֶמָה וַיִּקְרָא לְזִקְנֵי יִשְׂרָאֵל
וּלְרָאשָׁיו וּלְשֹׁפְטָיו וּלְשֹׁטְרָיו וַיִּתְיַצְּבוּ לִפְנֵי הָאֱלֹהִים׃

Josua **versammelte**	וַיֶּאֱסֹף יְהוֹשֻׁעַ
alle **Stämme** Israels	אֶת־כָּל־שִׁבְטֵי יִשְׂרָאֵל
nach Sichem	שְׁכֶמָה
und berief	וַיִּקְרָא
die Ältesten von Israel	לְזִקְנֵי יִשְׂרָאֵל
seine Obersten	וּלְרָאשָׁיו
seine **Richter**	וּלְשֹׁפְטָיו
und seine Amtleute	וּלְשֹׁטְרָיו
Und sie traten	וַיִּתְיַצְּבוּ
vor Gott	לִפְנֵי הָאֱלֹהִים

Sie aber gingen hinein zum König in den **Vorhof** (חָצֵרָה) und ließen die Schriftrolle verwahren in der Kammer Elischamas, des Schreibers, und **teilten** dem König [wörtl.: in die **Ohren** (אָזְנֵי) des Königs] alle diese Worte **mit** (וַיַּגִּידוּ).

אֹזֶן	Ohr, Wahrnehmung(sorgan)	188x
ʾōzen		S241

נגד ▸ TAG 143 **חָצֵר** ▸ TAG 248

וַיָּבֹאוּ אֶל־הַמֶּלֶךְ חָצֵרָה וְאֶת־הַמְּגִלָּה הִפְקִדוּ בְּלִשְׁכַּת אֱלִישָׁמָע
הַסֹּפֵר וַיַּגִּידוּ בְּאָזְנֵי הַמֶּלֶךְ אֵת כָּל־הַדְּבָרִים׃

Sie aber gingen hinein	וַיָּבֹאוּ
zum König	אֶל־הַמֶּלֶךְ
in den **Vorhof**	חָצֵרָה
und … die Schriftrolle	וְאֶת־הַמְּגִלָּה
ließen … verwahren	הִפְקִדוּ
in der Kammer	בְּלִשְׁכַּת
Elischamas, des Schreibers	אֱלִישָׁמָע הַסֹּפֵר
und **teilten** … **mit**	וַיַּגִּידוּ
alle diese Worte	אֵת כָּל־הַדְּבָרִים
dem König [wörtl.: in die **Ohren** des Königs]	בְּאָזְנֵי הַמֶּלֶךְ

Denn du, Herr **Zebaoth** (צְבָאוֹת), du Gott Israels, hast das **Ohr** (אֹזֶן) deines Knechts **geöffnet** (גָּלִיתָה) und gesagt: Ich will dir ein Haus bauen.

גלה *gālâ*	enthüllen, entblößen, öffnen, offenbaren; fortziehen, in die Verbannung ziehen	187x S1540

צָבָא ▶ TAG 114 אֹזֶן ▶ TAG 251

כִּֽי־אַתָּה יְהוָה צְבָאוֹת אֱלֹהֵי יִשְׂרָאֵל גָּלִיתָה אֶת־אֹזֶן עַבְדְּךָ לֵאמֹר
בַּיִת אֶבְנֶה־לָּךְ

Denn du	כִּֽי־אַתָּה
Herr **Zebaoth**	יְהוָה צְבָאוֹת
du Gott Israels	אֱלֹהֵי יִשְׂרָאֵל
hast … **geöffnet**	גָּלִיתָה
das **Ohr** deines Knechts	אֶת־אֹזֶן עַבְדְּךָ
und gesagt	לֵאמֹר
Ich will dir ein Haus bauen	בַּיִת אֶבְנֶה־לָּךְ

Und ganz Israel war aufgezeichnet, und siehe, sie sind aufgeschrieben im **Buch** (סֵפֶר) der Könige Israels. Und Juda **wurde weggeführt** (הָגְלוּ) nach **Babel** (בָבֶל) um seines Treubruchs willen.

סֵפֶר	Schriftrolle, Buch	187x
sēfer		S5612

בָּבֶל ▶ TAG 192 גלה ▶ TAG 252

וְכָל־יִשְׂרָאֵל הִתְיַחְשׂוּ וְהִנָּם כְּתוּבִים עַל־סֵפֶר מַלְכֵי יִשְׂרָאֵל וִיהוּדָה
הָגְלוּ לְבָבֶל בְּמַעֲלָם׃

Und ganz Israel	וְכָל־יִשְׂרָאֵל
war aufgezeichnet	הִתְיַחְשׂוּ
und siehe, sie sind aufgeschrieben	וְהִנָּם כְּתוּבִים
im **Buch**	עַל־סֵפֶר
der Könige Israels	מַלְכֵי יִשְׂרָאֵל
Und Juda	וִיהוּדָה
wurde weggeführt	הָגְלוּ
nach **Babel**	לְבָבֶל
um seines Treubruchs willen	בְּמַעֲלָם

Und der HERR wird machen, dass du Überfluss an Gutem haben wirst, an Frucht deines Leibes, an Jungtieren deines **Viehs** (בְהֶמְתְּךָ), an Ertrag deines **Ackers** (אַדְמָתֶךָ), in dem **Lande** (אֲדָמָה), das der HERR deinen Vätern **geschworen hat** (נִשְׁבַּע), dir zu geben.

שבע	einen Eid leisten, schwören	186x
*šāva*ʿ		S7650

אֲדָמָה ▸ TAG 219 בְּהֵמָה ▸ TAG 249

וְהוֹתִרְךָ יְהוָה לְטוֹבָה בִּפְרִי בִטְנְךָ וּבִפְרִי בְהֶמְתְּךָ וּבִפְרִי אַדְמָתֶךָ עַל
הָאֲדָמָה אֲשֶׁר נִשְׁבַּע יְהוָה לַאֲבֹתֶיךָ לָתֶת לָךְ׃

Und der HERR wird machen, dass du Überfluss … haben wirst	וְהוֹתִרְךָ יְהוָה
an Gutem	לְטוֹבָה
an Frucht deines Leibes	בִּפְרִי בִטְנְךָ
an Jungtieren deines **Viehs**	וּבִפְרִי בְהֶמְתְּךָ
an Ertrag deines **Ackers**	וּבִפְרִי אַדְמָתֶךָ
in dem **Lande**	עַל הָאֲדָמָה
das der HERR … **geschworen hat**	אֲשֶׁר נִשְׁבַּע יְהוָה
deinen Vätern	לַאֲבֹתֶיךָ
dir zu geben	לָתֶת לָךְ

Und ich will die Einwohner aus Aschdod und den, der das **Zepter** (שֵׁבֶט) hält, aus Aschkelon ausrotten und meine Hand gegen Ekron **wenden** (וַהֲשִׁיבוֹתִי), und es **soll umkommen** (וְאָבְדוּ), was von den Philistern noch übrig ist, spricht Gott der HERR.

אבד	umherirren, umkommen, vernichtet werden	185x
ʾāvad		S6

שׁוּב ▸ TAG 44 **שֵׁבֶט** ▸ TAG 250

וְהִכְרַתִּי יוֹשֵׁב מֵאַשְׁדּוֹד וְתוֹמֵךְ שֵׁבֶט מֵאַשְׁקְלוֹן וַהֲשִׁיבוֹתִי יָדִי עַל־עֶקְרוֹן וְאָבְדוּ שְׁאֵרִית פְּלִשְׁתִּים אָמַר אֲדֹנָי יְהוִה׃

Und ich will … ausrotten	וְהִכְרַתִּי
die Einwohner	יוֹשֵׁב
aus Aschdod	מֵאַשְׁדּוֹד
und den, der … hält	וְתוֹמֵךְ
das **Zepter**	שֵׁבֶט
aus Aschkelon	מֵאַשְׁקְלוֹן
und [ich will]… **wenden**	וַהֲשִׁיבוֹתִי
meine Hand	יָדִי
gegen Ekron	עַל־עֶקְרוֹן
und es **soll umkommen**	וְאָבְדוּ
was von den Philistern noch übrig ist	שְׁאֵרִית פְּלִשְׁתִּים
spricht Gott der HERR	אָמַר אֲדֹנָי יְהוִה

Ich irre umher wie ein **verlorenes** (אֹבֵד) Schaf; **suche** (בַּקֵּשׁ) deinen Knecht, denn ich vergesse deine **Gebote** (מִצְוֹתֶיךָ) nicht. (AÜ)

מִצְוָה	Gebot	184x
miṣvâ		S4687

בקשׁ ▸ TAG 213 אבד ▸ TAG 255

תָּעִיתִי כְּשֶׂה אֹבֵד בַּקֵּשׁ עַבְדֶּךָ כִּי מִצְוֹתֶיךָ לֹא שָׁכָחְתִּי׃

Ich irre umher	תָּעִיתִי
wie ein **verlorenes** Schaf	כְּשֶׂה אֹבֵד
suche	בַּקֵּשׁ
deinen Knecht	עַבְדֶּךָ
denn	כִּי
ich vergesse … nicht	לֹא שָׁכָחְתִּי
deine **Gebote**	מִצְוֹתֶיךָ

Und sie sonderten die Brandopfer ab, um sie den Abteilungen der Sippen des Volkes zu geben, damit diese dem HERRN **opferten** (הַקְרִיב), wie es geschrieben steht im **Buch** (סֵפֶר) des Mose. So taten sie auch mit den **Rindern** (בָּקָר). (AÜ)

בָּקָר	Rind, Rindvieh, Rinder	183x
bāqār		S1241

קרב ▶ TAG 182 סֵפֶר ▶ TAG 253

וַיָּסִירוּ הָעֹלָה לְתִתָּם לְמִפְלַגּוֹת לְבֵית־אָבוֹת לִבְנֵי הָעָם לְהַקְרִיב לַיהוָה כַּכָּתוּב בְּסֵפֶר מֹשֶׁה וְכֵן לַבָּקָר׃

Und sie sonderten … ab	וַיָּסִירוּ
die Brandopfer	הָעֹלָה
um sie … zu geben	לְתִתָּם
den Abteilungen	לְמִפְלַגּוֹת
der Sippen	לְבֵית־אָבוֹת
des Volkes	לִבְנֵי הָעָם
damit diese dem HERRN **opferten**	לְהַקְרִיב לַיהוָה
wie es geschrieben steht	כַּכָּתוּב
im **Buch** des Mose	בְּסֵפֶר מֹשֶׁה
So taten sie auch	וְכֵן
mit den **Rindern**	לַבָּקָר

Das sind die **Gebote (מִצְוֹת)** und Rechte, die der HERR durch Mose den Israeliten **gebot (צִוָּה)** in den Steppen Moabs am **Jordan (יַרְדֵּן)** bei Jericho. (AÜ)

יַרְדֵּן	Jordan	183x
yardēn		S3383

צוה ▶ TAG 108 מִצְוָה ▶ TAG 256

אֵלֶּה הַמִּצְוֹת וְהַמִּשְׁפָּטִים אֲשֶׁר צִוָּה יְהוָה בְּיַד־מֹשֶׁה אֶל־בְּנֵי יִשְׂרָאֵל בְּעַרְבֹת מוֹאָב עַל יַרְדֵּן יְרֵחוֹ׃

Das sind	אֵלֶּה
die **Gebote**	הַמִּצְוֹת
und Rechte	וְהַמִּשְׁפָּטִים
die der HERR … **gebot**	אֲשֶׁר צִוָּה יְהוָה
den Israeliten	אֶל־בְּנֵי יִשְׂרָאֵל
durch Mose	בְּיַד־מֹשֶׁה
in den Steppen Moabs	בְּעַרְבֹת מוֹאָב
am **Jordan**	עַל יַרְדֵּן
bei Jericho	יְרֵחוֹ

Doch es wird nicht dunkel bleiben über denen, die in Angst sind. Hat er in **früherer** (רִאשׁוֹן) Zeit in Schmach gebracht das **Land** (אַרְצָה) Sebulon und das **Land** (אַרְצָה) Naftali, so hat er hernach zu Ehren gebracht den Weg am Meer, das Land jenseits des **Jordans** (יַרְדֵּן), das Galiläa der Heiden.

רִאשׁוֹן *rīʾšôn*	erste/erster/erstes, frühere/früherer/ früheres, zuerst	182x S7223

אֶרֶץ ➢ TAG 23 יַרְדֵּן ➢ TAG 258

כִּי לֹא מוּעָף לַאֲשֶׁר מוּצָק לָהּ כָּעֵת הָרִאשׁוֹן הֵקַל אַרְצָה זְבֻלוּן
וְאַרְצָה נַפְתָּלִי וְהָאַחֲרוֹן הִכְבִּיד דֶּרֶךְ הַיָּם עֵבֶר הַיַּרְדֵּן גְּלִיל הַגּוֹיִם׃

Doch es wird nicht dunkel bleiben	כִּי לֹא מוּעָף
über denen, die in Angst sind	לַאֲשֶׁר מוּצָק לָהּ
in **früherer** Zeit	כָּעֵת הָרִאשׁוֹן
Hat er … in Schmach gebracht	הֵקַל
das **Land** Sebulon	אַרְצָה זְבֻלוּן
und das **Land** Naftali	וְאַרְצָה נַפְתָּלִי
so … hernach	וְהָאַחֲרוֹן
hat er …zu Ehren gebracht	הִכְבִּיד
den Weg am Meer	דֶּרֶךְ הַיָּם
das Land jenseits des **Jordans**	עֵבֶר הַיַּרְדֵּן
das Galiläa der Heiden	גְּלִיל הַגּוֹיִם

Wenn ich Israel heile, **wird aufgedeckt** (וְנִגְלָה) **Ephraims** (אֶפְרַיִם) Schuld und die **Bosheit** (רָעוֹת) Samarias, wie sie Lug und Trug treiben und die Diebe einsteigen und die Räuber auf der Straße plündern.

אֶפְרַיִם	Ephraim	180x
ʾefrayim		S669

רָעָה ▶ TAG 163   גלה ▶ TAG 252

כְּרָפְאִי לְיִשְׂרָאֵל וְנִגְלָה עֲוֹן אֶפְרַיִם וְרָעוֹת שֹׁמְרוֹן כִּי פָעֲלוּ שָׁקֶר
וְגַנָּב יָבוֹא פָּשַׁט גְּדוּד בַּחוּץ׃

Wenn ich Israel heile	כְּרָפְאִי לְיִשְׂרָאֵל
wird aufgedeckt	וְנִגְלָה
Ephraims Schuld	עֲוֹן אֶפְרַיִם
und die **Bosheit** Samarias	וְרָעוֹת שֹׁמְרוֹן
wie	כִּי
sie Lug und Trug treiben	פָעֲלוּ שָׁקֶר
und die Diebe einsteigen	וְגַנָּב יָבוֹא
und die Räuber	גְּדוּד
auf der Straße plündern	פָּשַׁט ... בַּחוּץ

Denn Heschbon[, sie] war die **Stadt** (עִיר) Sihons, des Königs der Amoriter. Er hatte mit dem **früheren** (רִאשׁוֹן) König der Moabiter [wörtl.: von **Moab** (מוֹאָב)] gekämpft und ihm [wörtl.: aus seiner Hand] all sein Land bis zum Arnon weggenommen.

מוֹאָב *môʾāv*	Moab	180x S4124

עִיר ▷ TAG 40 רִאשׁוֹן ▷ TAG 259

כִּי חֶשְׁבּוֹן עִיר סִיחֹן מֶלֶךְ הָאֱמֹרִי הִוא וְהוּא נִלְחַם בְּמֶלֶךְ מוֹאָב
הָרִאשׁוֹן וַיִּקַּח אֶת־כָּל־אַרְצוֹ מִיָּדוֹ עַד־אַרְנֹן׃

Denn Heschbon	כִּי חֶשְׁבּוֹן
[sie] war die **Stadt** Sihons	עִיר סִיחֹן ... הִוא
des Königs der Amoriter	מֶלֶךְ הָאֱמֹרִי
Er hatte … gekämpft	וְהוּא נִלְחַם
mit dem **früheren** König der Moabiter [wörtl.: von **Moab**]	בְּמֶלֶךְ מוֹאָב הָרִאשׁוֹן
und … weggenommen	וַיִּקַּח
all sein Land	אֶת־כָּל־אַרְצוֹ
ihm [wörtl.: aus seiner Hand]	מִיָּדוֹ
bis zum Arnon	עַד־אַרְנֹן

Und **Moab** (מוֹאָב) sprach zu den **Ältesten** (זִקְנֵי) von Midian: Nun wird dieser Haufe alles auffressen, was **um uns herum** (סְבִיבֹתֵינוּ) ist, wie ein Rind das Gras auf dem Felde abfrisst. Balak aber, der Sohn Zippors, war zu der Zeit König von **Moab** (מוֹאָב). (AÜ)

זָקֵן	alt, Greis, Sippenältester	179x
zāqēn		S2205

סָבִיב ▸ TAG 152 מוֹאָב ▸ TAG 261

וַיֹּאמֶר מוֹאָב אֶל־זִקְנֵי מִדְיָן עַתָּה יְלַחֲכוּ הַקָּהָל אֶת־כָּל־סְבִיבֹתֵינוּ כִּלְחֹךְ הַשּׁוֹר אֵת יֶרֶק הַשָּׂדֶה וּבָלָק בֶּן־צִפּוֹר מֶלֶךְ לְמוֹאָב בָּעֵת הַהִוא׃

Und **Moab** sprach	וַיֹּאמֶר מוֹאָב
zu den **Ältesten** von Midian	אֶל־זִקְנֵי מִדְיָן
Nun	עַתָּה
wird dieser Haufe … auffressen	יְלַחֲכוּ הַקָּהָל
alles …, was **um uns herum** ist	אֶת־כָּל־סְבִיבֹתֵינוּ
wie ein Rind … abfrisst	כִּלְחֹךְ הַשּׁוֹר
das Gras auf dem Felde	אֵת יֶרֶק הַשָּׂדֶה
Balak aber, der Sohn Zippors	וּבָלָק בֶּן־צִפּוֹר
war … König von **Moab**	מֶלֶךְ לְמוֹאָב
zu der Zeit	בָּעֵת הַהִוא

Er entzieht (מֵסִיר) die **Sprache** (שָׂפָה) den Verlässlichen und nimmt weg den Verstand der **Alten** (זְקֵנִים).

שָׂפָה	Lippe, Sprache, Rand	178x
śāfâ		S8193

סור ➤ TAG 169 זָקֵן ➤ TAG 262

מֵסִיר שָׂפָה לְנֶאֱמָנִים וְטַעַם זְקֵנִים יִקָּח׃

Er entzieht	מֵסִיר
die **Sprache**	שָׂפָה
den Verlässlichen	לְנֶאֱמָנִים
und … den Verstand	וְטַעַם
der **Alten**	זְקֵנִים
nimmt weg	יִקָּח

Absalom aber sprach zu Huschai: Ist das deine **Treue** (חַסְדְּךָ) zu deinem **Freunde** (רֵעֶךָ)? **Warum** (לָמָּה) bist du nicht mit deinem **Freunde** (רֵעֶךָ gezogen?

לָמָּה	Warum?	178x
lāmmâ		S4100

חֶסֶד ▶ TAG 199   רֵעַ ▶ TAG 247

וַיֹּאמֶר אַבְשָׁלוֹם אֶל־חוּשַׁי זֶה חַסְדְּךָ אֶת־רֵעֶךָ לָמָּה לֹא־הָלַכְתָּ
אֶת־רֵעֶךָ׃

Absalom aber sprach	וַיֹּאמֶר אַבְשָׁלוֹם
zu Huschai	אֶל־חוּשַׁי
Ist das	זֶה
deine **Treue**	חַסְדְּךָ
zu deinem **Freunde**?	אֶת־רֵעֶךָ
Warum	לָמָּה
bist du nicht … gezogen?	לֹא־הָלַכְתָּ
mit deinem **Freunde**	אֶת־רֵעֶךָ

Da sprach der HERR zu **Abraham** (אַבְרָהָם): **Warum** (לָמָּה) lacht Sara und spricht: **Sollte ich** wirklich noch **gebären** (אֵלֵד), nun, da ich alt bin?

אַבְרָהָם	Abraham	175x
ʾavrāhām		S85

ילד ➢ TAG 109 **לָמָּה** ➢ TAG 264

וַיֹּאמֶר יְהוָה אֶל־אַבְרָהָם לָמָּה זֶּה צָחֲקָה שָׂרָה לֵאמֹר הַאַף אֻמְנָם אֵלֵד וַאֲנִי זָקַנְתִּי׃

Da sprach der HERR	וַיֹּאמֶר יְהוָה
zu **Abraham**	אֶל־אַבְרָהָם
Warum	לָמָּה זֶּה
lacht Sara	צָחֲקָה שָׂרָה
und spricht	לֵאמֹר
Sollte ich wirklich noch **gebären**,	הַאַף אֻמְנָם אֵלֵד
nun, da ich alt bin?	וַאֲנִי זָקַנְתִּי

Er aber **fragte** (וַיִּשְׁאַל) sie nach ihrem Wohlergehen und sprach: Geht es eurem **alten** (זָקֵן) Vater gut, von dem ihr spracht? Ist er noch **am Leben** (חָי)? (AÜ)

שׁאל	fragen, untersuchen, erbitten, verlangen	175x
šā'al		S7592

חַי ➤ TAG 193 זָקֵן ➤ TAG 262

וַיִּשְׁאַל לָהֶם לְשָׁלוֹם וַיֹּאמֶר הֲשָׁלוֹם אֲבִיכֶם הַזָּקֵן אֲשֶׁר אֲמַרְתֶּם הַעוֹדֶנּוּ חָי׃

Er aber **fragte** sie	וַיִּשְׁאַל לָהֶם
nach ihrem Wohlergehen	לְשָׁלוֹם
und sprach	וַיֹּאמֶר
Geht es eurem **alten** Vater gut …?	הֲשָׁלוֹם אֲבִיכֶם הַזָּקֵן
von dem	אֲשֶׁר
ihr spracht	אֲמַרְתֶּם
Ist er noch …?	הַעוֹדֶנּוּ
am Leben	חָי

Und Jitro, Moses Schwiegervater, brachte Gott ein Brandopfer und **Schlachtopfer** (זְבָחִים) dar. Da kamen Aaron und alle **Ältesten** (זִקְנֵי) von Israel, um mit Moses Schwiegervater das **Mahl** (לֶחֶם) zu halten [wörtl.: zu essen] vor Gott.

זֶבַח	Schlachtopfer	174x
zevaḥ		S2077

לֶחֶם ▸ TAG 167 זָקֵן ▸ TAG 262

וַיִּקַּח יִתְרוֹ חֹתֵן מֹשֶׁה עֹלָה וּזְבָחִים לֵאלֹהִים וַיָּבֹא אַהֲרֹן וְכֹל זִקְנֵי
יִשְׂרָאֵל לֶאֱכָל־לֶחֶם עִם־חֹתֵן מֹשֶׁה לִפְנֵי הָאֱלֹהִים׃

Und Jitro … brachte	וַיִּקַּח יִתְרוֹ
Moses Schwiegervater,	חֹתֵן מֹשֶׁה
ein Brandopfer	עֹלָה
und **Schlachtopfer**	וּזְבָחִים
Gott … dar	לֵאלֹהִים
Da kam(en) Aaron	וַיָּבֹא אַהֲרֹן
und alle **Ältesten** von Israel	וְכֹל זִקְנֵי יִשְׂרָאֵל
um … das **Mahl** zu halten [wörtl.: zu essen]	לֶאֱכָל־לֶחֶם
mit Moses Schwiegervater	עִם־חֹתֵן מֹשֶׁה
vor Gott	לִפְנֵי הָאֱלֹהִים

Dann sollt ihr sagen: Es ist das Passa**opfer** (זֶבַח) des HERRN, der an den [Häusern der] Israeliten vorüberging in Ägypten, als er die Ägypter schlug und unsere Häuser **errettete** (הִצִּיל). Da neigte sich das Volk und **betete an** (וַיִּשְׁתַּחֲווּ).

חוה	sich niederwerfen, anbeten	173x
ḥāvâ		S7812

נצל ▸ TAG 233 **זֶבַח** ▸ TAG 267

וַאֲמַרְתֶּם זֶבַח־פֶּסַח הוּא לַיהוָה אֲשֶׁר פָּסַח עַל־בָּתֵּי בְנֵי־יִשְׂרָאֵל
בְּמִצְרַיִם בְּנָגְפּוֹ אֶת־מִצְרַיִם וְאֶת־בָּתֵּינוּ הִצִּיל וַיִּקֹּד הָעָם וַיִּשְׁתַּחֲווּ׃

Dann sollt ihr sagen	וַאֲמַרְתֶּם
Es ist das Passa**opfer**	זֶבַח־פֶּסַח הוּא
des HERRN	לַיהוָה
der an den [Häusern der] Israeliten vorüberging	אֲשֶׁר פָּסַח עַל־בָּתֵּי בְנֵי־יִשְׂרָאֵל
in Ägypten	בְּמִצְרַיִם
als er … schlug	בְּנָגְפּוֹ
die Ägypter	אֶת־מִצְרַיִם
und unsere Häuser	וְאֶת־בָּתֵּינוּ
errettete	הִצִּיל
Da neigte sich das Volk	וַיִּקֹּד הָעָם
und **betete an**	וַיִּשְׁתַּחֲווּ

Könige sollen sehen und aufstehen, und Fürsten **sollen niederfallen** (יִשְׁתַּחֲוּוּ) **um** des HERRN **willen** (לְמַעַן), der treu ist, um des Heiligen Israels willen, der dich **erwählt hat** (וַיִּבְחָרֶךָּ).

בחר *bāḥar*	erwählen, auswählen, prüfen	172x S977

לְמַעַן ▸ TAG 188 חוה ▸ TAG 268

מְלָכִים יִרְאוּ וָקָמוּ שָׂרִים וְיִשְׁתַּחֲווּ לְמַעַן יְהוָה אֲשֶׁר נֶאֱמָן קְדֹשׁ יִשְׂרָאֵל וַיִּבְחָרֶךָּ׃

Könige sollen sehen	מְלָכִים יִרְאוּ
und aufstehen	וָקָמוּ
Fürsten	שָׂרִים
und … **sollen niederfallen**	וְיִשְׁתַּחֲווּ
um des HERRN **willen**	לְמַעַן יְהוָה
der treu ist	אֲשֶׁר נֶאֱמָן
(um) des Heiligen Israels (willen)	קְדֹשׁ יִשְׂרָאֵל
der dich **erwählt hat**	וַיִּבְחָרֶךָּ

Da hob **Abraham** (אַבְרָהָם) seine Augen auf und sah; und siehe, ein **Widder** (אַיִל) hatte sich hinter ihm mit seinen Hörnern im Gestrüpp verfangen. Und **Abraham** (אַבְרָהָם) ging hin und nahm den **Widder** (אַיִל) und opferte ihn zum **Brandopfer** (עֹלָה) an seines Sohnes statt. (AÜ)

אַיִל	Widder, Mächtiger; Eiche	171x
ʾayil		S352

עֹלָה ▸ TAG 176 **אַבְרָהָם** ▸ TAG 265

וַיִּשָּׂא אַבְרָהָם אֶת־עֵינָיו וַיַּרְא וְהִנֵּה־אַיִל אַחַר נֶאֱחַז בַּסְּבַךְ בְּקַרְנָיו
וַיֵּלֶךְ אַבְרָהָם וַיִּקַּח אֶת־הָאַיִל וַיַּעֲלֵהוּ לְעֹלָה תַּחַת בְּנוֹ׃

Da hob **Abraham** … auf	וַיִּשָּׂא אַבְרָהָם
seine Augen	אֶת־עֵינָיו
und sah	וַיַּרְא
und siehe, ein **Widder** … hinter ihm	וְהִנֵּה־אַיִל אַחַר
hatte sich … im Gestrüpp verfangen	נֶאֱחַז בַּסְּבַךְ
mit seinen Hörnern	בְּקַרְנָיו
Und **Abraham** ging hin	וַיֵּלֶךְ אַבְרָהָם
und nahm den **Widder**	וַיִּקַּח אֶת־הָאַיִל
und opferte ihn	וַיַּעֲלֵהוּ
zum **Brandopfer**	לְעֹלָה
an seines Sohnes statt	תַּחַת בְּנוֹ

Da sprach Mose zu Josua: **Erwähle** (בְּחַר) uns Männer, zieh aus und **kämpfe** (הִלָּחֵם) gegen Amalek. Morgen will ich oben auf dem Hügel stehen mit dem **Stab** (מַטֵּה) Gottes in meiner Hand.

לחם	kämpfen	171x
lāḥam		S3898

מַטֶּה ➤ TAG 195   בחר ➤ TAG 269

וַיֹּאמֶר מֹשֶׁה אֶל־יְהוֹשֻׁעַ בְּחַר־לָנוּ אֲנָשִׁים וְצֵא הִלָּחֵם בַּעֲמָלֵק מָחָר אָנֹכִי נִצָּב עַל־רֹאשׁ הַגִּבְעָה וּמַטֵּה הָאֱלֹהִים בְּיָדִי׃

Da sprach Mose	וַיֹּאמֶר מֹשֶׁה
zu Josua	אֶל־יְהוֹשֻׁעַ
Erwähle uns	בְּחַר־לָנוּ
Männer	אֲנָשִׁים
zieh aus	וְצֵא
und **kämpfe** gegen Amalek	הִלָּחֵם בַּעֲמָלֵק
Morgen	מָחָר
will ich … stehen	אָנֹכִי נִצָּב
oben auf dem Hügel	עַל־רֹאשׁ הַגִּבְעָה
mit dem **Stab** Gottes	וּמַטֵּה הָאֱלֹהִים
in meiner Hand	בְּיָדִי

Auf den **Lippen** (שִׂפְתֵי) des **Verständigen** (נָבוֹן) findet man Weisheit; aber auf den Rücken des Unverständigen gehört eine **Rute** (שֵׁבֶט).

בין	verstehen, Einsicht haben	171x
bîn		S995

שֵׁבֶט ➤ TAG 250 שָׂפָה ➤ TAG 263

בְּשִׂפְתֵי נָבוֹן תִּמָּצֵא חָכְמָה וְשֵׁבֶט לְגֵו חֲסַר־לֵב׃

Auf den **Lippen**	בְּשִׂפְתֵי
des **Verständigen**	נָבוֹן
findet man	תִּמָּצֵא
Weisheit	חָכְמָה
aber … eine **Rute**	וְשֵׁבֶט
auf den Rücken … (gehört)	לְגֵו
des Unverständigen	חֲסַר־לֵב

Dies ist’s, was du mit ihnen tun sollst, dass sie **geweiht werden** (קָדֵשׁ), um mir als Priester zu dienen: Nimm einen jungen Stier[, Sohn des **Rinds** (בָּקָר),] und zwei **Widder** (אֵילִם) ohne Fehler … (AÜ)

קדשׁ	heilig sein/werden; weihen	171x
qādaš		S6942

בָּקָר ▸ TAG 257 אַיִל ▸ TAG 270

וְזֶה הַדָּבָר אֲשֶׁר־תַּעֲשֶׂה לָהֶם לְקַדֵּשׁ אֹתָם לְכַהֵן לִי לְקַח פַּר אֶחָד
בֶּן־בָּקָר וְאֵילִם שְׁנַיִם תְּמִימִם׃

Dies ist’s, was	וְזֶה הַדָּבָר אֲשֶׁר־
du mit ihnen tun sollst	תַּעֲשֶׂה לָהֶם
dass sie **geweiht werden**	לְקַדֵּשׁ אֹתָם
um … als Priester zu dienen	לְכַהֵן
mir	לִי
Nimm	לְקַח
einen jungen Stier	פַּר אֶחָד
[, Sohn des **Rinds,**]	בֶּן־בָּקָר
und zwei **Widder**	וְאֵילִם שְׁנַיִם
ohne Fehler	תְּמִימִם

Und **er handelte klug** (וַיָּבֶן) und verteilte alle seine Söhne in die [wörtl.: in alle] Gebiete von Juda und **Benjamin** (בִּנְיָמִן), in alle festen Städte, und gab ihnen Nahrung in Menge und **verschaffte** (וַיִּשְׁאַל) ihnen viele Frauen.

בִּנְיָמִן	Benjamin	168x
binyāmīn		S1144

שׁאל ▸ TAG 266 בין ▸ TAG 272

וַיָּבֶן וַיִּפְרֹץ מִכָּל־בָּנָיו לְכָל־אַרְצוֹת יְהוּדָה וּבִנְיָמִן לְכֹל עָרֵי הַמְּצֻרוֹת
וַיִּתֵּן לָהֶם הַמָּזוֹן לָרֹב וַיִּשְׁאַל הֲמוֹן נָשִׁים׃

Und **er handelte klug**	וַיָּבֶן
und verteilte	וַיִּפְרֹץ
alle seine Söhne	מִכָּל־בָּנָיו
in die [wörtl.: in alle] Gebiete von	לְכָל־אַרְצוֹת
Juda und **Benjamin**	יְהוּדָה וּבִנְיָמִן
in alle festen Städte	לְכֹל עָרֵי הַמְּצֻרוֹת
und gab ihnen	וַיִּתֵּן לָהֶם
Nahrung in Menge	הַמָּזוֹן לָרֹב
und **verschaffte** ihnen	וַיִּשְׁאַל
viele Frauen	הֲמוֹן נָשִׁים

Und er nahm seinen Stab in die [wörtl.: seine] Hand und **wählte** (וַיִּבְחַר) [sich] fünf glatte Steine aus dem Bach und tat sie in die **Hirtentasche** (כְּלִי רֹעִים), die er hatte, in den Beutel.

רעה *rāʿâ*	weiden, hüten, abweiden, sich mit etw. beschäftigen	167x S7462

כְּלִי ▸ TAG 156 בחר ▸ TAG 269

וַיִּקַּח מַקְלוֹ בְּיָדוֹ וַיִּבְחַר־לוֹ חֲמִשָּׁה חַלֻּקֵי־אֲבָנִים מִן־הַנַּחַל וַיָּשֶׂם
אֹתָם בִּכְלִי הָרֹעִים אֲשֶׁר־לוֹ וּבַיַּלְקוּט

Und er nahm seinen Stab	וַיִּקַּח מַקְלוֹ
in die [wörtl.: seine] Hand	בְּיָדוֹ
und **wählte** [sich]	וַיִּבְחַר־לוֹ
fünf	חֲמִשָּׁה
glatte Steine	חַלֻּקֵי־אֲבָנִים
aus dem Bach	מִן־הַנַּחַל
und tat sie	וַיָּשֶׂם אֹתָם
in die **Hirtentasche**, die er hatte	בִּכְלִי הָרֹעִים אֲשֶׁר־לוֹ
in den Beutel.	וּבַיַּלְקוּט

Es wird hinfort nie mehr **bewohnt sein** (תֵּשֵׁב) und von **Generation** (דּוֹר) zu **Generation** (דּוֹר) wird niemand da bleiben, dass auch ein Araber dort kein Zelt aufschlägt und **Hirten** (רֹעִים) dort nicht ihre Herden lagern lassen. (AÜ)

דּוֹר	Generation, Menschenalter	167x
dôr		S1755

ישׁב ▸ TAG 41 **רעה** ▸ TAG 275

לֹא־תֵשֵׁב לָנֶצַח וְלֹא תִשְׁכֹּן עַד־דּוֹר וָדוֹר וְלֹא־יַהֵל שָׁם עֲרָבִי וְרֹעִים
לֹא־יַרְבִּצוּ שָׁם׃

Es wird hinfort nie mehr **bewohnt sein**	לֹא־תֵשֵׁב לָנֶצַח
und … wird niemand da bleiben	וְלֹא תִשְׁכֹּן
von **Generation** zu **Generation**	עַד־דּוֹר וָדוֹר
dass auch … kein Zelt aufschlägt	וְלֹא־יַהֵל
dort	שָׁם
ein Araber	עֲרָבִי
und **Hirten**	וְרֹעִים
nicht ihre Herden lagern lassen	לֹא־יַרְבִּצוּ
dort	שָׁם

Und die Chaldäer, die gegen diese Stadt **kämpfen** (נִלְחָמִים), werden kommen und diese Stadt in **Brand** (אֵשׁ) stecken und sie verbrennen samt den Häusern, auf deren Dächern man dem Baal Räucheropfer gespendet und **andern** (אֲחֵרִים) Göttern Trankopfer dargebracht hat. (AÜ)

אַחֵר	folgender, ein anderer, fremd	167x
ʾaḥēr		S312

אֵשׁ ▸ TAG 138 לחם ▸ TAG 271

וּבָאוּ הַכַּשְׂדִּים הַנִּלְחָמִים עַל־הָעִיר הַזֹּאת וְהִצִּיתוּ אֶת־הָעִיר הַזֹּאת בָּאֵשׁ וּשְׂרָפוּהָ וְאֵת הַבָּתִּים אֲשֶׁר קִטְּרוּ עַל־גַּגּוֹתֵיהֶם לַבַּעַל וְהִסִּכוּ נְסָכִים לֵאלֹהִים אֲחֵרִים

Und die Chaldäer … werden kommen	וּבָאוּ הַכַּשְׂדִּים
die … **kämpfen**,	הַנִּלְחָמִים
gegen diese Stadt	עַל־הָעִיר הַזֹּאת
und … in **Brand** stecken	וְהִצִּיתוּ … בָּאֵשׁ
diese Stadt	אֶת־הָעִיר הַזֹּאת
und sie verbrennen	וּשְׂרָפוּהָ
samt den Häusern	וְאֵת הַבָּתִּים
auf deren Dächern	אֲשֶׁר … עַל־גַּגּוֹתֵיהֶם
man dem Baal Räucheropfer gespendet	קִטְּרוּ לַבַּעַל
und … Trankopfer dargebracht hat	וְהִסִּכוּ נְסָכִים
andern Göttern	לֵאלֹהִים אֲחֵרִים

Adam **erkannte** (וַיֵּדַע) abermals seine Frau, und sie gebar einen Sohn, den nannte sie Set: »Denn Gott hat mir **einen andern** (אַחֵר) Sohn gegeben für Abel, den Kain erschlagen hat [wörtl.: denn Kain **hat** ihn **getötet** (הֲרָגוֹ)].«

הרג	töten, erschlagen	167x
hārag		S2026

ידע ▸ TAG 50 אַחֵר ▸ TAG 277

וַיֵּדַע אָדָם עוֹד אֶת־אִשְׁתּוֹ וַתֵּלֶד בֵּן וַתִּקְרָא אֶת־שְׁמוֹ שֵׁת כִּי שָׁת־לִי אֱלֹהִים זֶרַע אַחֵר תַּחַת הֶבֶל כִּי הֲרָגוֹ קָיִן׃

Adam **erkannte** abermals seine Frau	וַיֵּדַע אָדָם עוֹד אֶת־אִשְׁתּוֹ
und sie gebar einen Sohn	וַתֵּלֶד בֵּן
den nannte sie Set	וַתִּקְרָא אֶת־שְׁמוֹ שֵׁת
Denn	כִּי
Gott hat mir … gegeben	שָׁת־לִי אֱלֹהִים
einen andern Sohn	זֶרַע אַחֵר
für Abel	תַּחַת הֶבֶל
den Kain erschlagen hat [wörtl.: denn Kain **hat** ihn **getötet**]	כִּי הֲרָגוֹ קָיִן

Ihr sollt keine **Arbeit** (מְלָאכָה) [wörtl.: alle **Arbeit** (מְלָאכָה) nicht] tun. Das soll eine **ewige** (עוֹלָם) Ordnung sein bei euren **Nachkommen** (דֹּרֹתֵיכֶם), überall, wo ihr wohnt.

מְלָאכָה	Arbeit, Dienst	167x
*mĕlāʾ**k̲**â*		S4399

עוֹלָם ➤ TAG 119 דּוֹר ➤ TAG 276

כָּל־מְלָאכָה לֹא תַעֲשׂוּ חֻקַּת עוֹלָם לְדֹרֹתֵיכֶם בְּכֹל מֹשְׁבֹתֵיכֶם׃

Ihr sollt keine [wörtl.: nicht] … tun	לֹא תַעֲשׂוּ
Arbeit [wörtl.: alle **Arbeit**]	כָּל־מְלָאכָה
Das soll eine **ewige** Ordnung sein	חֻקַּת עוֹלָם
bei euren **Nachkommen**	לְדֹרֹתֵיכֶם
überall, wo ihr wohnt	בְּכֹל מֹשְׁבֹתֵיכֶם

Da zog er hinaus Asa entgegen und sprach zu ihm: Hört mir zu, Asa und ganz Juda und **Benjamin** (בִּנְיָמִן)! Der HERR ist mit euch, weil ihr mit ihm seid; und wenn **ihr** ihn **sucht** (תִּדְרְשֻׁהוּ), wird er sich von euch finden lassen. **Werdet ihr** ihn aber **verlassen** (תַּעַזְבֻהוּ), so **wird er** euch auch **verlassen** (יַעֲזֹב).

דרשׁ *dāraš*	suchen, nach etw. fragen, fordern	165x S1875

עזב ▷ TAG 227 בִּנְיָמִן ▷ TAG 274

וַיֵּצֵא לִפְנֵי אָסָא וַיֹּאמֶר לוֹ שְׁמָעוּנִי אָסָא וְכָל־יְהוּדָה וּבִנְיָמִן יְהוָה
עִמָּכֶם בִּהְיוֹתְכֶם עִמּוֹ וְאִם־תִּדְרְשֻׁהוּ יִמָּצֵא לָכֶם וְאִם־תַּעַזְבֻהוּ יַעֲזֹב
אֶתְכֶם׃

Da zog er hinaus Asa entgegen	וַיֵּצֵא לִפְנֵי אָסָא
und sprach zu ihm	וַיֹּאמֶר לוֹ
Hört mir zu	שְׁמָעוּנִי
Asa und ganz Juda und **Benjamin!**	אָסָא וְכָל־יְהוּדָה וּבִנְיָמִן
Der HERR ist mit euch	יְהוָה עִמָּכֶם
weil ihr mit ihm seid	בִּהְיוֹתְכֶם עִמּוֹ
und wenn **ihr** ihn **sucht**	וְאִם־תִּדְרְשֻׁהוּ
wird er sich von euch finden lassen	יִמָּצֵא לָכֶם
Werdet ihr ihn aber **verlassen**	וְאִם־תַּעַזְבֻהוּ
so **wird er** euch (auch) **verlassen**	יַעֲזֹב אֶתְכֶם

Und der HERR war mit Joschafat; denn er wandelte auf denselben Wegen wie vormals sein Vater David [wörtl.: den **früheren** (רִאשֹׁנִים) Wegen seines Vaters David] und **suchte** (דָּרַשׁ) nicht **die Baale** (בְּעָלִים).

בַּעַל	Besitzer, Ehemann; Baal	164x
baʿal		S1167

רִאשׁוֹן ▸ TAG 259 דרשׁ ▸ TAG 280

וַיְהִי יְהוָה עִם־יְהוֹשָׁפָט כִּי הָלַךְ בְּדַרְכֵי דָּוִיד אָבִיו הָרִאשֹׁנִים וְלֹא דָרַשׁ לַבְּעָלִים׃

Und der HERR war	וַיְהִי יְהוָה
mit Joschafat	עִם־יְהוֹשָׁפָט
denn er wandelte	כִּי הָלַךְ
auf denselben Wegen wie vormals sein Vater David [wörtl.: den **früheren** Wegen seines Vaters David]	בְּדַרְכֵי דָּוִיד אָבִיו הָרִאשֹׁנִים
und **suchte** nicht	וְלֹא דָרַשׁ
die Baale	לַבְּעָלִים

Richte erst **draußen** (חוּץ) deine **Arbeit** (מְלַאכְתֶּךָ) aus und bearbeite deinen **Acker** [wörtl.: und mach sie/es auf dem **Feld** (שָׂדֶה) für dich fertig]; danach gründe [wörtl.: baue] dein Haus.

חוּץ	draußen	164x
ḥûṣ		S2351

שָׂדֶה ▸ TAG 158 מְלָאכָה ▸ TAG 279

הָכֵן בַּחוּץ מְלַאכְתֶּךָ וְעַתְּדָהּ בַּשָּׂדֶה לָךְ אַחַר וּבָנִיתָ בֵיתֶךָ׃

Richte (erst) … aus	הָכֵן
deine **Arbeit**	מְלַאכְתֶּךָ
draußen	בַּחוּץ
und bearbeite [wörtl.: mach sie/es … fertig]	וְעַתְּדָהּ
deinen [wörtl.: für dich]	לָךְ
Acker [wörtl.: auf dem **Feld**]	בַּשָּׂדֶה
danach	אַחַר
gründe [wörtl.: baue]	וּבָנִיתָ
dein Haus	בֵיתֶךָ

Das soll das tägliche Brandopfer sein bei euren **Nachkommen** (דֹּרֹתֵיכֶם) am **Eingang** (פֶּתַח) der Stiftshütte [wörtl.: des Zelts der **Begegnung** (מוֹעֵד)] vor dem HERRN, wo ich euch begegnen will, um dort mit dir zu reden. (AÜ)

פֶּתַח *petaḥ*	Öffnung, Eingang	164x S6608

מוֹעֵד ▶ TAG 217 **דּוֹר** ▶ TAG 276

עֹלַת תָּמִיד לְדֹרֹתֵיכֶם פֶּתַח אֹהֶל־מוֹעֵד לִפְנֵי יְהוָה אֲשֶׁר אִוָּעֵד לָכֶם
שָׁמָּה לְדַבֵּר אֵלֶיךָ שָׁם׃

Das soll das tägliche Brandopfer sein	עֹלַת תָּמִיד
bei euren **Nachkommen**	לְדֹרֹתֵיכֶם
am **Eingang**	פֶּתַח
der Stiftshütte [wörtl.: des Zelts der **Begegnung**]	אֹהֶל־מוֹעֵד
vor dem HERRN	לִפְנֵי יְהוָה
wo	אֲשֶׁר ... שָׁמָּה
ich euch begegnen will	אִוָּעֵד לָכֶם
um … mit dir zu reden	לְדַבֵּר אֵלֶיךָ
dort	שָׁם

Da machten sich gegen mich auf die **Herren** (בַּעֲלֵי) von Gibea und **umstellten**(וַיָּסֹבּוּ) meinetwegen das Haus des Nachts. Mich wollten sie **töten** (הֲרֹג), und meine Nebenfrau haben sie geschändet, sodass sie gestorben ist.

סבב	umgeben, umstellen, umgehen, sich wenden	163x
sāvav		S5437

הרג ▷ TAG 278 **בַּעַל** ▷ TAG 281

וַיָּקֻמוּ עָלַי בַּעֲלֵי הַגִּבְעָה וַיָּסֹבּוּ עָלַי אֶת־הַבַּיִת לָיְלָה אוֹתִי דִּמּוּ
לַהֲרֹג וְאֶת־פִּילַגְשִׁי עִנּוּ וַתָּמֹת׃

Da machten sich gegen mich auf	וַיָּקֻמוּ עָלַי
die **Herren** von Gibea	בַּעֲלֵי הַגִּבְעָה
und **umstellten** … das Haus	וַיָּסֹבּוּ … אֶת־הַבַּיִת
meinetwegen … des Nachts	עָלַי … לָיְלָה
Mich	אוֹתִי
wollten sie **töten**	דִּמּוּ לַהֲרֹג
und meine Nebenfrau	וְאֶת־פִּילַגְשִׁי
haben sie geschändet	עִנּוּ
sodass sie gestorben ist	וַתָּמֹת

Solange die Stelle an ihm ist, **soll er unrein sein** (יִטְמָא). Er ist unrein. Er soll allein wohnen. Seine Wohnung soll **außerhalb** (חוּץ) des **Lagers** (מַחֲנֶה) sein. (AÜ)

טמא	unrein sein/werden	162x
ṭāmēʾ		S2930

מַחֲנֶה ▸ TAG 228 חוּץ ▸ TAG 282

כָּל־יְמֵי אֲשֶׁר הַנֶּגַע בּוֹ יִטְמָא טָמֵא הוּא בָּדָד יֵשֵׁב מִחוּץ לַמַּחֲנֶה מוֹשָׁבוֹ׃

Solange	כָּל־יְמֵי אֲשֶׁר
die Stelle an ihm ist	הַנֶּגַע בּוֹ
soll er unrein sein	יִטְמָא
Er ist unrein	טָמֵא הוּא
Er soll allein wohnen	בָּדָד יֵשֵׁב
Seine Wohnung	מוֹשָׁבוֹ
soll **außerhalb** … sein	מִחוּץ
des **Lagers**	לַמַּחֲנֶה

[Du aber,] sage [zu] den Israeliten [und sprich]: Haltet [**nur ja** (אַךְ)] meine Sabbate; denn das ist ein Zeichen zwischen mir und euch von Geschlecht zu Geschlecht [wörtl.: für eure **Generationen** (דֹּרֹתֵיכֶם)], damit ihr erkennt, dass ich der HERR bin, **der** euch **heiligt** (מְקַדִּשְׁכֶם).

אַךְ	bestimmt, nur ja, jedoch	161x
ʾak		S389

קדשׁ ▶ TAG 273 **דּוֹר** ▶ TAG 276

וְאַתָּה דַּבֵּר אֶל־בְּנֵי יִשְׂרָאֵל לֵאמֹר אַךְ אֶת־שַׁבְּתֹתַי תִּשְׁמֹרוּ כִּי אוֹת הִוא בֵּינִי וּבֵינֵיכֶם לְדֹרֹתֵיכֶם לָדַעַת כִּי אֲנִי יְהוָה מְקַדִּשְׁכֶם׃

[Du aber]	וְאַתָּה
sage	דַּבֵּר
[zu] den Israeliten	אֶל־בְּנֵי יִשְׂרָאֵל
[und sprich]	לֵאמֹר
Haltet [**nur ja**]	אַךְ … תִּשְׁמֹרוּ
meine Sabbate	אֶת־שַׁבְּתֹתַי
denn das ist ein Zeichen	כִּי אוֹת הִוא
zwischen mir und euch	בֵּינִי וּבֵינֵיכֶם
von Geschlecht zu Geschlecht [wörtl.: für eure **Generationen**]	לְדֹרֹתֵיכֶם
damit ihr erkennt, dass	לָדַעַת כִּי
ich der HERR bin	אֲנִי יְהוָה
der euch **heiligt**	מְקַדִּשְׁכֶם

… und diese drei Männer wären darin – so wahr ich **lebe** (חַי), spricht Gott der HERR [wörtl.: **Spruch** (נְאֻם) Gottes des HERRN]: Sie würden weder Söhne noch Töchter retten, sondern sie **allein** (לְבַדָּם) würden errettet werden.

לְבַד	abgesondert, für sich, allein, ausgenommen	161x
lĕvad		S905

נְאֻם ▸ TAG 141 חַי ▸ TAG 193

וּשְׁלֹשֶׁת הָאֲנָשִׁים הָאֵלֶּה בְּתוֹכָהּ חַי־אָנִי נְאֻם אֲדֹנָי יְהוִה לֹא יַצִּילוּ
בָּנִים וּבָנוֹת כִּי הֵם לְבַדָּם יִנָּצֵלוּ׃

und diese drei Männer	וּשְׁלֹשֶׁת הָאֲנָשִׁים הָאֵלֶּה
wären darin	בְּתוֹכָהּ
so wahr ich **lebe**	חַי־אָנִי
spricht Gott der HERR [wörtl.: **Spruch** Gottes des HERRN]	נְאֻם אֲדֹנָי יְהוִה
Sie würden weder Söhne noch Töchter retten	לֹא יַצִּילוּ בָּנִים וּבָנוֹת
sondern sie **allein**	כִּי הֵם לְבַדָּם
würden errettet werden	יִנָּצֵלוּ

Und Sichri, ein **Kriegsmann** (גִּבּוֹר) aus **Ephraim** (אֶפְרַיִם), **erschlug** (וַיַּהֲרֹג) Maaseja, den Königssohn, und Asrikam, den Vorsteher des Königshauses, und Elkana, den Ersten nach dem König.

גִּבּוֹר	mächtiger/tapferer/tüchtiger Mann,	160x
*gib**bôr***	Krieger, Berufssoldat	S1368

אֶפְרַיִם ➤ TAG 260 **הרג** ➤ TAG 278

וַיַּהֲרֹג זִכְרִי גִּבּוֹר אֶפְרַיִם אֶת־מַעֲשֵׂיָהוּ בֶּן־הַמֶּלֶךְ וְאֶת־עַזְרִיקָם נְגִיד הַבָּיִת וְאֶת־אֶלְקָנָה מִשְׁנֵה הַמֶּלֶךְ׃

Und Sichri … **erschlug**	וַיַּהֲרֹג זִכְרִי
ein **Kriegsmann** aus **Ephraim**	גִּבּוֹר אֶפְרַיִם
Maaseja	אֶת־מַעֲשֵׂיָהוּ
den Königssohn	בֶּן־הַמֶּלֶךְ
und Asrikam	וְאֶת־עַזְרִיקָם
den Vorsteher des Königshauses	נְגִיד הַבָּיִת
und Elkana	וְאֶת־אֶלְקָנָה
den Ersten nach dem König	מִשְׁנֵה הַמֶּלֶךְ

Da lief David hin und trat zu dem Philister und nahm dessen Schwert und zog es aus der Scheide und tötete ihn und **hieb** ihm den [wörtl.: seinen] Kopf damit **ab** (וַיִּכְרָת). Da aber die Philister sahen, dass ihr **Stärkster** (גִּבּוֹרָם) tot war, **flohen sie** (וַיָּנֻסוּ).

נוס	fliehen	160x
nûs		S5127

כרת ➢ TAG 174 **גִּבּוֹר** ➢ TAG 288

וַיָּרָץ דָּוִד וַיַּעֲמֹד אֶל־הַפְּלִשְׁתִּי וַיִּקַּח אֶת־חַרְבּוֹ וַיִּשְׁלְפָהּ מִתַּעְרָהּ וַיְמֹתְתֵהוּ וַיִּכְרָת־בָּהּ אֶת־רֹאשׁוֹ וַיִּרְאוּ הַפְּלִשְׁתִּים כִּי־מֵת גִּבּוֹרָם וַיָּנֻסוּ׃

Da lief David hin	וַיָּרָץ דָּוִד
und trat zu dem Philister	וַיַּעֲמֹד אֶל־הַפְּלִשְׁתִּי
und nahm dessen Schwert	וַיִּקַּח אֶת־חַרְבּוֹ
und zog es aus der Scheide	וַיִּשְׁלְפָהּ מִתַּעְרָהּ
und tötete ihn	וַיְמֹתְתֵהוּ
und **hieb** … damit **ab**	וַיִּכְרָת־בָּהּ
ihm den [wörtl.: seinen] Kopf	אֶת־רֹאשׁוֹ
Da aber die Philister sahen,	וַיִּרְאוּ הַפְּלִשְׁתִּים
dass ihr **Stärkster** tot war	כִּי־מֵת גִּבּוֹרָם
flohen sie	וַיָּנֻסוּ

Nur (**אַךְ**) im HERRN – hat er mir gesagt – sind **Gerechtigkeit** (**צְדָקוֹת**) und Stärke. Alle, die mit ihm hadern, **werden** zu ihm **kommen** (**יָבוֹא**) und beschämt werden. (AÜ)

צְדָקָה	Recht, Gerechtigkeit, Aufrichtigkeit	159x
*ṣĕdā**qâ***		S6666

בוא ▸ TAG 20 **אַךְ** ▸ TAG 286

אַךְ בַּיהוָה לִי אָמַר צְדָקוֹת וָעֹז עָדָיו יָבוֹא וְיֵבֹשׁוּ כֹּל הַנֶּחֱרִים בּוֹ׃

Nur im HERRN	אַךְ בַּיהוָה
hat er mir gesagt	לִי אָמַר
sind **Gerechtigkeit** und Stärke	צְדָקוֹת וָעֹז
zu ihm	עָדָיו
werden … kommen	יָבוֹא
und beschämt werden	וְיֵבֹשׁוּ
Alle, die … hadern	כֹּל הַנֶּחֱרִים
mit ihm	בּוֹ

Der **Name** (שֵׁם) des **zweiten** (שֵׁנִי) Stroms ist Gihon, der **fließt um** (סוֹבֵב) das ganze Land Kusch.

שֵׁנִי	der zweite, der folgende	156x
šēnî		S8145

שֵׁם ▷ TAG 56 **סבב** ▷ TAG 284

וְשֵׁם־הַנָּהָר הַשֵּׁנִי גִּיחוֹן הוּא הַסּוֹבֵב אֵת כָּל־אֶרֶץ כּוּשׁ׃

Der **Name**	וְשֵׁם־
des **zweiten** Stroms	הַנָּהָר הַשֵּׁנִי
ist Gihon	גִּיחוֹן
der	הוּא
fließt um	הַסּוֹבֵב
das ganze Land Kusch	אֵת כָּל־אֶרֶץ כּוּשׁ

Und ihr, Kinder Zions, jubelt und **freut euch** (שִׂמְחוּ) im HERRN, eurem Gott, dass er euch den Lehrer zur **Gerechtigkeit** (צְדָקָה) gibt und euch herabsendet Regen, Frühregen und Spätregen wie **zuvor** (רִאשׁוֹן).

שׂמח	sich freuen	156x
śāmaḥ		S8055

רִאשׁוֹן ▸ TAG 259   צְדָקָה ▸ TAG 290

וּבְנֵי צִיּוֹן גִּילוּ וְשִׂמְחוּ בַּיהוָה אֱלֹהֵיכֶם כִּי־נָתַן לָכֶם אֶת־הַמּוֹרֶה
לִצְדָקָה וַיּוֹרֶד לָכֶם גֶּשֶׁם מוֹרֶה וּמַלְקוֹשׁ בָּרִאשׁוֹן׃

Und ihr, Kinder Zions	וּבְנֵי צִיּוֹן
jubelt und **freut euch**	גִּילוּ וְשִׂמְחוּ
im HERRN, eurem Gott	בַּיהוָה אֱלֹהֵיכֶם
dass er … gibt	כִּי־נָתַן
den Lehrer	אֶת־הַמּוֹרֶה
euch … zur **Gerechtigkeit**	לָכֶם … לִצְדָקָה
und euch herabsendet	וַיּוֹרֶד לָכֶם
Regen	גֶּשֶׁם
Frühregen und Spätregen	מוֹרֶה וּמַלְקוֹשׁ
wie **zuvor**	בָּרִאשׁוֹן

Zion (צִיּוֹן) hört es und **ist froh** (וַתִּשְׂמַח), und die Töchter Juda sind fröhlich, weil du, HERR, recht regierest [wörtl.: **wegen** (לְמַעַן) deiner Gerichte].

צִיּוֹן *ṣiyyôn*	Zion	154x S6726

לְמַעַן ➤ TAG 188 שׂמח ➤ TAG 292

שָׁמְעָה וַתִּשְׂמַח צִיּוֹן וַתָּגֵלְנָה בְּנוֹת יְהוּדָה לְמַעַן מִשְׁפָּטֶיךָ יְהוָה׃

Zion	צִיּוֹן
hört es	שָׁמְעָה
und **ist froh**	וַתִּשְׂמַח
und … sind fröhlich	וַתָּגֵלְנָה
die Töchter Juda	בְּנוֹת יְהוּדָה
weil [wörtl.: **wegen**]	לְמַעַן
du … recht regierest [wörtl.: deiner Gerichte]	מִשְׁפָּטֶיךָ
HERR	יְהוָה

Sein heiliger Berg ragt schön empor, daran sich freut die ganze Welt, der Berg **Zion** (צִיּוֹן) fern im **Norden** (צָפוֹן), die Stadt des **großen** (רָב) Königs. (AÜ)

צָפוֹן	Norden	154x
ṣāfôn		S6828

רַב ▶ TAG 127 צִיּוֹן ▶ TAG 293

הַר־קָדְשׁוֹ יְפֵה נוֹף מְשׂוֹשׂ כָּל־הָאָרֶץ הַר־צִיּוֹן יַרְכְּתֵי צָפוֹן קִרְיַת מֶלֶךְ רָב׃

Sein heiliger Berg	הַר־קָדְשׁוֹ
ragt schön empor	יְפֵה נוֹף
daran sich freut	מְשׂוֹשׂ
die ganze Welt	כָּל־הָאָרֶץ
der Berg **Zion**	הַר־צִיּוֹן
fern im **Norden**	יַרְכְּתֵי צָפוֹן
die Stadt	קִרְיַת
des **großen** Königs	מֶלֶךְ רָב

Weiter [wörtl.: **zweitens** (שֵׁנִית)] tut ihr auch das: Ihr **bedeckt** (כַּסּוֹת) den Altar des HERRN mit Tränen und Weinen und Seufzen, weil er das **Opfer** (מִנְחָה) nicht mehr ansehen noch es mit Wohlgefallen von euren Händen empfangen mag.

כסה	bedecken, zudecken, vergeben	153x
kāsâ		S3680

מִנְחָה ▸ TAG 235 שֵׁנִי ▸ TAG 291

וְזֹאת שֵׁנִית תַּעֲשׂוּ כַּסּוֹת דִּמְעָה אֶת־מִזְבַּח יְהוָה בְּכִי וַאֲנָקָה מֵאֵין עוֹד פְּנוֹת אֶל־הַמִּנְחָה וְלָקַחַת רָצוֹן מִיֶּדְכֶם׃

Weiter [wörtl.: **zweitens**] … auch das	וְזֹאת שֵׁנִית
tut ihr	תַּעֲשׂוּ
Ihr **bedeckt** … mit Tränen	כַּסּוֹת דִּמְעָה
den Altar des HERRN	אֶת־מִזְבַּח יְהוָה
(und) Weinen und Seufzen	בְּכִי וַאֲנָקָה
weil er … nicht mehr ansehen	מֵאֵין עוֹד פְּנוֹת
das **Opfer**	אֶל־הַמִּנְחָה
noch es mit Wohlgefallen … empfangen mag	וְלָקַחַת רָצוֹן
von euren Händen	מִיֶּדְכֶם

Denn der **Tod** (מָוֶת) ist zu unsern Fenstern hereingestiegen und in unsere Paläste gekommen, um **auszurotten** (הַכְרִית) das Kind auf der **Gasse** (חוּץ) und die jungen Männer auf den Plätzen. (AÜ)

מָוֶת *māvet*	Tod	153x S4194

כרת ▸ TAG 174 חוּץ ▸ TAG 282

כִּי־עָלָה מָוֶת בְּחַלּוֹנֵינוּ בָּא בְּאַרְמְנוֹתֵינוּ לְהַכְרִית עוֹלָל מִחוּץ בַּחוּרִים מֵרְחֹבוֹת׃

Denn	כִּי־
der **Tod** ist … hereingestiegen	עָלָה מָוֶת
zu unsern Fenstern	בְּחַלּוֹנֵינוּ
und in unsere Paläste gekommen	בָּא בְּאַרְמְנוֹתֵינוּ
um **auszurotten** das Kind	לְהַכְרִית עוֹלָל
auf der **Gasse**	מִחוּץ
und die jungen Männer	בַּחוּרִים
auf den Plätzen	מֵרְחֹבוֹת

Den Allmächtigen **erreichen wir** (מְצָאנֻהוּ) nicht, der so groß ist an Kraft. Und das Recht und die **Fülle** (רֹב) an **Gerechtigkeit** (צְדָקָה) beugt er nicht. (AÜ)

רֹב	Menge, Fülle, Größe	152x
rōv		S7230

מצא ▶ TAG 117 צְדָקָה ▶ TAG 290

שַׁדַּי לֹא־מְצָאנֻהוּ שַׂגִּיא־כֹחַ וּמִשְׁפָּט וְרֹב־צְדָקָה לֹא יְעַנֶּה׃

Den Allmächtigen	שַׁדַּי
erreichen wir nicht	לֹא־מְצָאנֻהוּ
der so groß ist an Kraft	שַׂגִּיא־כֹחַ
Und das Recht	וּמִשְׁפָּט
und die **Fülle** an **Gerechtigkeit**	וְרֹב־צְדָקָה
beugt er nicht	לֹא יְעַנֶּה

Und das ganze **Kriegs**(מִלְחָמָה)volk, das bei ihm war, zog hinauf, und sie kamen nahe [wörtl.: nährten sich und kamen] **vor** (נֶגֶד) die Stadt und lagerten sich **nördlich** (צָפוֹן) von Ai, sodass nur ein Tal war zwischen ihnen und Ai.

נֶגֶד	vor, gegenüber, in Gegenwart von	152x
neged		S5048

מִלְחָמָה ➤ TAG 159 צָפוֹן ➤ TAG 294

וְכָל־הָעָם הַמִּלְחָמָה אֲשֶׁר אִתּוֹ עָלוּ וַיִּגְּשׁוּ וַיָּבֹאוּ נֶגֶד הָעִיר וַיַּחֲנוּ
מִצְּפוֹן לָעַי וְהַגַּי בֵּינָיו וּבֵין־הָעָי׃

Und das ganze **Kriegs**volk	וְכָל־הָעָם הַמִּלְחָמָה
das bei ihm war	אֲשֶׁר אִתּוֹ
zog hinauf	עָלוּ
nahe [wörtl.: und sie nährten sich]	וַיִּגְּשׁוּ
und sie kamen	וַיָּבֹאוּ
vor die Stadt	נֶגֶד הָעִיר
und lagerten sich	וַיַּחֲנוּ
nördlich von Ai	מִצְּפוֹן לָעַי
sodass nur ein Tal war	וְהַגַּי
zwischen ihnen und Ai	בֵּינָיו וּבֵין־הָעָי

Darum, so spricht Gott der HERR Zebaoth: Fürchte dich nicht, mein Volk, das in **Zion** (צִיּוֹן) wohnt, vor **Assur** (אַשּׁוּר), der dich mit dem Stecken schlägt und seinen **Stab** (מַטֵּהוּ) gegen dich aufhebt nach der Art Ägyptens. (AÜ)

אַשּׁוּר	Assur, Assyrer	151x
ʾaššûr		S804

מַטֶּה ▸ TAG 195 צִיּוֹן ▸ TAG 293

לָכֵן כֹּה־אָמַר אֲדֹנָי יְהוִה צְבָאוֹת אַל־תִּירָא עַמִּי יֹשֵׁב צִיּוֹן מֵאַשּׁוּר
בַּשֵּׁבֶט יַכֶּכָּה וּמַטֵּהוּ יִשָּׂא־עָלֶיךָ בְּדֶרֶךְ מִצְרָיִם׃

Darum	לָכֵן
so spricht	כֹּה־אָמַר
Gott der HERR Zebaoth	אֲדֹנָי יְהוִה צְבָאוֹת
Fürchte dich nicht … vor **Assur**	אַל־תִּירָא … מֵאַשּׁוּר
mein Volk, das in **Zion** wohnt	עַמִּי יֹשֵׁב צִיּוֹן
der dich … schlägt	יַכֶּכָּה
mit dem Stecken	בַּשֵּׁבֶט
und seinen **Stab**	וּמַטֵּהוּ
gegen dich aufhebt	יִשָּׂא־עָלֶיךָ
nach der Art Ägyptens	בְּדֶרֶךְ מִצְרָיִם

Darum ließ der HERR über sie kommen die Obersten des Heeres des Königs von **Assur** (אַשּׁוּר); die nahmen **Manasse** (מְנַשֶּׁה) gefangen mit Fesseln und legten ihn in Ketten und brachten ihn nach **Babel** (בָּבֶלָה).

מְנַשֶּׁה	Manasse	150x
mĕnaššê		S4519

בָּבֶל ▸ TAG 192 **אַשּׁוּר** ▸ TAG 299

וַיָּבֵא יְהוָה עֲלֵיהֶם אֶת־שָׂרֵי הַצָּבָא אֲשֶׁר לְמֶלֶךְ אַשּׁוּר וַיִּלְכְּדוּ אֶת־מְנַשֶּׁה בַּחֹחִים וַיַּאַסְרֻהוּ בַּנְחֻשְׁתַּיִם וַיּוֹלִיכֻהוּ בָּבֶלָה׃

Darum ließ der HERR über sie kommen	וַיָּבֵא יְהוָה עֲלֵיהֶם
die Obersten des Heeres	אֶת־שָׂרֵי הַצָּבָא
des Königs von **Assur**	אֲשֶׁר לְמֶלֶךְ אַשּׁוּר
die nahmen … gefangen	וַיִּלְכְּדוּ
Manasse	אֶת־מְנַשֶּׁה
mit Fesseln	בַּחֹחִים
legten ihn	וַיַּאַסְרֻהוּ
in Ketten	בַּנְחֻשְׁתַּיִם
und brachten ihn	וַיּוֹלִיכֻהוּ
nach **Babel**	בָּבֶלָה

Und siehe, einer, der einem Menschen gleich war, **berührte** (נָגַע) meine **Lippen** (שְׂפָתָי). Da tat ich meinen Mund auf und redete und sprach zu dem, der **vor** (נֶגְדִּי) mir stand: Mein Herr, Krämpfe kamen über mich, als ich das Gesicht hatte, und es war keine Kraft mehr in mir. (AÜ)

נגע *nāgaʿ*	berühren, schlagen, heranreichen an	150x S5060

שָׂפָה ➤ TAG 263 נֶגֶד ➤ TAG 298

וְהִנֵּה כִּדְמוּת בְּנֵי אָדָם נֹגֵעַ עַל־שְׂפָתָי וָאֶפְתַּח־פִּי וָאֲדַבְּרָה וָאֹמְרָה
אֶל־הָעֹמֵד לְנֶגְדִּי אֲדֹנִי בַּמַּרְאָה נֶהֶפְכוּ צִירַי עָלַי וְלֹא עָצַרְתִּי כֹּחַ׃

Und siehe	וְהִנֵּה
einer, der einem Menschen gleich war	כִּדְמוּת בְּנֵי אָדָם
berührte meine **Lippen**	נֹגֵעַ עַל־שְׂפָתָי
Da tat ich meinen Mund auf	וָאֶפְתַּח־פִּי
und redete und sprach	וָאֲדַבְּרָה וָאֹמְרָה
zu dem, der … stand	אֶל־הָעֹמֵד
vor mir	לְנֶגְדִּי
Mein Herr	אֲדֹנִי
als ich das Gesicht hatte	בַּמַּרְאָה
Krämpfe kamen über mich	נֶהֶפְכוּ צִירַי עָלַי
und es war keine Kraft mehr in mir	וְלֹא עָצַרְתִּי כֹּחַ

Und er redete mit der **Gemeinde** (עֵדָה) und sprach: Weicht [doch] von den Zelten dieser **ruchlosen** (רְשָׁעִים) Menschen und **rührt** nichts [wörtl.: nicht irgendetwas] **an** (תִּגְּעוּ), was sie haben, damit ihr nicht auch umkommt durch all ihre Sünde.

עֵדָה *ʿēdâ*	Versammlung, Gemeinde	149x S5712

רָשָׁע ➤ TAG 191 **נגע** ➤ TAG 301

וַיְדַבֵּר אֶל־הָעֵדָה לֵאמֹר סוּרוּ נָא מֵעַל אָהֳלֵי הָאֲנָשִׁים הָרְשָׁעִים
הָאֵלֶּה וְאַל־תִּגְּעוּ בְּכָל־אֲשֶׁר לָהֶם פֶּן־תִּסָּפוּ בְּכָל־חַטֹּאתָם׃

Und er redete mit der **Gemeinde** und sprach	וַיְדַבֵּר אֶל־הָעֵדָה לֵאמֹר
Weicht [doch] von	סוּרוּ נָא מֵעַל
den Zelten	אָהֳלֵי
dieser **ruchlosen** Menschen	הָאֲנָשִׁים הָרְשָׁעִים הָאֵלֶּה
rührt nichts [wörtl.: nicht] **an**	וְאַל־תִּגְּעוּ
[irgendetwas], was ihnen gehört	בְּכָל־אֲשֶׁר לָהֶם
damit ihr nicht (auch) umkommt	פֶּן־תִּסָּפוּ
durch all ihre Sünde	בְּכָל־חַטֹּאתָם

Ich dachte: Die Betagten [wörtl.: Tage] sollen reden, und die Bejahrten [wörtl.: **Menge (רֹב)** der Jahre] **sollen Weisheit (חָכְמָה) lehren (יֹדִיעוּ)**. (AÜ)

חָכְמָה	Weisheit	149x
ḥoḵmâ		S2451

ידע ▸ TAG 50 רֹב ▸ TAG 297

אָמַרְתִּי יָמִים יְדַבֵּרוּ וְרֹב שָׁנִים יֹדִיעוּ חָכְמָה׃

Ich dachte	אָמַרְתִּי
Die Betagten [wörtl.: Tage]	יָמִים
sollen reden	יְדַבֵּרוּ
und die Bejahrten [wörtl.: **Menge** der Jahre]	וְרֹב שָׁנִים
sollen … lehren	יֹדִיעוּ
Weisheit	חָכְמָה

In Tachpanhes wird sich der Tag verfinstern, wenn ich dort das Zepter [wörtl.: Joch] Ägyptens **zerbreche** (שִׁבְרִי) und seine stolze Macht ein Ende nimmt. Die Stadt [wörtl.: sie] **wird** mit Wolken **bedeckt werden** (יְכַסֶּנָּה), und ihre Töchter **werden** gefangen **weggeführt werden** (תֵּלַכְנָה).

שׁבר	zerbrechen, zerstören	148x
šāvar		S7665

הלך ▸ TAG 31 כסה ▸ TAG 295

וּבִתְחַפְנְחֵס חָשַׂךְ הַיּוֹם בְּשִׁבְרִי־שָׁם אֶת־מֹטוֹת מִצְרַיִם וְנִשְׁבַּת־בָּהּ
גְּאוֹן עֻזָּהּ הִיא עָנָן יְכַסֶּנָּה וּבְנוֹתֶיהָ בַּשְּׁבִי תֵּלַכְנָה׃

In Tachpanhes	וּבִתְחַפְנְחֵס
wird sich der Tag verfinstern	חָשַׂךְ הַיּוֹם
wenn ich dort … **zerbreche**	בְּשִׁבְרִי־שָׁם
das Zepter [wörtl.: Joch] Ägyptens	אֶת־מֹטוֹת מִצְרַיִם
und … ein Ende nimmt	וְנִשְׁבַּת־בָּהּ
seine stolze Macht	גְּאוֹן עֻזָּהּ
Die Stadt [wörtl.: sie] **wird** mit Wolken **bedeckt werden**	הִיא עָנָן יְכַסֶּנָּה
und ihre Töchter	וּבְנוֹתֶיהָ
werden gefangen **weggeführt werden**	בַּשְּׁבִי תֵּלַכְנָה

HERR, sei mir gnädig; sieh an mein Elend unter meinen Feinden [wörtl.: unter denen, **die** mich **hassen** (שֹׂנְאָי)], der du mich erhebst aus den **Toren** (שַׁעֲרֵי) des **Todes** (מָוֶת).

שׂנא *śānāʾ*	hassen	148x S8130

שַׁעַר ▸ TAG 142 מָוֶת ▸ TAG 296

חָנְנֵנִי יְהוָה רְאֵה עָנְיִי מִשֹּׂנְאָי מְרוֹמְמִי מִשַּׁעֲרֵי מָוֶת׃

sei mir gnädig	חָנְנֵנִי
HERR	יְהוָה
sieh an	רְאֵה
mein Elend	עָנְיִי
unter meinen Feinden [wörtl.: unter denen, **die** mich **hassen**]	מִשֹּׂנְאָי
der du mich erhebst	מְרוֹמְמִי
aus den **Toren** des **Todes**	מִשַּׁעֲרֵי מָוֶת

[Und] im achten Jahr [wörtl.: in **acht** (שְׁמוֹנֶה) Jahren] seiner Herrschaft fing er an, obwohl er noch jung [wörtl.: **ein Junge** (נַעַר)] war, den Gott seines Vaters David zu **suchen** (דְּרוֹשׁ).

שְׁמֹנֶה	acht	147x
šĕmōnê		S8083

נַעַר ➤ TAG 202 **דרשׁ** ➤ TAG 280

וּבִשְׁמוֹנֶה שָׁנִים לְמָלְכוֹ וְהוּא עוֹדֶנּוּ נַעַר הֵחֵל לִדְרוֹשׁ לֵאלֹהֵי דָּוִיד אָבִיו

[Und] im achten Jahr [wörtl.: in **acht** Jahren]	וּבִשְׁמוֹנֶה שָׁנִים
seiner Herrschaft	לְמָלְכוֹ
obwohl er noch jung [wörtl.: **ein Junge**] war	וְהוּא עוֹדֶנּוּ נַעַר
fing er an	הֵחֵל
zu **suchen**	לִדְרוֹשׁ
den Gott	לֵאלֹהֵי
seines Vaters David	דָּוִיד אָבִיו

Preiset (הַלְלוּ) den HERRN! Ich danke dem HERRN von ganzem **Herzen** (לֵבָב) im Rate der Frommen und in der **Gemeinde** (עֵדָה). (AÜ)

הלל	preisen, rühmen	146x
hālal		S1984

לֵבָב ➤ TAG 194 עֵדָה ➤ TAG 302

הַלְלוּ יָהּ אוֹדֶה יְהוָה בְּכָל־לֵבָב בְּסוֹד יְשָׁרִים וְעֵדָה׃

Preiset	הַלְלוּ
den HERRN!	יָהּ
Ich danke	אוֹדֶה
dem HERRN	יְהוָה
von ganzem **Herzen**	בְּכָל־לֵבָב
im Rate	בְּסוֹד
der Frommen	יְשָׁרִים
und (in) der **Gemeinde**	וְעֵדָה

Und wenn die Lade **aufbrach** (נְסֹעַ), so sprach Mose: HERR, steh auf! Und deine **Feinde** (אֹיְבֶיךָ) werden sich zerstreuen und alle, **die** dich **hassen** (מְשַׂנְאֶיךָ), werden flüchtig vor dir!

נסע	herausziehen, ausreißen, aufbrechen (um weiterzuziehen)	146x
nāsaʿ		S5265

אֹיֵב ➤ TAG 178 **שׂנא** ➤ TAG 305

וַיְהִי בִּנְסֹעַ הָאָרֹן וַיֹּאמֶר מֹשֶׁה קוּמָה יְהוָה וְיָפֻצוּ אֹיְבֶיךָ וְיָנֻסוּ מְשַׂנְאֶיךָ מִפָּנֶיךָ׃

Und wenn die Lade **aufbrach**	וַיְהִי בִּנְסֹעַ הָאָרֹן
so sprach Mose	וַיֹּאמֶר מֹשֶׁה
HERR, steh auf!	קוּמָה יְהוָה
Und deine **Feinde** werden sich zerstreuen	וְיָפֻצוּ אֹיְבֶיךָ
und … werden flüchtig	וְיָנֻסוּ
(alle,) **die** dich **hassen**,	מְשַׂנְאֶיךָ
vor dir	מִפָּנֶיךָ

Und **Joab** (יוֹאָב) gab dem König die Summe der Volkszählung an. Und es waren in Israel **acht**(שְׁמֹנֶה)hundert**tausend** (אֶלֶף) streitbare Männer, die das Schwert führten, und [die Männer] in Juda fünfhundert**tausend** (אֶלֶף) Mann. (AÜ)

יוֹאָב *yô'āv*	Joab	145x S3097

אֶלֶף ▸ TAG 107 **שְׁמֹנֶה** ▸ TAG 306

וַיִּתֵּן יוֹאָב אֶת־מִסְפַּר מִפְקַד־הָעָם אֶל־הַמֶּלֶךְ וַתְּהִי יִשְׂרָאֵל שְׁמֹנֶה
מֵאוֹת אֶלֶף אִישׁ־חַיִל שֹׁלֵף חֶרֶב וְאִישׁ יְהוּדָה חֲמֵשׁ־מֵאוֹת אֶלֶף
אִישׁ׃

Und **Joab** gab … an	וַיִּתֵּן יוֹאָב
die Summe	אֶת־מִסְפַּר
der Volkszählung	מִפְקַד־הָעָם
dem König	אֶל־הַמֶּלֶךְ
Und es waren in Israel	וַתְּהִי יִשְׂרָאֵל
achthundert**tausend**	שְׁמֹנֶה מֵאוֹת אֶלֶף
streitbare Männer	אִישׁ־חַיִל
die das Schwert führten	שֹׁלֵף חֶרֶב
und [die Männer] in Juda	וְאִישׁ יְהוּדָה
fünfhundert**tausend**	חֲמֵשׁ־מֵאוֹת אֶלֶף
Mann	אִישׁ

Und sie kamen, jeder, den sein Herz bewog, und jeder, den sein **Geist** (רוּחוֹ) dazu antrieb, und brachten die Abgabe für den HERRN zur **Arbeit** (מְלֶאכֶת) an der Stiftshütte und für allen **Dienst** (עֲבֹדָתוֹ) darin und für die heiligen Kleider. (AÜ)

עֲבֹדָה	Arbeit, Werk, Dienst, Gottesdienst	145x
ʿăvōdâ		S5656

רוּחַ ▸ TAG 139 מְלָאכָה ▸ TAG 279

וַיָּבֹאוּ כָּל־אִישׁ אֲשֶׁר־נְשָׂאוֹ לִבּוֹ וְכֹל אֲשֶׁר נָדְבָה רוּחוֹ אֹתוֹ הֵבִיאוּ
אֶת־תְּרוּמַת יְהוָה לִמְלֶאכֶת אֹהֶל מוֹעֵד וּלְכָל־עֲבֹדָתוֹ וּלְבִגְדֵי הַקֹּדֶשׁ׃

Und sie kamen	וַיָּבֹאוּ
jeder	כָּל־אִישׁ
den sein Herz bewog	אֲשֶׁר־נְשָׂאוֹ לִבּוֹ
und jeder	וְכֹל
den sein **Geist** dazu antrieb	אֲשֶׁר נָדְבָה רוּחוֹ אֹתוֹ
und brachten	הֵבִיאוּ
die Abgabe für den HERRN	אֶת־תְּרוּמַת יְהוָה
zur **Arbeit** an der Stiftshütte	לִמְלֶאכֶת אֹהֶל מוֹעֵד
und für allen **Dienst** darin	וּלְכָל־עֲבֹדָתוֹ
und für die heiligen Kleider	וּלְבִגְדֵי הַקֹּדֶשׁ

Und **Joab** (יוֹאָב) ließ die Posaune blasen, und das ganze Volk stand still. Und sie **jagten** (יִרְדְּפוּ) Israel nicht mehr nach und kämpften auch nicht weiter [wörtl.: fuhren nicht fort noch zu **kämpfen** (הִלָּחֵם)]. (AÜ)

רדף *rādaf*	nachjagen, verfolgen	144x S7291

לחם ▸ TAG 271 **יוֹאָב** ▸ TAG 309

וַיִּתְקַע יוֹאָב בַּשּׁוֹפָר וַיַּעַמְדוּ כָּל־הָעָם וְלֹא־יִרְדְּפוּ עוֹד אַחֲרֵי יִשְׂרָאֵל
וְלֹא־יָסְפוּ עוֹד לְהִלָּחֵם׃

Und **Joab** ließ … blasen	וַיִּתְקַע יוֹאָב
die Posaune	בַּשּׁוֹפָר
und das ganze Volk stand still	וַיַּעַמְדוּ כָּל־הָעָם
Und sie **jagten** Israel nicht mehr nach	וְלֹא־יִרְדְּפוּ עוֹד אַחֲרֵי יִשְׂרָאֵל
und … auch nicht weiter [wörtl.: fuhren nicht fort]	וְלֹא־יָסְפוּ
kämpften [wörtl.: noch zu **kämpfen**]	עוֹד לְהִלָּחֵם

Und die Ägypter **jagten** (וַיִּרְדְּפוּ) ihnen nach, alle Rosse und Wagen des **Pharao** (פַּרְעֹה) und seine Reiter und das ganze Heer des Pharao [wörtl.: und sein ganzes Heer], und holten sie ein, **als sie** am Meer bei Pi-Hahirot vor Baal-Zefon **lagerten** (חֹנִים).

חנה	sich lagern, niederlassen	143x
ḥānâ		S2583

פַּרְעֹה ➤ TAG 185 רדף ➤ TAG 311

וַיִּרְדְּפוּ מִצְרַיִם אַחֲרֵיהֶם וַיַּשִּׂיגוּ אוֹתָם חֹנִים עַל־הַיָּם כָּל־סוּס רֶכֶב פַּרְעֹה וּפָרָשָׁיו וְחֵילוֹ עַל־פִּי הַחִירֹת לִפְנֵי בַּעַל צְפֹן׃

Und die Ägypter **jagten**	וַיִּרְדְּפוּ מִצְרַיִם
ihnen nach	אַחֲרֵיהֶם
alle Rosse	כָּל־סוּס
und Wagen des **Pharao**	רֶכֶב פַּרְעֹה
und seine Reiter	וּפָרָשָׁיו
und das ganze Heer des Pharao [wörtl.: und sein ganzes Heer]	וְחֵילוֹ
und holten sie ein	וַיַּשִּׂיגוּ אוֹתָם
als sie … lagerten	חֹנִים
am Meer	עַל־הַיָּם
bei Pi-Hahirot	עַל־פִּי הַחִירֹת
vor Baal-Zefon	לִפְנֵי בַּעַל צְפֹן

Darum verdross es mich zu leben [wörtl.: **hasste ich** (שָׂנֵאתִי) das Leben], denn es [wörtl.: das Tun] war mir zuwider, **was** (שֶׁ) **unter** (תַּחַת) der Sonne geschieht, dass alles eitel ist und Haschen nach Wind.

שֶׁ	*Relativpronomen:* der/die/das, wer/was;	142x
še	*Konjuktion:* dass, damit	S834

תַּחַת ➤ TAG 101   שׂנא ➤ TAG 305

וְשָׂנֵאתִי אֶת־הַחַיִּים כִּי רַע עָלַי הַמַּעֲשֶׂה שֶׁנַּעֲשָׂה תַּחַת הַשָּׁמֶשׁ כִּי־הַכֹּל הֶבֶל וּרְעוּת רוּחַ׃

Darum verdross es mich [wörtl.: **hasste** ich]	וְשָׂנֵאתִי
zu leben [wörtl.: das Leben]	אֶת־הַחַיִּים
denn	כִּי
es [wörtl.: das Tun]	הַמַּעֲשֶׂה
was … geschieht	שֶׁנַּעֲשָׂה
unter der Sonne	תַּחַת הַשָּׁמֶשׁ
war mir zuwider	רַע עָלַי
dass alles	כִּי־הַכֹּל
eitel ist	הֶבֶל
und Haschen nach Wind	וּרְעוּת רוּחַ

Und wegen seines Verstands wird er Erfolg haben mit Hinterlist in seiner Hand, und in seinem **Herzen** (לְבָבוֹ) wird er gross tun, und während Sorglosigkeit herrscht, **wird er** viele **vernichten** (יַשְׁחִית). Und gegen den Fürsten der Fürsten wird er sich auflehnen, aber **er wird zerbrochen werden** (יִשָּׁבֵר) ohne Zutun von Menschenhand. (AÜ)

שחת	verderben, zugrunde richten, vernichten	142x
šāḥat		S7843

לֵבָב ➤ TAG 194 שׁבר ➤ TAG 304

וְעַל־שִׂכְלוֹ וְהִצְלִיחַ מִרְמָה בְּיָדוֹ וּבִלְבָבוֹ יַגְדִּיל וּבְשַׁלְוָה יַשְׁחִית
רַבִּים וְעַל־שַׂר־שָׂרִים יַעֲמֹד וּבְאֶפֶס יָד יִשָּׁבֵר׃

Und wegen seines Verstands	וְעַל־שִׂכְלוֹ
wird er Erfolg haben	וְהִצְלִיחַ
mit Hinterlist in seiner Hand	מִרְמָה בְּיָדוֹ
und in seinem **Herzen**	וּבִלְבָבוֹ
wird er gross tun	יַגְדִּיל
und während Sorglosigkeit herrscht	וּבְשַׁלְוָה
wird er viele **vernichten**	יַשְׁחִית רַבִּים
Und gegen den Fürsten der Fürsten	וְעַל־שַׂר־שָׂרִים
wird ersich auflehnen	יַעֲמֹד
er wird zerbrochen werden	יִשָּׁבֵר
aber … ohne Zutun von Menschenhand	וּבְאֶפֶס יָד

Du hast die **Rechte** (יְמִין) seiner Widersacher erhöht und [**du hast**] alle seine **Feinde** (אוֹיְבָיו) **erfreut** (הִשְׂמַחְתָּ).

יָמִין	rechte Hand, rechts; Süden	141x
yāmîn		S3225

אֹיֵב ▶ TAG 178 שׂמח ▶ TAG 292

הֲרִימוֹתָ יְמִין צָרָיו הִשְׂמַחְתָּ כָּל־אוֹיְבָיו׃

Du hast … erhöht	הֲרִימוֹתָ
die **Rechte**	יְמִין
seiner Widersacher	צָרָיו
(und) [**du hast**] … **erfreut**	הִשְׂמַחְתָּ
alle seine **Feinde**	כָּל־אוֹיְבָיו

»**Schlecht (רַע), schlecht (רַע)**!«, spricht der Käufer;
aber wenn er weggeht, **dann (אָז) rühmt er sich (יִתְהַלָּל)**. (AÜ)

אָז	damals, seitdem, dann	141x
ʾāz		S227

רַע ➤ TAG 146 הלל ➤ TAG 307

רַע רַע יֹאמַר הַקּוֹנֶה וְאֹזֵל לוֹ אָז יִתְהַלָּל׃

Schlecht, schlecht!	רַע רַע
spricht	יֹאמַר
der Käufer	הַקּוֹנֶה
aber wenn er weggeht	וְאֹזֵל לוֹ
dann	אָז
rühmt er sich	יִתְהַלָּל

…, dass der **Wein** (יַיִן) **erfreue** (יְשַׂמַּח) des Menschen Herz, damit sein Antlitz glänze vom Öl und das **Brot** (לֶחֶם) des Menschen Herz stärke.

יַיִן	Wein	141x
yayin		S3196

לֶחֶם ▶ TAG 167 שׂמח ▶ TAG 292

וְיַיִן יְשַׂמַּח לְבַב־אֱנוֹשׁ לְהַצְהִיל פָּנִים מִשָּׁמֶן וְלֶחֶם לְבַב־אֱנוֹשׁ יִסְעָד׃

dass der **Wein**	וְיַיִן
erfreue	יְשַׂמַּח
des Menschen Herz	לְבַב־אֱנוֹשׁ
damit … glänze	לְהַצְהִיל
sein Antlitz	פָּנִים
vom Öl	מִשָּׁמֶן
und das **Brot**	וְלֶחֶם
stärke	יִסְעָד
des Menschen Herz	לְבַב־אֱנוֹשׁ

Und es fiel Hagel und Feuer flackerte mitten im Hagel; er war **sehr (מְאֹד)** schwer, [welcher] **wie er (כָּמֹהוּ)** noch nie in ganz Ägyptenland gewesen war, **seitdem (אָז)** es zu einem Volk geworden ist. (AÜ)

כְּמוֹ	wie (*Vergleichswort*)	141x
kĕmō		S3644

מְאֹד ➢ TAG 166 אָז ➢ TAG 316

וַיְהִי בָרָד וְאֵשׁ מִתְלַקַּחַת בְּתוֹךְ הַבָּרָד כָּבֵד מְאֹד אֲשֶׁר לֹא־הָיָה
כָמֹהוּ בְּכָל־אֶרֶץ מִצְרַיִם מֵאָז הָיְתָה לְגוֹי׃

Und es fiel Hagel	וַיְהִי בָרָד
und Feuer	וְאֵשׁ
flackerte	מִתְלַקַּחַת
mitten im Hagel	בְּתוֹךְ הַבָּרָד
er war **sehr** schwer	כָּבֵד מְאֹד
[welcher] **wie er**	אֲשֶׁר ... כָמֹהוּ
noch nie ... gewesen war	לֹא־הָיָה
in ganz Ägyptenland	בְּכָל־אֶרֶץ מִצְרַיִם
seitdem	מֵאָז
es zu einem Volk geworden ist	הָיְתָה לְגוֹי

Und ich hörte den Mann in leinenen Kleidern, der **über** (מַעַל) den Wassern des Stroms stand. Er hob seine **rechte** [**Hand**] (יְמִינוֹ) und [seine] linke Hand auf gen Himmel und schwor bei dem, der ewiglich **lebt** (חֵי), …

מַעַל	über, oberhalb von	140x
*ma*ʿ*al*		S4605

חַי ➢ TAG 193 יָמִין ➢ TAG 315

וָאֶשְׁמַע אֶת־הָאִישׁ לְבוּשׁ הַבַּדִּים אֲשֶׁר מִמַּעַל לְמֵימֵי הַיְאֹר וַיָּרֶם
יְמִינוֹ וּשְׂמֹאלוֹ אֶל־הַשָּׁמַיִם וַיִּשָּׁבַע בְּחֵי הָעוֹלָם

Und ich hörte	וָאֶשְׁמַע
den Mann	אֶת־הָאִישׁ
in leinenen Kleidern	לְבוּשׁ הַבַּדִּים
der **über** … (stand)	אֲשֶׁר מִמַּעַל
den Wassern des Stroms	לְמֵימֵי הַיְאֹר
Er hob	וַיָּרֶם
seine **rechte** [**Hand**]	יְמִינוֹ
und [seine] linke Hand	וּשְׂמֹאלוֹ
auf gen Himmel	אֶל־הַשָּׁמַיִם
und schwor	וַיִּשָּׁבַע
bei dem, der ewiglich **lebt**	בְּחֵי הָעוֹלָם

Alle Geräte der Wohnung für den gesamten **Dienst** (עֲבֹדָתוֹ) und alle ihre Pflöcke und alle Pflöcke des **Vorhofes** (חָצֵר) sollen aus **Bronze** (נְחֹשֶׁת) sein.

נְחֹשֶׁת	Kupfer, Bronze	140x
nĕḥōšet		S5178

חָצֵר ➢ TAG 248 עֲבֹדָה ➢ TAG 310

לְכֹל כְּלֵי הַמִּשְׁכָּן בְּכֹל עֲבֹדָתוֹ וְכָל־יְתֵדֹתָיו וְכָל־יִתְדֹת הֶחָצֵר
נְחֹשֶׁת׃

Alle Geräte	לְכֹל כְּלֵי
der Wohnung	הַמִּשְׁכָּן
für den gesamten **Dienst**	בְּכֹל עֲבֹדָתוֹ
und alle ihre Pflöcke	וְכָל־יְתֵדֹתָיו
und alle Pflöcke	וְכָל־יִתְדֹת
des **Vorhofes**	הֶחָצֵר
sollen aus **Bronze** sein	נְחֹשֶׁת

Da nahm **Samuel** (שְׁמוּאֵל) sein [wörtl.: das] **Öl**horn(שֶׁמֶן) und salbte ihn mitten unter seinen Brüdern. Und der Geist des HERRN geriet über David von dem Tag an und **weiterhin** (מָעְלָה). **Samuel** (שְׁמוּאֵל) aber machte sich auf und ging nach Rama.

שְׁמוּאֵל *šĕmûʾēl*	Samuel	140x S8050

שֶׁמֶן ▸ TAG 246 מַעַל ▸ TAG 319

וַיִּקַּח שְׁמוּאֵל אֶת־קֶרֶן הַשֶּׁמֶן וַיִּמְשַׁח אֹתוֹ בְּקֶרֶב אֶחָיו וַתִּצְלַח רוּחַ־יְהוָה אֶל־דָּוִד מֵהַיּוֹם הַהוּא וָמָעְלָה וַיָּקָם שְׁמוּאֵל וַיֵּלֶךְ הָרָמָתָה׃

Da nahm **Samuel**	וַיִּקַּח שְׁמוּאֵל
sein [wörtl.: das] **Öl**horn	אֶת־קֶרֶן הַשֶּׁמֶן
und salbte ihn	וַיִּמְשַׁח אֹתוֹ
mitten unter seinen Brüdern	בְּקֶרֶב אֶחָיו
Und … geriet über David	וַתִּצְלַח … אֶל־דָּוִד
der Geist des HERRN	רוּחַ־יְהוָה
von dem Tag an und **weiterhin**	מֵהַיּוֹם הַהוּא וָמָעְלָה
Samuel aber machte sich auf	וַיָּקָם שְׁמוּאֵל
und ging nach Rama	וַיֵּלֶךְ הָרָמָתָה

Sie bereiten das Mahl, um zu lachen, und der **Wein** (יַיִן) erfreut das **Leben** (חַיִּים), und das **Geld** (כֶּסֶף) muss alles zuwege bringen [wörtl.: gewährt alles].

חַיִּים *ḥayyîm*	Leben	140x S2416

כֶּסֶף ▸ TAG 132 יַיִן ▸ TAG 317

לִשְׂחוֹק עֹשִׂים לֶחֶם וְיַיִן יְשַׂמַּח חַיִּים וְהַכֶּסֶף יַעֲנֶה אֶת־הַכֹּל׃

Sie bereiten das Mahl	עֹשִׂים לֶחֶם
um zu lachen	לִשְׂחוֹק
und der **Wein**	וְיַיִן
erfreut	יְשַׂמַּח
das **Leben**	חַיִּים
und das **Geld**	וְהַכֶּסֶף
muss … zuwege bringen [wörtl.: gewährt]	יַעֲנֶה
alles	אֶת־הַכֹּל

Und ihr spracht: »Nein, sondern auf **Rossen** (סוּס) **wollen wir dahinfliegen** (נָנוּס) «, – darum **werdet ihr dahinfliehen** (תְּנוּסוּן), »und auf Rennern wollen wir reiten«, – darum werden euch eure **Verfolger** (רֹדְפֵיכֶם) überrennen.

סוּס	Pferd	139x
sûs		S5483

נוס ▸ TAG 289 **רדף** ▸ TAG 311

וַתֹּאמְרוּ לֹא־כִי עַל־סוּס נָנוּס עַל־כֵּן תְּנוּסוּן וְעַל־קַל נִרְכָּב עַל־כֵּן יִקַּלּוּ רֹדְפֵיכֶם׃

Und ihr spracht	וַתֹּאמְרוּ
Nein	לֹא־
sondern … **wollen wir dahinfliegen**	כִּי … נָנוּס
auf **Rossen**	עַל־סוּס
darum	עַל־כֵּן
werdet ihr dahinfliehen	תְּנוּסוּן
und auf Rennern	וְעַל־קַל
wollen wir reiten	נִרְכָּב
darum	עַל־כֵּן
eure **Verfolger**	רֹדְפֵיכֶם
werden euch … überrennen	יִקַּלּוּ

Wenn die **Wohnung** (מִשְׁכָּן) aufbricht, **sollen** die Leviten sie **abbauen** (יוֹרִידוּ). Wenn aber die **Wohnung** (מִשְׁכָּן) **haltmacht**(חֲנֹת) sollen die Leviten sie aufschlagen. Und wenn ein Fremder sich naht, der soll sterben.

מִשְׁכָּן	Wohnung (*speziell*: das Zeltheiligtum)	139x
miškān		S4908

ירד ➤ TAG 137 חנה ➤ TAG 312

וּבִנְסֹעַ הַמִּשְׁכָּן יוֹרִידוּ אֹתוֹ הַלְוִיִּם וּבַחֲנֹת הַמִּשְׁכָּן יָקִימוּ אֹתוֹ הַלְוִיִּם
וְהַזָּר הַקָּרֵב יוּמָת׃

Wenn die **Wohnung** aufbricht	וּבִנְסֹעַ הַמִּשְׁכָּן
sollen … sie **abbauen**	יוֹרִידוּ אֹתוֹ
die Leviten	הַלְוִיִּם
Wenn aber die **Wohnung haltmacht**	וּבַחֲנֹת הַמִּשְׁכָּן
sollen … sie aufschlagen	יָקִימוּ אֹתוֹ
die Leviten	הַלְוִיִּם
Und wenn ein Fremder	וְהַזָּר
sich naht	הַקָּרֵב
der soll sterben	יוּמָת

Meine Brüder sind trügerisch **wie** (כְּמוֹ) ein **Bach** (נָחַל), wie das Bett der **Bäche** (נְחָלִים), die **versickern** (יַעֲבֹרוּ).

נַחַל	Bach, Bachtal (Wadi)	138x
naḥal		S5158

עבר ▸ TAG 97 כְּמוֹ ▸ TAG 318

אַחַי בָּגְדוּ כְמוֹ־נָחַל כַּאֲפִיק נְחָלִים יַעֲבֹרוּ׃

Meine Brüder	אַחַי
sind trügerisch **wie**	בָּגְדוּ כְמוֹ־
ein **Bach**	נָחַל
wie das Bett der **Bäche**	כַּאֲפִיק נְחָלִים
die **versickern**	יַעֲבֹרוּ

Die Lehre des **Weisen** (חָכָם) ist eine Quelle des **Lebens** (חַיִּים), zu meiden die Stricke des **Todes** (מָוֶת).

חָכָם *ḥāḵām*	weise, kundig, geschickt; Weiser, Weisheitslehrer	138x S2450

מָוֶת ➤ TAG 296 חַיִּים ➤ TAG 322

תּוֹרַת חָכָם מְקוֹר חַיִּים לָסוּר מִמֹּקְשֵׁי מָוֶת׃

Die Lehre des **Weisen**	תּוֹרַת חָכָם
ist eine Quelle des **Lebens**	מְקוֹר חַיִּים
zu meiden	לָסוּר
die Stricke des **Todes**	מִמֹּקְשֵׁי מָוֶת

Es ist (יֵשׁ) eitel, was auf Erden geschieht: **Es gibt** (יֵשׁ) Gerechte, denen **geht es** (מַגִּיעַ), als hätten sie Werke der Gottlosen getan, und **es gibt** (יֵשׁ) Gottlose, denen geht es [wörtl.: **was** (שֶׁ) sie **trifft** (מַגִּיעַ), ist], als hätten sie Werke der Gerechten getan. Ich sprach: Das ist auch eitel [wörtl.: **dass** (שֶׁ) auch das eitel sei].

יֵשׁ	es gibt, es ist/sind	138x
yēš		S3426

נגע ▶ TAG 301 **שֶׁ** ▶ TAG 313

יֶשׁ־הֶבֶל אֲשֶׁר נַעֲשָׂה עַל־הָאָרֶץ אֲשֶׁר יֵשׁ צַדִּיקִים אֲשֶׁר מַגִּיעַ אֲלֵהֶם כְּמַעֲשֵׂה הָרְשָׁעִים וְיֵשׁ רְשָׁעִים שֶׁמַּגִּיעַ אֲלֵהֶם כְּמַעֲשֵׂה הַצַּדִּיקִים אָמַרְתִּי שֶׁגַּם־זֶה הָבֶל׃

Es ist eitel, was	יֶשׁ־הֶבֶל אֲשֶׁר
was auf Erden geschieht	נַעֲשָׂה עַל־הָאָרֶץ
Es gibt Gerechte	אֲשֶׁר יֵשׁ צַדִּיקִים
denen **geht es**	אֲשֶׁר מַגִּיעַ אֲלֵהֶם
als hätten sie Werke der Gottlosen getan	כְּמַעֲשֵׂה הָרְשָׁעִים
und **es gibt** Gottlose	וְיֵשׁ רְשָׁעִים
denen geht es [wörtl.: **was** sie **trifft**, ist]	שֶׁמַּגִּיעַ אֲלֵהֶם
als hätten sie Werke der Gerechten getan	כְּמַעֲשֵׂה הַצַּדִּיקִים
Ich sprach	אָמַרְתִּי
Das ist auch eitel [wörtl.: **dass** auch das eitel sei]	שֶׁגַּם־זֶה הָבֶל

Und **Samuel** (שְׁמוּאֵל) lag bis an den Morgen und **öffnete** (וַיִּפְתַּח) dann die Türen am Hause des HERRN. **Samuel** (שְׁמוּאֵל) aber fürchtete sich, Eli von der Erscheinung zu **berichten** (הַגִּיד). (AÜ)

פתח	öffnen	136x
pāṭaḥ		S6605

נגד ➢ TAG 143 **שְׁמוּאֵל** ➢ TAG 321

וַיִּשְׁכַּב שְׁמוּאֵל עַד־הַבֹּקֶר וַיִּפְתַּח אֶת־דַּלְתוֹת בֵּית־יְהוָה וּשְׁמוּאֵל
יָרֵא מֵהַגִּיד אֶת־הַמַּרְאָה אֶל־עֵלִי׃

Und **Samuel** lag	וַיִּשְׁכַּב שְׁמוּאֵל
bis an den Morgen	עַד־הַבֹּקֶר
und **öffnete** dann	וַיִּפְתַּח
die Türen	אֶת־דַּלְתוֹת
am Hause des HERRN	בֵּית־יְהוָה
Samuel aber fürchtete sich	וּשְׁמוּאֵל יָרֵא
zu **berichten**	מֵהַגִּיד
von der Erscheinung	אֶת־הַמַּרְאָה
Eli	אֶל־עֵלִי

Und als David zu den **zweihundert** (מָאתַיִם) Männern kam, die zu müde gewesen waren, um David zu folgen, und die man am **Bach** (נַחַל) Besor gelassen hatte, gingen sie David **entgegen** (לִקְרַאת) und dem Volk [**entgegen** (לִקְרַאת)], das mit ihm war.

קרא	begegenen, treffen, widerfahren	136x
qārāʾ		S7122

מֵאָה ▸ TAG 91 **נַחַל** ▸ TAG 325

וַיָּבֹא דָוִד אֶל־מָאתַיִם הָאֲנָשִׁים אֲשֶׁר־פִּגְּרוּ מִלֶּכֶת אַחֲרֵי דָוִד
וַיֹּשִׁיבֻם בְּנַחַל הַבְּשׂוֹר וַיֵּצְאוּ לִקְרַאת דָּוִד וְלִקְרַאת הָעָם אֲשֶׁר־אִתּוֹ

Und als David … kam	וַיָּבֹא דָוִד
zu den **zweihundert** Männern	אֶל־מָאתַיִם הָאֲנָשִׁים
die zu müde gewesen waren, um David zu folgen	אֲשֶׁר־פִּגְּרוּ מִלֶּכֶת אַחֲרֵי דָוִד
und die man … gelassen hatte	וַיֹּשִׁיבֻם
am **Bach** Besor	בְּנַחַל הַבְּשׂוֹר
gingen sie	וַיֵּצְאוּ
David **entgegen**	לִקְרַאת דָּוִד
und dem Volk [**entgegen**]	וְלִקְרַאת הָעָם
das mit ihm war.	אֲשֶׁר־אִתּוֹ

Sie verbrennen [wörtl.: stecken in **Brand** (**אֵשׁ**)] dein Heiligtum, bis auf den Grund **entweihen sie** (חִלְּלוּ) die **Wohnung** (מִשְׁכַּן) deines Namens.

חלל	entweihen, profanieren; anfangen, beginnen	135x
ḥālal		S2490

אֵשׁ ➤ TAG 138 **מִשְׁכָּן** ➤ TAG 324

שִׁלְחוּ בָאֵשׁ מִקְדָּשֶׁךָ לָאָרֶץ חִלְּלוּ מִשְׁכַּן־שְׁמֶךָ׃

Sie verbrennen [wörtl.: Sie stecken in **Brand**]	שִׁלְחוּ בָאֵשׁ
dein Heiligtum	מִקְדָּשֶׁךָ
bis auf den Grund	לָאָרֶץ
entweihen sie	חִלְּלוּ
die **Wohnung**	מִשְׁכַּן־
deines Namens	שְׁמֶךָ

Die zwei Engel kamen nach Sodom am **Abend** (עֶרֶב); Lot aber saß zu Sodom unter dem Tor. Und als er sie sah, stand er auf, ging ihnen **entgegen** (לִקְרָאתָם) und **warf sich nieder** (וַיִּשְׁתַּחוּ) mit dem Gesicht zur Erde. (AÜ)

עֶרֶב	Abend	135x
ʿerev		S6153

חוה ▶ TAG 268 קרא ▶ TAG 329

וַיָּבֹאוּ שְׁנֵי הַמַּלְאָכִים סְדֹמָה בָּעֶרֶב וְלוֹט יֹשֵׁב בְּשַׁעַר־סְדֹם וַיַּרְא־לוֹט וַיָּקָם לִקְרָאתָם וַיִּשְׁתַּחוּ אַפַּיִם אָרְצָה׃

Die zwei Engel kamen	וַיָּבֹאוּ שְׁנֵי הַמַּלְאָכִים
nach Sodom	סְדֹמָה
am **Abend**	בָּעֶרֶב
Lot aber saß	וְלוֹט יֹשֵׁב
zu Sodom unter dem Tor	בְּשַׁעַר־סְדֹם
Und als er sie sah	וַיַּרְא־לוֹט
stand er auf	וַיָּקָם
ging ihnen **entgegen**	לִקְרָאתָם
und **warf sich nieder**	וַיִּשְׁתַּחוּ
mit dem Gesicht zur Erde	אַפַּיִם אָרְצָה

Er sprach: Darum höre nun das Wort des HERRN! Ich sah den HERRN sitzen auf seinem **Thron** (כִּסְאוֹ) und das ganze himmlische **Heer** (צְבָא) neben ihm stehen zu seiner **Rechten** (מִימִינוֹ) und [zu seiner] Linken.

כִּסֵּא	Sessel, Thron	135x
kissē'		S3678

צָבָא ➢ TAG 114 יָמִין ➢ TAG 315

וַיֹּאמֶר לָכֵן שְׁמַע דְּבַר־יְהוָה רָאִיתִי אֶת־יְהוָה יֹשֵׁב עַל־כִּסְאוֹ וְכָל־צְבָא הַשָּׁמַיִם עֹמֵד עָלָיו מִימִינוֹ וּמִשְּׂמֹאלוֹ׃

Er sprach	וַיֹּאמֶר
Darum	לָכֵן
höre (nun)	שְׁמַע
das Wort des HERRN	דְּבַר־יְהוָה
Ich sah	רָאִיתִי
den HERRN	אֶת־יְהוָה
sitzen	יֹשֵׁב
auf seinem **Thron**	עַל־כִּסְאוֹ
und das ganze himmlische **Heer**	וְכָל־צְבָא הַשָּׁמַיִם
neben ihm stehen	עֹמֵד עָלָיו
zu seiner **Rechten**	מִימִינוֹ
und [zu seiner] Linken	וּמִשְּׂמֹאלוֹ

Und wenn [wörtl.: Und **es war** (יֵשׁ), dass] die Wolke auf der Wohnung **nur wenige** (מִסְפָּר) Tage blieb, so lagerten sie sich nach dem Wort des HERRN und **bracheń auf** (יִסָּעוּ) nach dem Wort des HERRN.

מִסְפָּר	Zahl, eine Anzahl, wenige	135x
mispār		S4557

נסע ▶ TAG 308 יֵשׁ ▶ TAG 327

וְיֵשׁ אֲשֶׁר יִהְיֶה הֶעָנָן יָמִים מִסְפָּר עַל־הַמִּשְׁכָּן עַל־פִּי יְהוָה יַחֲנוּ
וְעַל־פִּי יְהוָה יִסָּעוּ׃

Und wenn [wörtl.: Und **es war**, dass]	וְיֵשׁ אֲשֶׁר
die Wolke … blieb	יִהְיֶה הֶעָנָן
nur wenige Tage	יָמִים מִסְפָּר
auf der Wohnung	עַל־הַמִּשְׁכָּן
so … nach dem Wort des HERRN	עַל־פִּי יְהוָה
lagerten sie sich	יַחֲנוּ
und … nach dem Wort des HERRN	וְעַל־פִּי יְהוָה
brachen auf	יִסָּעוּ

Und sie trugen zwölf Steine mitten aus dem **Jordan** (יַּרְדֵּן), wie der HERR zu Josua gesagt hatte, nach der **Zahl** (מִסְפַּר) der Stämme Israels, und brachten sie mit sich hinüber in das Lager und **legten** sie dort **nieder** (וַיַּנִּחוּם).

נוח	sich niederlassen, ausruhen, hinlegen	135x
nûaḥ		S5117

יַרְדֵּן ➤ TAG 258 מִסְפָּר ➤ TAG 333

וַיִּשְׂאוּ שְׁתֵּי־עֶשְׂרֵה אֲבָנִים מִתּוֹךְ הַיַּרְדֵּן כַּאֲשֶׁר דִּבֶּר יְהוָה אֶל־יְהוֹשֻׁעַ לְמִסְפַּר שִׁבְטֵי בְנֵי־יִשְׂרָאֵל וַיַּעֲבִרוּם עִמָּם אֶל־הַמָּלוֹן וַיַּנִּחוּם שָׁם׃

Und sie trugen	וַיִּשְׂאוּ
zwölf Steine	שְׁתֵּי־עֶשְׂרֵה אֲבָנִים
mitten aus dem **Jordan**	מִתּוֹךְ הַיַּרְדֵּן
wie der HERR … gesagt hatte	כַּאֲשֶׁר דִּבֶּר יְהוָה
zu Josua	אֶל־יְהוֹשֻׁעַ
nach der **Zahl**	לְמִסְפַּר
der Stämme Israels	שִׁבְטֵי בְנֵי־יִשְׂרָאֵל
und brachten sie mit sich hinüber	וַיַּעֲבִרוּם עִמָּם
in das Lager	אֶל־הַמָּלוֹן
und **legten** sie dort **nieder**	וַיַּנִּחוּם שָׁם

Siehe, was ich Gutes gesehen habe: dass es fein sei, wenn man isst und **trinkt** (שְׁתּוֹת) und guten Mutes ist bei allem [seinem] Mühen, das einer sich macht unter der **Sonne** (שֶׁמֶשׁ) sein **Leben** (חַיָּיו) lang [wörtl.: die Zahl der Tage seines Lebens], das Gott ihm gibt; denn das ist sein Teil.

שֶׁמֶשׁ	Sonne	135x
šemeš		S8121

שתה ➤ TAG 225 **חַיִּים** ➤ TAG 322

הִנֵּה אֲשֶׁר־רָאִיתִי אָנִי טוֹב אֲשֶׁר־יָפֶה לֶאֱכוֹל־וְלִשְׁתּוֹת וְלִרְאוֹת
טוֹבָה בְּכָל־עֲמָלוֹ שֶׁיַּעֲמֹל תַּחַת־הַשֶּׁמֶשׁ מִסְפַּר יְמֵי־חַיָּו אֲשֶׁר־נָתַן־
לוֹ הָאֱלֹהִים כִּי־הוּא חֶלְקוֹ׃

Siehe, was ich … gesehen habe	הִנֵּה אֲשֶׁר־רָאִיתִי אָנִי
Gutes … dass es fein sei	טוֹב אֲשֶׁר־יָפֶה
wenn man isst und **trinkt**	לֶאֱכוֹל־וְלִשְׁתּוֹת
und guten Mutes ist	וְלִרְאוֹת טוֹבָה
bei allem [seinem] Mühen	בְּכָל־עֲמָלוֹ
das einer sich macht	שֶׁיַּעֲמֹל
unter der **Sonne**	תַּחַת־הַשֶּׁמֶשׁ
sein **Leben** lang [wörtl.: die Zahl der Tage seines Lebens]	מִסְפַּר יְמֵי־חַיָּו
das Gott ihm gibt	אֲשֶׁר־נָתַן־לוֹ הָאֱלֹהִים
denn das ist sein Teil	כִּי־הוּא חֶלְקוֹ

…, sondern an der Stätte, die der Herr, dein Gott, erwählen wird, dass sein Name daselbst wohne. Da **sollst du** das Passa **schlachten** (תִּזְבַּח) am **Abend** (עָרֶב), wenn die **Sonne** (שֶׁמֶשׁ) untergegangen ist, zu der Zeit, als du aus Ägypten zogst.

זבח	schlachten (als Opfer)	134x
zāvaḥ		S2076

עֶרֶב ▶ TAG 331 שֶׁמֶשׁ ▶ TAG 335

כִּי אִם־אֶל־הַמָּקוֹם אֲשֶׁר־יִבְחַר יְהוָה אֱלֹהֶיךָ לְשַׁכֵּן שְׁמוֹ שָׁם תִּזְבַּח
אֶת־הַפֶּסַח בָּעָרֶב כְּבוֹא הַשֶּׁמֶשׁ מוֹעֵד צֵאתְךָ מִמִּצְרָיִם׃

sondern an der Stätte	כִּי אִם־אֶל־הַמָּקוֹם
die … erwählen wird	אֲשֶׁר־יִבְחַר
der Herr, dein Gott	יְהוָה אֱלֹהֶיךָ
dass sein Name daselbst wohne	לְשַׁכֵּן שְׁמוֹ
Da **sollst du** … **schlachten**	שָׁם תִּזְבַּח
das Passa	אֶת־הַפֶּסַח
am **Abend**	בָּעָרֶב
wenn die **Sonne** untergegangen ist	כְּבוֹא הַשֶּׁמֶשׁ
zu der Zeit	מוֹעֵד
als du aus Ägypten zogst	צֵאתְךָ מִמִּצְרָיִם

Weil nun der HERR, euer Gott, eure Brüder **zur Ruhe gebracht hat** (הֵנִיחַ), wie er ihnen zugesagt hat, so **wendet euch** (פְּנוּ) nun und zieht hin zu euren Zelten in das Land eures Erbes, … jenseits des **Jordans** (יַרְדֵּן).

פנה	wenden, sich wenden	134x
pānâ		S6437

יַרְדֵּן ➤ TAG 258 נוח ➤ TAG 334

וְעַתָּה הֵנִיחַ יְהוָה אֱלֹהֵיכֶם לַאֲחֵיכֶם כַּאֲשֶׁר דִּבֶּר לָהֶם וְעַתָּה פְּנוּ
וּלְכוּ לָכֶם לְאָהֳלֵיכֶם אֶל־אֶרֶץ אֲחֻזַּתְכֶם … בְּעֵבֶר הַיַּרְדֵּן׃

Weil nun	וְעַתָּה
zur Ruhe gebracht hat	הֵנִיחַ
der HERR, euer Gott	יְהוָה אֱלֹהֵיכֶם
eure Brüder	לַאֲחֵיכֶם
wie er ihnen zugesagt hat	כַּאֲשֶׁר דִּבֶּר לָהֶם
so **wendet euch** nun	וְעַתָּה פְּנוּ
und zieht hin zu euren Zelten	וּלְכוּ לָכֶם לְאָהֳלֵיכֶם
in das Land eures Erbes, …	אֶל־אֶרֶץ אֲחֻזַּתְכֶם …
jenseits des **Jordans**	בְּעֵבֶר הַיַּרְדֵּן

Alle **Fürsten** (נְשִׂיאֵי) am Meer werden von ihren **Thronen** (כִּסְאוֹתָם) herabsteigen **und** ihre Oberkleider **ablegen** (וְהֵסִירוּ) und ihre bunten Gewänder ausziehen; sie werden sich in Schrecken hüllen, auf der Erde sitzen und immer von Neuem erzittern und sich entsetzen über dich.

נָשִׂיא	Fürst, Oberhaupt	133x
nāśîʾ		S5387

סוּר ➤ TAG 169 כִּסֵּא ➤ TAG 332

וְיָרְדוּ מֵעַל כִּסְאוֹתָם כֹּל נְשִׂיאֵי הַיָּם וְהֵסִירוּ אֶת־מְעִילֵיהֶם וְאֶת־
בִּגְדֵי רִקְמָתָם יִפְשֹׁטוּ חֲרָדוֹת יִלְבָּשׁוּ עַל־הָאָרֶץ יֵשֵׁבוּ וְחָרְדוּ
לִרְגָעִים וְשָׁמְמוּ עָלָיִךְ׃

Alle **Fürsten** am Meer	כֹּל נְשִׂיאֵי הַיָּם
werden von ihren **Thronen** herabsteigen	וְיָרְדוּ מֵעַל כִּסְאוֹתָם
und ihre Oberkleider **ablegen**	וְהֵסִירוּ אֶת־מְעִילֵיהֶם
und ihre bunten Gewänder	וְאֶת־בִּגְדֵי רִקְמָתָם
ausziehen	יִפְשֹׁטוּ
sie werden sich in Schrecken hüllen	חֲרָדוֹת יִלְבָּשׁוּ
auf der Erde sitzen	עַל־הָאָרֶץ יֵשֵׁבוּ
und immer von Neuem erzittern	וְחָרְדוּ לִרְגָעִים
und sich entsetzen über dich	וְשָׁמְמוּ עָלָיִךְ

Ihr Herz schrie zum Herrn: »Ach, du **Mauer** (חוֹמַת) der Tochter **Zion** (צִיּוֹן)!« Lass Tag und Nacht Tränen herabfließen wie einen **Bach** (נַחַל); höre nicht auf [wörtl.: Nachlassen erlaube dir nicht], und dein Augapfel lasse nicht ab!

חוֹמָה	Mauer	133x
ḥômâ		S2346

צִיּוֹן ▶ TAG 293 נַחַל ▶ TAG 325

צָעַק לִבָּם אֶל־אֲדֹנָי חוֹמַת בַּת־צִיּוֹן הוֹרִידִי כַנַּחַל דִּמְעָה יוֹמָם
וָלַיְלָה אַל־תִּתְּנִי פוּגַת לָךְ אַל־תִּדֹּם בַּת־עֵינֵךְ׃

Ihr Herz schrie	צָעַק לִבָּם
zum Herrn	אֶל־אֲדֹנָי
Ach, du **Mauer**	חוֹמַת
der Tochter **Zion**	בַּת־צִיּוֹן
Lass … Tränen herabfließen	הוֹרִידִי … דִּמְעָה
wie einen **Bach**	כַנַּחַל
Tag und Nacht	יוֹמָם וָלַיְלָה
höre nicht auf [wörtl.: Nachlassen erlaube dir nicht]	אַל־תִּתְּנִי פוּגַת לָךְ
(und) dein Augapfel lasse nicht ab	אַל־תִּדֹּם בַּת־עֵינֵךְ

Und sie sprachen: Der Gott der Hebräer **ist** uns **begegnet** (נִקְרָא). Wir wollen nun hinziehen drei Tagereisen weit in die Wüste und [**wir wollen**] dem HERRN, unserm Gott, **opfern** (נִזְבְּחָה), **dass** er uns **nicht**(פֶּן)schlage mit Pest oder Schwert.

פֶּן	dass nicht, damit nicht	133x
pen		S6435

קרא ➤ TAG 329 זבח ➤ TAG 336

וַיֹּאמְרוּ אֱלֹהֵי הָעִבְרִים נִקְרָא עָלֵינוּ נֵלֲכָה נָּא דֶּרֶךְ שְׁלֹשֶׁת יָמִים בַּמִּדְבָּר וְנִזְבְּחָה לַיהוָה אֱלֹהֵינוּ פֶּן־יִפְגָּעֵנוּ בַּדֶּבֶר אוֹ בֶחָרֶב׃

Und sie sprachen	וַיֹּאמְרוּ
Der Gott der Hebräer	אֱלֹהֵי הָעִבְרִים
ist uns **begegnet**	נִקְרָא עָלֵינוּ
Wir wollen nun hinziehen	נֵלֲכָה נָּא
drei Tagereisen weit	דֶּרֶךְ שְׁלֹשֶׁת יָמִים
in die Wüste	בַּמִּדְבָּר
und [**wir wollen**] … **opfern**	וְנִזְבְּחָה
dem HERRN, unserm Gott,	לַיהוָה אֱלֹהֵינוּ
dass er uns **nicht** schlage	פֶּן־יִפְגָּעֵנוּ
mit Pest	בַּדֶּבֶר
oder Schwert	אוֹ בֶחָרֶב

Fleisch der Starken sollt ihr fressen, und Blut der **Fürsten** (נְשִׂיאֵי) auf Erden sollt ihr saufen, der **Widder** (אֵילִים) und Lämmer, der Böcke und **Stiere** (פָּרִים), sie sind allesamt Mastvieh aus Baschan.

(AÜ)

פַּר	Stier	133x
par		S6499

אַיִל ▷ TAG 270 נָשִׂיא ▷ TAG 338

בְּשַׂר גִּבּוֹרִים תֹּאכֵלוּ וְדַם־נְשִׂיאֵי הָאָרֶץ תִּשְׁתּוּ אֵילִים כָּרִים
וְעַתּוּדִים פָּרִים מְרִיאֵי בָשָׁן כֻּלָּם׃

Fleisch der Starken	בְּשַׂר גִּבּוֹרִים
sollt ihr fressen	תֹּאכֵלוּ
und Blut	וְדַם־
der **Fürsten** auf Erden	נְשִׂיאֵי הָאָרֶץ
sollt ihr saufen	תִּשְׁתּוּ
der **Widder**	אֵילִים
und Lämmer	כָּרִים
der Böcke	וְעַתּוּדִים
und **Stiere**	פָּרִים
sie sind allesamt	כֻּלָּם
Mastvieh aus Baschan	מְרִיאֵי בָשָׁן

Da **hob** (וַיִּשָּׂא) der Prophet den Leichnam des Mannes Gottes **auf** und **legte** (וַיַּנִּחֵהוּ) ihn auf den Esel und brachte ihn zurück und kam in seine Stadt [wörtl.: in die Stadt des alten Propheten], um die Totenklage zu halten und ihn zu **begraben** (קָבְרוֹ).

קבר	begraben	133x
qāvar		S6912

נשׂא ➤ TAG 81 נוח ➤ TAG 334

וַיִּשָּׂא הַנָּבִיא אֶת־נִבְלַת אִישׁ־הָאֱלֹהִים וַיַּנִּחֵהוּ אֶל־הַחֲמוֹר וַיְשִׁיבֵהוּ
וַיָּבֹא אֶל־עִיר הַנָּבִיא הַזָּקֵן לִסְפֹּד וּלְקָבְרוֹ׃

Da **hob** der Prophet … **auf**	וַיִּשָּׂא הַנָּבִיא
den Leichnam	אֶת־נִבְלַת
des Mannes Gottes	אִישׁ־הָאֱלֹהִים
und **legte** ihn	וַיַּנִּחֵהוּ
auf den Esel	אֶל־הַחֲמוֹר
und brachte ihn zurück	וַיְשִׁיבֵהוּ
und kam	וַיָּבֹא
in seine Stadt [wörtl.: in die Stadt …]	אֶל־עִיר
[… des alten Propheten]	הַנָּבִיא הַזָּקֵן
um die Totenklage zu halten	לִסְפֹּד
und ihn zu **begraben**	וּלְקָבְרוֹ

Und sie sagten mir: Die **Übrigen (נִשְׁאָרִים)**, die **übrig geblieben sind (נִשְׁאֲרוּ)** von der Gefangenschaft, sind dort in der Provinz in großem Unglück und Schmach; und die **Mauer (חוֹמַת)** Jerusalems ist zerbrochen und seine Tore sind mit **Feuer (אֵשׁ)** verbrannt. (AÜ)

שׁאר	zurückbleiben, übrigbleiben	133x
šā'ar		S7604

אֵשׁ ➤ TAG 138 חוֹמָה ➤ TAG 339

וַיֹּאמְרוּ לִי הַנִּשְׁאָרִים אֲשֶׁר־נִשְׁאֲרוּ מִן־הַשְּׁבִי שָׁם בַּמְּדִינָה בְּרָעָה
גְדֹלָה וּבְחֶרְפָּה וְחוֹמַת יְרוּשָׁלִַם מְפֹרָצֶת וּשְׁעָרֶיהָ נִצְּתוּ בָאֵשׁ׃

Und sie sagten mir	וַיֹּאמְרוּ לִי
Die **Übrigen**	הַנִּשְׁאָרִים
die **übrig geblieben sind**	אֲשֶׁר־נִשְׁאֲרוּ
von der Gefangenschaft	מִן־הַשְּׁבִי
dort in der Provinz	שָׁם בַּמְּדִינָה
sind … in großem Unglück	בְּרָעָה גְדֹלָה
und Schmach	וּבְחֶרְפָּה
und die **Mauer** Jerusalems	וְחוֹמַת יְרוּשָׁלִַם
ist zerbrochen	מְפֹרָצֶת
und seine Tore	וּשְׁעָרֶיהָ
sind mit **Feuer** verbrannt	נִצְּתוּ בָאֵשׁ

Diejenigen aber von euch, **die übrig bleiben** (נִשְׁאָרִים), sollen in den Ländern eurer Feinde dahinschwinden wegen ihrer **Missetat** (עֲוֹנָם), aber **auch** (אַף) um der **Missetat** (עֲוֹנֹת) ihrer Väter willen werden sie mit ihnen dahinschwinden. (AÜ)

אַף	auch, noch, sogar	133x
ʾaf		S637

עָוֹן ➤ TAG 207   שׁאר ➤ TAG 343

וְהַנִּשְׁאָרִים בָּכֶם יִמַּקּוּ בַּעֲוֹנָם בְּאַרְצֹת אֹיְבֵיכֶם וְאַף בַּעֲוֹנֹת אֲבֹתָם
אִתָּם יִמָּקּוּ׃

Diejenigen aber von euch, **die übrig bleiben**	וְהַנִּשְׁאָרִים בָּכֶם
sollen … dahinschwinden	יִמַּקּוּ
in den Ländern eurer Feinde	בְּאַרְצֹת אֹיְבֵיכֶם
wegen ihrer **Missetat**	בַּעֲוֹנָם
aber **auch**	וְאַף
um der **Missetat** ihrer Väter willen	בַּעֲוֹנֹת אֲבֹתָם
werden sie … dahinschwinden	יִמָּקּוּ
mit ihnen	אִתָּם

Denn Esra **hatte** sein Herz **darauf gerichtet** (הֵכִין), das Gesetz des HERRN zu **erforschen** (דְּרוֹשׁ) und danach zu tun und **Gebot** (חֹק) und Recht in Israel zu lehren. (AÜ)

חֹק	Satzung, Bestimmung, Grenze	131x
ḥōq		S2706

כון ➤ TAG 221 **דרשׁ** ➤ TAG 280

כִּי עֶזְרָא הֵכִין לְבָבוֹ לִדְרוֹשׁ אֶת־תּוֹרַת יְהוָה וְלַעֲשֹׂת וּלְלַמֵּד
בְּיִשְׂרָאֵל חֹק וּמִשְׁפָּט׃

Denn Esra	כִּי עֶזְרָא
hatte … darauf gerichtet	הֵכִין
sein Herz	לְבָבוֹ
zu **erforschen**	לִדְרוֹשׁ
das Gesetz des HERRN	אֶת־תּוֹרַת יְהוָה
und danach zu tun	וְלַעֲשֹׂת
und … zu lehren	וּלְלַמֵּד
Gebot und Recht	חֹק וּמִשְׁפָּט
in Israel	בְּיִשְׂרָאֵל

Darum **freut sich (שָׂמַח)** mein Herz, und meine Seele [wörtl.: meine Ehre] ist fröhlich; **auch (אַף)** mein Leib **wird** sicher **wohnen (יִשְׁכֹּן)**.

שׁכן	sich niederlassen, bleiben, wohnen	130x
šāḵan		S7931

שׂמח ➤ TAG 292 **אַף** ➤ TAG 344

לָכֵן שָׂמַח לִבִּי וַיָּגֶל כְּבוֹדִי אַף־בְּשָׂרִי יִשְׁכֹּן לָבֶטַח׃

Darum	לָכֵן
freut sich mein Herz	שָׂמַח לִבִּי
und meine Seele [wörtl.: meine Ehre] ist fröhlich	וַיָּגֶל כְּבוֹדִי
auch mein Leib	אַף־בְּשָׂרִי
wird … **wohnen**	יִשְׁכֹּן
sicher	לָבֶטַח

Und **Jeremia** (יִרְמְיָהוּ) hielt die Klage über Josia, und alle Sänger und Sängerinnen sangen in ihren Klageliedern über Josia bis auf diesen Tag, und das wurde zum **festen Brauch** (חֹק) in Israel. Siehe, sie stehen **geschrieben** (כְּתוּבִים) unter den Klageliedern.

יִרְמְיָהוּ	Jeremia	129x
yirmĕyāhû		S3414

כתב ▶ TAG 215 **חֹק** ▶ TAG 345

וַיְקוֹנֵן יִרְמְיָהוּ עַל־יֹאשִׁיָּהוּ וַיֹּאמְרוּ כָל־הַשָּׁרִים וְהַשָּׁרוֹת בְּקִינוֹתֵיהֶם עַל־יֹאשִׁיָּהוּ עַד־הַיּוֹם וַיִּתְּנוּם לְחֹק עַל־יִשְׂרָאֵל וְהִנָּם כְּתוּבִים עַל־הַקִּינוֹת׃

Und **Jeremia** hielt die Klage	וַיְקוֹנֵן יִרְמְיָהוּ
über Josia	עַל־יֹאשִׁיָּהוּ
und … sangen … über Josia	וַיֹּאמְרוּ … עַל־יֹאשִׁיָּהוּ
alle Sänger	כָל־הַשָּׁרִים
und Sängerinnen	וְהַשָּׁרוֹת
in ihren Klageliedern	בְּקִינוֹתֵיהֶם
bis auf diesen Tag	עַד־הַיּוֹם
und das wurde zum **festen Brauch**	וַיִּתְּנוּם לְחֹק
in Israel	עַל־יִשְׂרָאֵל
Siehe, sie stehen **geschrieben**	וְהִנָּם כְּתוּבִים
unter den Klageliedern	עַל־הַקִּינוֹת

Und sie warteten bis zum **Überdruß** (בּוֹשׁ), aber niemand **öffnete** (פֹּתֵחַ) die Türen des Obergemachs. Da nahmen sie den Schlüssel und **schlossen auf** (וַיִּפְתָּחוּ), und siehe, da lag ihr **Herr** (אֲדֹנֵיהֶם) tot auf der Erde. (AÜ)

בּוֹשׁ	beschämt werden, zuschanden werden,	127x
bôš	sich schämen	S954

אָדוֹן ▶ TAG 65 **פתח** ▶ TAG 328

וַיָּחִילוּ עַד־בּוֹשׁ וְהִנֵּה אֵינֶנּוּ פֹּתֵחַ דַּלְתוֹת הָעֲלִיָּה וַיִּקְחוּ אֶת־הַמַּפְתֵּחַ
וַיִּפְתָּחוּ וְהִנֵּה אֲדֹנֵיהֶם נֹפֵל אַרְצָה מֵת׃

Und sie warteten	וַיָּחִילוּ
bis zum **Überdruß**	עַד־בּוֹשׁ
aber niemand **öffnete**	וְהִנֵּה אֵינֶנּוּ פֹּתֵחַ
die Türen des Obergemachs	דַּלְתוֹת הָעֲלִיָּה
Da nahmen sie den Schlüssel	וַיִּקְחוּ אֶת־הַמַּפְתֵּחַ
und **schlossen auf**	וַיִּפְתָּחוּ
und siehe, da … ihr **Herr**	וְהִנֵּה אֲדֹנֵיהֶם
lag … tot	נֹפֵל … מֵת
auf der Erde	אַרְצָה

So spricht der HERR: **Ich kehre zurück** (שַׁבְתִּי) nach Zion und **will wohnen** (וְשָׁכַנְתִּי) mitten in Jerusalem, dass Jerusalem »Stadt der **Treue** (אֱמֶת)« heißen soll und der Berg des HERRN Zebaoth »heiliger Berg«. (AÜ)

אֱמֶת	Wahrheit, Treue	127x
ʾĕmet		S571

שׁוב ▶ TAG 44 **שׁכן** ▶ TAG 346

כֹּה אָמַר יְהוָה שַׁבְתִּי אֶל־צִיּוֹן וְשָׁכַנְתִּי בְּתוֹךְ יְרוּשָׁלָ͏ִם וְנִקְרְאָה
יְרוּשָׁלַ͏ִם עִיר־הָאֱמֶת וְהַר־יְהוָה צְבָאוֹת הַר הַקֹּדֶשׁ׃

So spricht der HERR:	כֹּה אָמַר יְהוָה
Ich kehre zurück	שַׁבְתִּי
nach Zion	אֶל־צִיּוֹן
und **will wohnen**	וְשָׁכַנְתִּי
mitten in Jerusalem	בְּתוֹךְ יְרוּשָׁלָ͏ִם
dass Jerusalem … heißen soll	וְנִקְרְאָה יְרוּשָׁלַ͏ִם
»Stadt der **Treue**«	עִיר־הָאֱמֶת
und der Berg des HERRN Zebaoth	וְהַר־יְהוָה צְבָאוֹת
»heiliger Berg««	הַר הַקֹּדֶשׁ

Der HERR aber **wandte sich** (וַיִּפֶן) zu ihm und sprach: Geh hin in dieser deiner **Kraft** (כֹחֲךָ); und du sollst Israel erretten aus der **Hand** (כַּף) Midians. Habe ich dich nicht gesandt? (AÜ)

כֹּחַ	Kraft	127x
kōaḥ		S3581

כַּף ➤ TAG 244 **פנה** ➤ TAG 337

וַיִּפֶן אֵלָיו יְהוָה וַיֹּאמֶר לֵךְ בְּכֹחֲךָ זֶה וְהוֹשַׁעְתָּ אֶת־יִשְׂרָאֵל מִכַּף מִדְיָן הֲלֹא שְׁלַחְתִּיךָ׃

Der HERR aber **wandte sich** zu ihm	וַיִּפֶן אֵלָיו יְהוָה
und sprach	וַיֹּאמֶר
Geh hin	לֵךְ
in dieser deiner **Kraft**	בְּכֹחֲךָ זֶה
und du sollst … erretten	וְהוֹשַׁעְתָּ
Israel	אֶת־יִשְׂרָאֵל
aus der **Hand** Midians	מִכַּף מִדְיָן
Habe ich dich nicht gesandt?	הֲלֹא שְׁלַחְתִּיךָ

Alle Völker **haben sich** miteinander **versammelt** (נִקְבְּצוּ) und die Nationen **sind zusammengekommen** (יֵאָסְפוּ)… . Sie sollen ihre Zeugen aufstellen, dass sie recht bekommen, so wird man's hören und sagen: Es ist die **Wahrheit** (אֱמֶת). (AÜ)

קבץ *qāvaṣ*	sammeln, sich versammeln	127x S6908

אסף ▸ TAG 241 **אֱמֶת** ▸ TAG 349

כָּל־הַגּוֹיִם נִקְבְּצוּ יַחְדָּו וְיֵאָסְפוּ לְאֻמִּים … יִתְּנוּ עֵדֵיהֶם וְיִצְדָּקוּ
וְיִשְׁמְעוּ וְיֹאמְרוּ אֱמֶת׃

Alle Völker	כָּל־הַגּוֹיִם
haben sich miteinander **versammelt**	נִקְבְּצוּ יַחְדָּו
und … **sind zusammengekommen**.	וְיֵאָסְפוּ
die Nationen	לְאֻמִּים
Sie sollen … aufstellen	יִתְּנוּ
ihre Zeugen	עֵדֵיהֶם
dass sie recht bekommen	וְיִצְדָּקוּ
so wird man's hören	וְיִשְׁמְעוּ
und sagen	וְיֹאמְרוּ
Es ist die **Wahrheit**	אֱמֶת

Denn mein Leben **ist hingeschwunden** (כָּלוּ) in Kummer und meine Jahre in Seufzen. Meine **Kraft** (כֹּחִי) ist verfallen durch meine Missetat, und meine **Gebeine** (עֲצָמַי) sind verschmachtet.

עֶצֶם	Knochen, Gebein, Stärke	126x
ʿeṣem		S6106

כלה ➤ TAG 236 כֹּחַ ➤ TAG 350

כִּי כָלוּ בְיָגוֹן חַיַּי וּשְׁנוֹתַי בַּאֲנָחָה כָּשַׁל בַּעֲוֹנִי כֹחִי וַעֲצָמַי עָשֵׁשׁוּ׃

Denn	כִּי
mein Leben	חַיַּי
ist hingeschwunden	כָלוּ
in Kummer	בְיָגוֹן
und meine Jahre	וּשְׁנוֹתַי
in Seufzen	בַּאֲנָחָה
Meine **Kraft**	כֹחִי
ist verfallen	כָּשַׁל
durch meine Missetat	בַּעֲוֹנִי
und meine **Gebeine**	וַעֲצָמַי
sind verschmachtet	עָשֵׁשׁוּ

Danach begab es sich, dass Ben-Hadad, der König von **Aram** (אֲרָם), sein ganzes **Heer** (מַחֲנֵהוּ) **versammelte** (וַיִּקְבֹּץ), und er zog herauf und belagerte Samaria.

אֲרָם	Aram	125x
ʾărām		S758

מַחֲנֶה ▸ TAG 228 קבץ ▸ TAG 351

וַיְהִי אַחֲרֵי־כֵן וַיִּקְבֹּץ בֶּן־הֲדַד מֶלֶךְ־אֲרָם אֶת־כָּל־מַחֲנֵהוּ וַיַּעַל וַיָּצַר עַל־שֹׁמְרוֹן׃

Danach begab es sich	וַיְהִי אַחֲרֵי־כֵן
dass … **versammelte**	וַיִּקְבֹּץ
Ben-Hadad	בֶּן־הֲדַד
der König von **Aram**	מֶלֶךְ־אֲרָם
sein ganzes **Heer**	אֶת־כָּל־מַחֲנֵהוּ
und er zog herauf	וַיַּעַל
und belagerte	וַיָּצַר
Samaria	עַל־שֹׁמְרוֹן

Wer ferne ist, wird an der Pest sterben, und wer nahe ist, wird durchs Schwert fallen; wer aber **übrig bleibt** (נִשְׁאָר) und davor bewahrt ist, wird vor Hunger sterben. So **will ich** meinen **Grimm** (חֲמָתִי) unter ihnen **vollenden** (וְכִלֵּיתִי).

חֵמָה	Glut, Zorn, Gift	125x
ḥēmâ		S2534

כלה ▸ TAG 236 שאר ▸ TAG 343

הָרָחוֹק בַּדֶּבֶר יָמוּת וְהַקָּרוֹב בַּחֶרֶב יִפּוֹל וְהַנִּשְׁאָר וְהַנָּצוּר בָּרָעָב
יָמוּת וְכִלֵּיתִי חֲמָתִי בָּם׃

Wer ferne ist	הָרָחוֹק
wird an der Pest sterben	בַּדֶּבֶר יָמוּת
und wer nahe ist	וְהַקָּרוֹב
wird durchs Schwert fallen	בַּחֶרֶב יִפּוֹל
wer aber **übrig bleibt**	וְהַנִּשְׁאָר
und davor bewahrt ist	וְהַנָּצוּר
wird vor Hunger sterben	בָּרָעָב יָמוּת
So **will ich … vollenden**	וְכִלֵּיתִי
meinen **Grimm**	חֲמָתִי
unter ihnen	בָּם

So arbeiteten wir am Bau [wörtl.: **Werk** (מְלָאכָה)], während die **Hälfte** (חֶצְיָם) [von ihnen] die Spieße bereithielt, vom Aufgang der Morgenröte, bis die Sterne **hervorkamen** (צֵאת).

חֲצִי *ḥăṣî*	Hälfte, Mitte	125x S2677

יצא ▷ TAG 43 **מְלָאכָה** ▷ TAG 279

וַאֲנַחְנוּ עֹשִׂים בַּמְּלָאכָה וְחֶצְיָם מַחֲזִיקִים בָּרְמָחִים מֵעֲלוֹת הַשַּׁחַר עַד צֵאת הַכּוֹכָבִים׃

So … wir	וַאֲנַחְנוּ
arbeiteten	עֹשִׂים
am Bau [wörtl.: **Werk**]	בַּמְּלָאכָה
während die **Hälfte** [von ihnen]	וְחֶצְיָם
bereithielt	מַחֲזִיקִים
die Spieße	בָּרְמָחִים
vom Aufgang	מֵעֲלוֹת
der Morgenröte	הַשַּׁחַר
bis	עַד
die Sterne **hervorkamen**	צֵאת הַכּוֹכָבִים

Und wenn dann der **Zorn** (חֲמַת) des Königs aufsteigt und er zu dir spricht: Warum **seid ihr** so **nahe** an die Stadt **herangerückt** (נִגַּשְׁתֶּם) zum Kampf? Wisst ihr nicht, dass sie von der **Mauer** (חוֹמָה) schießen? … (AÜ)

נגשׁ	hinzutreten, sich nähern	125x
nāgaš		S5066

חוֹמָה ➢ TAG 339 חֵמָה ➢ TAG 354

וְהָיָה אִם־תַּעֲלֶה חֲמַת הַמֶּלֶךְ וְאָמַר לְךָ מַדּוּעַ נִגַּשְׁתֶּם אֶל־הָעִיר לְהִלָּחֵם הֲלוֹא יְדַעְתֶּם אֵת אֲשֶׁר־יֹרוּ מֵעַל הַחוֹמָה׃

Und wenn dann	וְהָיָה אִם־
aufsteigt	תַּעֲלֶה
der **Zorn** des Königs	חֲמַת הַמֶּלֶךְ
und er zu dir spricht	וְאָמַר לְךָ
Warum	מַדּוּעַ
seid ihr (so) **nahe** … **herangerückt**	נִגַּשְׁתֶּם
an die Stadt	אֶל־הָעִיר
zum Kampf?	לְהִלָּחֵם
Wisst ihr nicht	הֲלוֹא יְדַעְתֶּם
dass sie … schießen	אֵת אֲשֶׁר־יֹרוּ
von der **Mauer**?	מֵעַל הַחוֹמָה

Und als sie ihnen nachzogen bis an den Jordan, siehe, da lag der [ganze] Weg voll von Kleidern und Geräten, die die **Aramäer** (אֲרָם) in der [wörtl.: ihrer] Eile **von sich geworfen hatten** (הִשְׁלִיכוּ). Und als die **Boten** (מַלְאָכִים) zurückkamen und es dem König ansagten, …

שלך *šālak*	werfen, wegwerfen, verstoßen	125x S7993

מַלְאָךְ ▸ TAG 232 **אֲרָם** ▸ TAG 353

וַיֵּלְכוּ אַחֲרֵיהֶם עַד־הַיַּרְדֵּן וְהִנֵּה כָל־הַדֶּרֶךְ מְלֵאָה בְגָדִים וְכֵלִים
אֲשֶׁר־הִשְׁלִיכוּ אֲרָם בְּחָפְזָם וַיָּשֻׁבוּ הַמַּלְאָכִים וַיַּגִּדוּ לַמֶּלֶךְ׃

Und als sie ihnen nachzogen	וַיֵּלְכוּ אַחֲרֵיהֶם
bis an den Jordan	עַד־הַיַּרְדֵּן
siehe, da	וְהִנֵּה
der [ganze] Weg	כָל־הַדֶּרֶךְ
lag … voll	מְלֵאָה
von Kleidern und Geräten	בְגָדִים וְכֵלִים
die die **Aramäer**	אֲשֶׁר־ … אֲרָם
von sich geworfen hatten	הִשְׁלִיכוּ
in der [wörtl.: ihrer] Eile	בְּחָפְזָם
Und als die **Boten** zurückkamen	וַיָּשֻׁבוּ הַמַּלְאָכִים
und es dem König ansagten …	וַיַּגִּדוּ לַמֶּלֶךְ

Und sie sprachen zu ihm: So spricht **Hiskia** (חִזְקִיָּהוּ): Dies [wörtl.: dieser Tag (=heute)] ist ein Tag der Trübsal, [und] der Strafe und der Schmach – wie wenn **Kinder** (בָנִים) eben geboren werden sollen [wörtl.: bis zum Muttermund gekommen sind], aber die **Kraft** (כֹחַ) fehlt, sie zu gebären.

חִזְקִיָּהוּ / חִזְקִיָּה	Hiskia	125x
*ḥizqiyy**āhû** / ḥizqiyy**â***		S2396

בֵּן ➤ TAG 14 כֹּחַ ➤ TAG 350

וַיֹּאמְרוּ אֵלָיו כֹּה אָמַר חִזְקִיָּהוּ יוֹם־צָרָה וְתוֹכֵחָה וּנְאָצָה הַיּוֹם הַזֶּה
כִּי בָאוּ בָנִים עַד־מַשְׁבֵּר וְכֹחַ אַיִן לְלֵדָה׃

Und sie sprachen zu ihm	וַיֹּאמְרוּ אֵלָיו
So spricht **Hiskia**	כֹּה אָמַר חִזְקִיָּהוּ
Dies [wörtl..: dieser Tag (=heute)]	הַיּוֹם הַזֶּה
ist ein Tag der Trübsal	יוֹם־צָרָה
[und] der Strafe	וְתוֹכֵחָה
und der Schmach	וּנְאָצָה
wie wenn	כִּי
Kinder	בָנִים
eben geboren werden sollen [wörtl.: bis zum Muttermund gekommen sind]	בָּאוּ עַד־מַשְׁבֵּר
aber die **Kraft** fehlt	וְכֹחַ אַיִן
sie zu gebären	לְלֵדָה

Und sie sprachen: »Kommt und **lasst uns** gegen **Jeremia** (יִרְמְיָהוּ) Pläne schmieden [wörtl.: **planen** (נַחְשְׁבָה)]; denn dem Priester wird's nicht fehlen an Weisung noch dem **Weisen** (חָכָם) an Rat noch dem Propheten am Wort!«

חשב	(an)rechnen, ausdenken, planen	124x
ḥāšav		S2803

חָכָם ▸ TAG 326 יִרְמְיָהוּ ▸ TAG 347

וַיֹּאמְרוּ לְכוּ וְנַחְשְׁבָה עַל־יִרְמְיָהוּ מַחֲשָׁבוֹת כִּי לֹא־תֹאבַד תּוֹרָה מִכֹּהֵן וְעֵצָה מֵחָכָם וְדָבָר מִנָּבִיא

Und sie sprachen	וַיֹּאמְרוּ
Kommt	לְכוּ
und **lasst uns** Pläne schmieden [wörtl.: **planen**]	וְנַחְשְׁבָה … מַחֲשָׁבוֹת
gegen **Jeremia**	עַל־יִרְמְיָהוּ
denn dem Priester … an Weisung	כִּי … תּוֹרָה מִכֹּהֵן
wird's nicht fehlen	לֹא־תֹאבַד
noch dem **Weisen** an Rat	וְעֵצָה מֵחָכָם
noch dem Propheten am Wort	וְדָבָר מִנָּבִיא

Denn **Hiskia** (חִזְקִיָּהוּ), der König von Juda, spendete für die **Gemeinde** (קָהָל) tausend **junge Stiere** (פָּרִים) und siebentausend Schafe. Die Oberen aber spendeten für die **Gemeinde** (קָהָל) tausend **junge Stiere** (פָּרִים) und zehntausend Schafe. Auch von den Priestern hatten sich viele geheiligt.

קָהָל *qāhāl*	Versammlung, Gemeinde	123x S6951

פַּר ➤ TAG 341   חִזְקִיָּהוּ / חִזְקִיָּה ➤ TAG 358

כִּי חִזְקִיָּהוּ מֶלֶךְ־יְהוּדָה הֵרִים לַקָּהָל אֶלֶף פָּרִים וְשִׁבְעַת אֲלָפִים צֹאן
וְהַשָּׂרִים הֵרִימוּ לַקָּהָל פָּרִים אֶלֶף וְצֹאן עֲשֶׂרֶת אֲלָפִים וַיִּתְקַדְּשׁוּ
כֹהֲנִים לָרֹב׃

Denn **Hiskia**, der König von Juda	כִּי חִזְקִיָּהוּ מֶלֶךְ־יְהוּדָה
spendete für die **Gemeinde**	הֵרִים לַקָּהָל
tausend **junge Stiere**	אֶלֶף פָּרִים
und siebentausend Schafe	וְשִׁבְעַת אֲלָפִים צֹאן
Die Oberen aber	וְהַשָּׂרִים
spendeten für die **Gemeinde**	הֵרִימוּ לַקָּהָל
tausend **junge Stiere**	פָּרִים אֶלֶף
und zehntausend Schafe	וְצֹאן עֲשֶׂרֶת אֲלָפִים
Auch … hatten sich … geheiligt	וַיִּתְקַדְּשׁוּ
von den Priestern … viele	כֹהֲנִים לָרֹב

Und der Ziegenbock **wurde** sehr **groß** (הִגְדִּיל). Und als er **am stärksten geworden** (עָצְמוֹ) war, **zerbrach** (נִשְׁבְּרָה) das große Horn, und es wuchsen an seiner Stelle vier ansehnliche Hörner nach den vier Winden des Himmels hin.

גדל	groß sein/werden	121x
gādal		S1431

שׁבר ▸ TAG 304 **עֶצֶם** ▸ TAG 352

וּצְפִיר הָעִזִּים הִגְדִּיל עַד־מְאֹד וּכְעָצְמוֹ נִשְׁבְּרָה הַקֶּרֶן הַגְּדוֹלָה
וַתַּעֲלֶנָה חָזוּת אַרְבַּע תַּחְתֶּיהָ לְאַרְבַּע רוּחוֹת הַשָּׁמָיִם׃

Und der Ziegenbock	וּצְפִיר הָעִזִּים
wurde sehr **groß**	הִגְדִּיל עַד־מְאֹד
Und als er **am stärksten geworden** war	וּכְעָצְמוֹ
zerbrach	נִשְׁבְּרָה
das große Horn	הַקֶּרֶן הַגְּדוֹלָה
und es wuchsen	וַתַּעֲלֶנָה
an seiner Stelle	תַּחְתֶּיהָ
vier ansehnliche Hörner	חָזוּת אַרְבַּע
nach den vier … hin	לְאַרְבַּע
Winden des Himmels	רוּחוֹת הַשָּׁמָיִם

Weh **denen**, **die** Unheil **planen** (חֹשְׁבֵי) und gehen mit bösen Gedanken um auf ihrem Lager, dass sie es frühe, wenn's **licht** (אוֹר) wird, vollbringen, weil sie die Macht haben [wörtl.: weil **es** in der Macht ihrer Hand **ist** (יֶשׁ)]!

אוֹר	Licht	121x
ʾôr		S216

יֵשׁ ▸ TAG 327 חשׁב ▸ TAG 359

הוֹי חֹשְׁבֵי־אָוֶן וּפֹעֲלֵי רָע עַל־מִשְׁכְּבוֹתָם בְּאוֹר הַבֹּקֶר יַעֲשׂוּהָ כִּי יֶשׁ־לְאֵל יָדָם׃

Weh	הוֹי
denen, **die** Unheil **planen**	חֹשְׁבֵי־אָוֶן
und gehen mit bösen Gedanken um	וּפֹעֲלֵי רָע
auf ihrem Lager,	עַל־מִשְׁכְּבוֹתָם
frühe, wenn's **licht** wird	בְּאוֹר הַבֹּקֶר
dass sie es … vollbringen	יַעֲשׂוּהָ
weil … haben [wörtl.: weil **es** … **ist**]	כִּי יֶשׁ־
sie die Macht [wörtl.: in der Macht ihrer Hand]	לְאֵל יָדָם

Und zur Mitternacht [wörtl.: **Mitte** (חֲצִי) der Nacht] schlug der HERR alle **Erstgeburt** (בְּכוֹר) in Ägyptenland vom **ersten Sohn** (בְּכֹר) des Pharao an, der auf seinem **Thron** (כִּסְאוֹ) saß, bis zum **ersten Sohn** (בְּכוֹר) des Gefangenen im Gefängnis und alle **Erstgeburt** (בְּכוֹר) des Viehs.

בְּכֹר	erstgeboren	121x
bĕḵōr		S1060

כִּסֵּא ▶ TAG 332 **חֲצִי** ▶ TAG 355

וַיְהִי בַּחֲצִי הַלַּיְלָה וַיהוָה הִכָּה כָל־בְּכוֹר בְּאֶרֶץ מִצְרַיִם מִבְּכֹר פַּרְעֹה הַיֹּשֵׁב עַל־כִּסְאוֹ עַד בְּכוֹר הַשְּׁבִי אֲשֶׁר בְּבֵית הַבּוֹר וְכֹל בְּכוֹר בְּהֵמָה׃

Und zur Mitternacht [wörtl.: zur **Mitte** der Nacht]	וַיְהִי בַּחֲצִי הַלַּיְלָה
schlug der HERR	וַיהוָה הִכָּה
alle **Erstgeburt**	כָל־בְּכוֹר
in Ägyptenland	בְּאֶרֶץ מִצְרַיִם
vom **ersten Sohn** des Pharao an	מִבְּכֹר פַּרְעֹה
der auf seinem **Thron** saß	הַיֹּשֵׁב עַל־כִּסְאוֹ
bis zum **ersten Sohn** des Gefangenen	עַד בְּכוֹר הַשְּׁבִי
im Gefängnis	אֲשֶׁר בְּבֵית הַבּוֹר
und alle **Erstgeburt** des Viehs	וְכֹל בְּכוֹר בְּהֵמָה

Denn **wir** (אֲנַחְנוּ) **werden** diese Stätte **verderben** (מַשְׁחִתִים), weil das Geschrei über sie **groß ist** (גָּדְלָה) vor dem HERRN; [und] der [HERR] hat uns gesandt, sie **zu verderben** (שַׁחֲתָהּ).

אֲנַחְנוּ	wir	121x
ʾănaḥnû		S587

שחת ▶ TAG 314 **גדל** ▶ TAG 361

כִּי־מַשְׁחִתִים אֲנַחְנוּ אֶת־הַמָּקוֹם הַזֶּה כִּי־גָדְלָה צַעֲקָתָם אֶת־פְּנֵי יְהוָה וַיְשַׁלְּחֵנוּ יְהוָה לְשַׁחֲתָהּ׃

Denn **wir**	כִּי־ ... אֲנַחְנוּ
werden ... **verderben**	מַשְׁחִתִים
diese Stätte	אֶת־הַמָּקוֹם הַזֶּה
weil das Geschrei über sie	כִּי־ ... צַעֲקָתָם
groß ist	גָּדְלָה
vor dem HERRN	אֶת־פְּנֵי יְהוָה
[und] der [HERR] hat uns gesandt	וַיְשַׁלְּחֵנוּ יְהוָה
sie **zu verderben**	לְשַׁחֲתָהּ

So **bring** nun das übrige Kriegsvolk **zusammen** (אֱסֹף) und belagere [wörtl.: lagere dich gegen] die Stadt und **erobere** (לָכְדָהּ) sie, **damit nicht** (פֶּן) ich sie [wörtl.: die Stadt] **erobere** (אֶלְכֹּד) und mein Name über ihr ausgerufen werde.

לכד	fangen, einnehmen, erobern	121x
lāḵad		S3920

אסף ▸ TAG 241 פֶּן ▸ TAG 340

וְעַתָּה אֱסֹף אֶת־יֶתֶר הָעָם וַחֲנֵה עַל־הָעִיר וְלָכְדָהּ פֶּן־אֶלְכֹּד אֲנִי אֶת־הָעִיר וְנִקְרָא שְׁמִי עָלֶיהָ׃

So … nun	וְעַתָּה
bring … **zusammen**	אֱסֹף
das übrige (Kriegs)volk	אֶת־יֶתֶר הָעָם
und belagere [wörtl.: lagere dich]	וַחֲנֵה
[gegen] die Stadt	עַל־הָעִיר
und **erobere** sie	וְלָכְדָהּ
damit nicht ich … **erobere**	פֶּן־אֶלְכֹּד אֲנִי
sie [wörtl.: die Stadt]	אֶת־הָעִיר
und mein Name über ihr ausgerufen werde	וְנִקְרָא שְׁמִי עָלֶיהָ

Verzeichnis der Bibelstellen